横浜富士見丘学園

〈収録内容〉

2024年度……………………………一　　般（数・英・国）

オープン（数・英・国）

2023年度……………………………一　　般（数・英・国）

オープン（数・英・国）

2022年度……………………………一　　般（数・英・国）

オープン（数・英・国）

2021年度……………………………一　　般（数・英・国）

オープン（数・英・国）

便利なDLコンテンツは右のQRコードから

解答用紙

⇒

※データのダウンロードは2025年3月末日まで。
※データへのアクセスには、右記のパスワードの入力が必要となります。　⇒　252429

〈合格最低点〉

※学校からの合格最低点の発表はありません。

本書の特長

実戦力がつく入試過去問題集

▶ 問題 …………… 実際の入試問題を見やすく再編集。

▶ 解答用紙 …… 実戦対応仕様で収録。

▶ 解答解説 …… 詳しくわかりやすい解説には、難易度の目安がわかる「基本・重要・やや難」の分類マーク つき（下記参照）。各科末尾には合格へと導く「ワンポイントアドバイス」を配置。採点に便利な配点つき。

入試に役立つ分類マーク

基本 確実な得点源！
受験生の 90％以上が正解できるような基礎的、かつ平易な問題。
何度もくり返して学習し、ケアレスミスも防げるようにしておこう。

重要 受験生なら何としても正解したい！
入試では典型的な問題で、長年にわたり、多くの学校でよく出題される問題。
各単元の内容理解を深めるのにも役立てよう。

やや難 これが解ければ合格に近づく！
受験生にとっては、かなり手ごたえのある問題。
合格者の正解率が低い場合もあるので、あきらめずにじっくりと取り組んでみよう。

合格への対策、実力錬成のための内容が充実

▶ 各科目の出題傾向の分析、合否を分けた問題の確認で、入試対策を強化！

▶ その他、学校紹介、過去問の効果的な使い方など、学習意欲を高める要素が満載！

解答用紙ダウンロード 解答用紙はプリントアウトしてご利用いただけます。弊社ＨＰの商品詳細ページよりダウンロードしてください。トビラのＱＲコードからアクセス可。

UD FONT 見やすく読みまちがえにくいユニバーサルデザインフォントを採用しています。

▼HPはこちらから

横浜富士見丘学園 高等学校

たくましく、しなやかに。 自ら未来を創造する人材を育成

普通科
生徒数　292名
〒241-8502
神奈川県横浜市旭区中沢1-24-1
☎045-367-4380
相鉄線二俣川駅　徒歩12分

URL	https://www.fujimigaoka.ed.jp

プロフィール　創立100周年を迎え 新たな歴史を刻む

2019年4月より共学化。創立100周年を迎え、さらなる教育改革を進めている。「敬愛」「誠実」「自主」の校訓のもと、コミュニケーションのツールとして使うための「活きた英語力」、知識の活用を可能にし、難関大学への進学を実現する「確かな学力」、社会生活で必要とされる課題解決力や協働力、プレゼンテーション力などの「ジェネリックスキルの育成」、AI社会、ICT社会を生き抜くために必要な発想力や論理的思考力を育む「理数教育」を教育の4つの柱に主体的・自立的に未来を幸せに生きる力を育む。

環境　木の香りが漂う 赤レンガの校舎

校舎は、港横浜をイメージした赤レンガ造りの外観に木の温もりを感じる内装で、落ち着いた雰囲気の心安らぐ学習空間。図書館棟にはITラウンジや教員との交流ラウンジも併設。1000人収容の大講堂と、校舎から切り離された心静まる礼法室、バスケットボールコートが2面とれる広い体育館、人工芝で覆われた広大なグラウンドと、充実した教育施設を整えている。

日本人の心を学ぶ「礼法」の授業

カリキュラム　グローバルな学力の育成ー大学入試改革を踏まえて

週6日制、2学期制。男女混合の特進クラスと進学クラスに分かれるクラス編成。特進クラスは2年次より文系・理系に分かれる。両クラスとも1年次に必修で週1時間のオンライン英会話を実施。特進クラスは7時間目特別講習、長期休暇中の講習や放課後学習支援〈TERAKOYA・Success塾〉を実施。Success塾では、英検講座や小論文講座など国・数・英に関する多様な講座を設置、塾に通わなくても志望校に合格するための学力を身につけさせる。生徒が主体的・協働的に学習する調査学習とプレゼン発表を繰り返し行うことで、ジェネリック・スキルを育む。特に高1で実施する企業連携型探究学習のクエストエデュケーションでは、全国大会に9年連続出場。

学校生活　笑顔で過ごす 学園生活

登校時間	夏	8：30	冬	8：30

豊かな情操教育の中、生徒会の活動も活発で、学校行事は全校生徒が積極的に参加し、自主的に運営している。

また、クラブ、同好会の活動も活発で、対外試合や発表会などで優秀な成績を収めている。部を越えて海岸清掃や福祉施設の訪問、ボランティア活動なども行っている。

[運動部]
剣道、ソフトテニス、バドミントン、ダンス、チアリーディング、バスケットボール（男子は同好会）、女子バレーボール、フットサル、卓球（同好会）、ソフトボール（同好会）

[文化部]
科学、家庭科、軽音楽、茶道・華道、JRC・IAC、吹奏楽、創作、地理研究、放送演劇、囲碁・将棋（同好会）、eスポーツ（同好会）

吹奏楽部の定期演奏会（2024年3月）

進路　特進クラスのGMARCH以上の大学合格44%

※高3特進クラスの在籍数に対するGMARCH、早慶上理、国公立の大学の合格者の割合

過去3年間の主な進学先

[国公立]
東京外語大、電気通信大、東京都立大、神奈川県立保健福祉大、長崎大、静岡大　など

[私立]
上智大、東京理科大、明治大、青山学院大、立教大　など

国際化　セブ島英語研修・オーストラリア短期留学・海外大学指定校推薦制度

2月にセブ島で2週間の英語マンツーマン研修（希望制）を実施。1年生から参加可能で、英語学習の意義や楽しさを自然に知る機会となっており、リピート参加者も多い。また、1・2年の希望者を対象に自立をテーマとしたオーストラリアターム留学も実施。その他、様々な国からの留学生と交流するプログラムのグローバルアイなど、コミュニケーション手段としての英語力を身につけると同時に、生徒自身が小さな国際貢献を考え、実行する多彩なプログラムがある。24年度から世界7か国80校を対象にした海外大学指定校推薦制度を導入した。

1年次に必修で行われるグローバルアイ

2024年度入試要項

試験日　1/22（推薦）　2/10（一般）　2/11（オープン）

試験科目　作文＋面接（推薦）
国・数・英（一般・オープン）

2024年度	募集定員	受験者数	合格者数	競争率
女子進学	20/15	12/48	12/48	1.0/1.0
男女特進	40/40	8/45	8/45	1.0/1.0

※人数はすべて推薦/一般
※オープンの募集は5名

過去問の効果的な使い方

① **はじめに**　入学試験対策に的を絞った学習をする場合に効果的に活用したいのが「過去問」です。なぜならば，志望校別の出題傾向や出題構成，出題数などを知ることによって学習計画が立てやすくなるからです。入学試験に合格するという目的を達成するためには，各教科ともに「何を」「いつまでに」やるかを決めて計画的に学習することが必要です。目標を定めて効率よく学習を進めるために過去問を大いに活用してください。また，塾に通われていたり，家庭教師のもとで学習されていたりする場合は，それぞれのカリキュラムによって，どの段階で，どのように過去問を活用するのかが異なるので，その先生方の指示にしたがって「過去問」を活用してください。

② **目的**　過去問学習の目的は，言うまでもなく，志望校に合格することです。どのような分野の問題が出題されているか，どのレベルか，出題の数は多めか，といった概要をまず把握し，それを基に学習計画を立ててください。また，近年の出題傾向を把握することによって，入学試験に対する自分なりの感触をつかむこともできます。

過去問に取り組むことで，実際の試験をイメージすることもできます。制限時間内にどの程度までできるか，今の段階でどのくらいの得点を得られるかということも確かめられます。それによって必要な学習量も見えてきますし，過去問に取り組む体験は試験当日の緊張を和らげることにも役立つでしょう。

③ **開始時期**　過去問への取り組みは，全分野の学習に目安のつく時期，つまり，9月以降に始めるのが一般的です。しかし，全体的な傾向をつかみたい場合や，学習進度が早くて，夏前におおよその学習を終えている場合には，7月，8月頃から始めてもかまいません。もちろん，受験間際に模擬テストのつもりでやってみるのもよいでしょう。ただ，どの時期に行うにせよ，取り組むときには，集中的に徹底して取り組むようにしましょう。

④ **活用法**　各年度の入試問題を全問マスターしようと思う必要はありません。できる限り多くの問題にあたって自信をつけることは必要ですが，重要なのは，志望校に合格するためには，どの問題が解けなければいけないのかを知ることです。問題を制限時間内にやってみる。解答で答え合わせをしてみる。間違えたりできなかったりしたところについては，解説をじっくり読んでみる。そうすることによって，本校の入試問題に取り組むことが今の自分にとって適当かどうかが，はっきりします。出題傾向を研究し，合否のポイントとなる重要な部分を見極めて，入学試験に必要な力を効率よく身につけてください。

数学

各都道府県の公立高校の入学試験問題は，中学数学のすべての分野から幅広く出題されます。内容的にも，基本的・典型的なものから思考力・応用力を必要とするものまでバランスよく構成されています。私立・国立高校では，中学数学のすべての分野から出題されることには変わりはありませんが，出題形式，難易度などに差があり，また，年度によっての出題分野の偏りもあります。公立高校を含め，ほとんどの学校で，前半は広い範囲からの基本的な小問群，後半はあるテーマに沿っての数問の小問を集めた大問という形での出題となっています。

まずは，単年度の問題を制限時間内にやってみてください。その後で，解答の答え合わせ，解説での研究に時間をかけて取り組んでください。前半の小問群，後半の大問の一部を合わせて50%以上の正解が得られそうなら多年度のものにも順次挑戦してみるとよいでしょう。

英語

英語の志望校対策としては，まず志望校の出題形式をしっかり把握しておくことが重要です。英語の問題は，大きく分けて，リスニング，発音・アクセント，文法，読解，英作文の5種類に分けられます。リスニング問題の有無(出題されるならば，どのような形式で出題されるか)，発音・アクセント問題の形式，文法問題の形式(語句補充，語句整序，正誤問題など)，英作文の有無(出題されるならば，和文英訳か，条件作文か，自由作文か）など，細かく具体的につかみましょう。読解問題では，物語文，エッセイ，論理的な文章，会話文などのジャンルのほかに，文章の長さも知っておきましょう。また，読解問題でも，文法を問う問題が多いか，内容を問う問題が多く出題されるか，といった傾向をおさえておくことも重要です。志望校で出題される問題の形式に慣れておけば，本番ですんなり問題に対応することができますし，読解問題で出題される文章の内容や量をつかんでおけば，読解問題対策の勉強として，どのような読解問題を多くこなせばよいかの指針になります。

最後に，英語の入試問題では，なんと言っても読解問題でどれだけ得点できるかが最大のポイントとなります。初めて見る長い文章をすらすらと読み解くのはたいへんなことですが，そのような力を身につけるには，リスニングも含めて，総合的に英語に慣れていくことが必要です。「急がば回れ」ということわざの通り，志望校対策を進める一方で，英語という言語の基本的な学習を地道に続けることも忘れないでください。

国語

国語は，出題文の種類，解答形式をまず確認しましょう。論理的な文章と文学的な文章のどちらが中心となっているか，あるいは，どちらも同じ比重で出題されているか，韻文(和歌・短歌・俳句・詩・漢詩)は出題されているか，独立問題として古文の出題はあるか，といった，文章の種類を確認し，学習の方向性を決めましょう。また，解答形式は，記号選択のみか，記述解答はどの程度あるか，記述は書き抜き程度か，要約や説明はあるか，といった点を確認し，記述力重視の傾向にある場合は，文章力に磨きをかけることを意識するとよいでしょう。さらに，知識問題はどの程度出題されているか，語句(ことわざ・慣用句など)，文法，文学史など，特に出題頻度の高い分野はないか，といったことを確認しましょう。出題頻度の高い分野については，集中的に学習することが必要です。読解問題の出題傾向については，脱語補充問題が多い，書き抜きで解答する言い換えの問題が多い，自分の言葉で説明する問題が多い，選択肢がよく練られている，といった傾向を把握したうえで，これらを意識して取り組むと解答力を高めることができます。「漢字」「語句・文法」「文学史」「現代文の読解問題」「古文」「韻文」と，出題ジャンルを分類して取り組むとよいでしょう。毎年出題されているジャンルがあるとわかった場合は，必ず正解できる力をつけられるよう意識して取り組み，得点力を高めましょう。

数学

出題傾向の分析と合格への対策

●出題傾向と内容

本年度は一般，オープンともに大問7題，小問にして24題で例年通りであった。

一般，オープンともに[1]は数・式の計算，平方根の計算，式の展開，[2]は因数分解，二次方程式，連立方程式，関数，面積，角度，[3]は図形と関数・グラフの融合問題，[4]は確率，[5]は規則性，[6]は空間図形の計量問題，[7]は平面図形の証明を含む計量問題であった。基礎的な問題と応用問題がバランスよく出題されており，出題範囲はほぼ全分野にわたっている。

学習のポイント

基本的な計算力や解法，定理を身につけることが重要。教科書の例題やまとめを徹底的に学んでおこう。

●2025年度の予想と対策

来年度も，問題の量，質，出題形式など，これまでと大きく変わることはないと思われる。中学数学のほぼ全分野から，基礎的な問題から応用問題まで，24問程度出題されるだろう。

まずは，教科書の内容をしっかり理解することが大事である。例題，公式をノートにまとめ，基本事項を覚えるとともにその使い方をつかんでいこう。例年，証明問題が出題されているので，しっかり演習して慣れておこう。

問題数が多めなので，敏速に解いていく力が必要である。基本事項を身に付けたら，標準レベルの問題集や過去問題集を時間を計りながら取り組んで実践力をつけていこう。

▼年度別出題内容分類表 ……

※一般をA，オープンをBとする。

出題内容			2021年	2022年	2023年	2024年
数と式		数の性質				
		数・式の計算	AB	AB	AB	AB
		因数分解	AB	AB	AB	AB
		平方根	AB	AB	AB	AB
方程式・不等式		一次方程式	AB	AB	AB	AB
		二次方程式	AB	AB	AB	AB
		不等式				
		方程式・不等式の応用	A	A	AB	
関数		一次関数	AB	AB	AB	AB
		二乗に比例する関数	AB	AB	AB	AB
		比例関数	A	A	B	
		関数とグラフ	AB	AB	AB	AB
		グラフの作成				
図形	平面図形	角度			AB	B
		合同・相似	AB	AB	AB	AB
		三平方の定理		A		
		円の性質	AB	A	A	B
	空間図形	合同・相似		A	A	A
		三平方の定理	A	AB	AB	AB
		切断	AB		B	
	計量	長さ	AB	AB	AB	AB
		面積	AB	AB	B	AB
		体積	AB	B	AB	AB
	証明		AB	AB	AB	AB
	作図					
	動点		A			
統計		場合の数				
		確率	AB	AB	AB	AB
		統計・標本調査				
融合問題		図形と関数・グラフ	AB	AB	AB	AB
		図形と確率		B		
		関数・グラフと確率		A		
		その他				
その他			B	B		AB

英語

出題傾向の分析と 合格への対策

●出題傾向と内容

本年度は一般，オープンとも，語句補充問題2題，会話文問題，正誤問題，語句整序問題，長文読解問題，条件英作文問題が出題された。

文法問題は，語句補充問題や正誤問題，関係代名詞や不定詞の用法の問題などを含んでおり，幅広い文法知識が問われている。

条件英作文問題は，30語以上50語程度と比較的指定語数が多い出題である。

長文読解問題は，例年，1題が資料にもとづいた対話形式の問題，もう1題が物語文である。総合問題形式で，内容に関する問いが中心になっている。選択肢が日本文で書かれているので取り組みやすいのが特徴である。

✔学習のポイント

単語の発音，アクセント，つづりなど基本を丁寧に学習し，様々な文法問題を解こう。長文は総合問題をたくさん練習すること。

●2025年度の予想と対策

本年度と同じ出題構成になると予想される。一般，オープン両方の過去問題を解き，本校の出題形式に十分慣れることが一番の対策である。

文法問題は，語句補充，語句整序，正誤問題，言い換え・書き換えなど，様々な形式のものを数多く解こう。また，不定詞，関係代名詞，thatなど，複数の用法のある語について，識別できるようにしよう。

長文読解問題対策としては，文章の内容について正確に理解し，日本語で記述できるように練習する必要がある。

▼年度別出題内容分類表 ……

※一般をA，オープンをBとする。

	出題内容	2021年	2022年	2023年	2024年
話し方・聞き方	単語の発音	AB	AB	AB	
	アクセント	AB	AB	AB	
	くぎり・強勢・抑揚				
	聞き取り・書き取り				
語い	単語・熟語・慣用句	AB	AB	AB	AB
	同意語・反意語				
	同音異義語				
読解	英文和訳(記述・選択)	A	B		
	内容吟味	AB	AB	AB	AB
	要旨把握				AB
	語句解釈	AB	AB	AB	
	語句補充・選択	AB	AB	AB	
	段落・文整序				
	指示語	A		A	AB
	会話文	AB	AB	AB	AB
文法・作文	和文英訳				
	語句補充・選択	AB	AB	AB	AB
	語句整序	AB	AB	AB	AB
	正誤問題	AB	AB	AB	AB
	言い換え・書き換え	AB	AB	AB	
	英問英答				
	自由・条件英作文				AB
文法事項	間接疑問文				AB
	進行形		B	B	
	助動詞	A	B	A	
	付加疑問文				
	感嘆文				
	不定詞	A	AB	AB	AB
	分詞・動名詞	AB	AB	AB	AB
	比較	A	A	AB	AB
	受動態	AB		B	B
	現在完了	AB	B	B	AB
	前置詞	AB	AB	AB	A
	接続詞	A	B	A	AB
	関係代名詞	B	AB	A	AB

横浜富士見丘学園高等学校

国語

出題傾向の分析と合格への対策

●出題傾向と内容

本年度も，オープン一般ともに，現代文の読解問題が2題，古文の読解問題が1題という計3題の大問構成であった。

現代文の読解問題では，論説文と小説が採用されており，論説文では文の整序や脱文・脱語を通した文脈把握，理由を問うもの，内容理解，筆者の考えが問われている。小説では，登場人物の心情を問うものが中心となっている。漢字の読み書きや語句の意味なども大問に含まれて出題されている。古文の読解問題では，仮名遣いや語句の意味，口語訳や文学史が主な設問内容となっている。

解答形式は記号選択式と記述式が併用されており，記述力も問われている。

✔学習のポイント

読解のための語彙力を鍛えよう。ふだんから幅広い分野の文章に触れ，文脈から語句の意味を推察できるようにしよう。

●2025年度の予想と対策

現代文の読解問題と古文の読解問題を中心とする出題が予想される。

論説文の読解問題では，指示内容の把握や接続語の関係といった読解の基本を押さえ，さらに筆者の主張をとらえられるよう標準レベルの問題集を活用して実力を養っておこう。

小説や随筆に関しても，標準的な問題集での練習を怠らないようにしておきたい。

古文の読解問題では，仮名遣いや文学史などの基礎知識を確認したうえで，いろいろな作品にふれておくことが対策となる。

漢字の読み書きや知識問題は確実に得点できるようふだんから丁寧な学習を心がけよう。

▼年度別出題内容分類表 ……

※一般をA，オープンをBとする。

出題内容			2021年	2022年	2023年	2024年
内容の分類	読解	主題・表題	B		A	
		大意・要旨	AB	AB	AB	AB
		情景・心情	AB	AB	AB	AB
		内容吟味	AB	AB	AB	AB
		文脈把握	AB	AB	AB	AB
		段落・文章構成		B	AB	AB
		指示語の問題	A	AB	A	A
		接続語の問題	B	AB	B	B
		脱文・脱語補充	AB	AB	AB	AB
	漢字・語句	漢字の読み書き	AB	AB	AB	AB
		筆順・画数・部首				
		語句の意味	AB	AB	AB	AB
		同義語・対義語				
		熟語				
		ことわざ・慣用句	AB			A
	表現	短文作成				
		作文(自由・課題)				
		その他				A
	文法	文と文節	B		B	
		品詞・用法	B		A	A
		仮名遣い	AB	AB	AB	AB
		敬語・その他				
	古文の口語訳		B			AB
	表現技法		B	AB		
	文学史		A	A	AB	
問題文の種類	散文	論説文・説明文	AB	A	AB	AB
		記録文・報告文				
		小説・物語・伝記	AB	A	AB	AB
		随筆・紀行・日記		B		
	韻文	詩				
		和歌(短歌)				
		俳句・川柳				
	古文		AB	AB	AB	AB
	漢文・漢詩					

横浜富士見丘学園高等学校

2024年度 合否の鍵はこの問題だ!!

(一般)

数学 6

(1)　$BD=4\sqrt{2}$，$BF=\dfrac{4\sqrt{2}}{2}=2\sqrt{2}$　　△ABFにおいて三平方の定理を用いると，$AF=\sqrt{6^2-(2\sqrt{2})^2}=\sqrt{28}=2\sqrt{7}$ (cm)

(2)　右の図のように，$AB\perp FP$のとき，FPの長さは最小になるので，△PCEの面積は最小となる。△ABF∽△AFPより，BF：FP＝AB：AF，$2\sqrt{2}$：FP＝6：$2\sqrt{7}$，$6FP=4\sqrt{14}$，$FP=\dfrac{2\sqrt{14}}{3}$　　よって，$\triangle PCE=\dfrac{1}{2}\times4\sqrt{2}\times\dfrac{2\sqrt{14}}{3}=\dfrac{8\sqrt{7}}{3}$ (cm^2)

(3)　△ABF∽△AFPより，AF：AP＝AB：AF，$2\sqrt{7}$：AP＝6：$2\sqrt{7}$，$AP=\dfrac{28}{6}=\dfrac{14}{3}$　　$BP=6-\dfrac{14}{3}=\dfrac{4}{3}$　　三角錐P－BCEの△PCEを底面とすると高さはBPになるから，(三角錐P－BCE)$=\dfrac{1}{3}\times\dfrac{8\sqrt{7}}{3}\times\dfrac{4}{3}=\dfrac{32\sqrt{7}}{27}$ (cm^3)

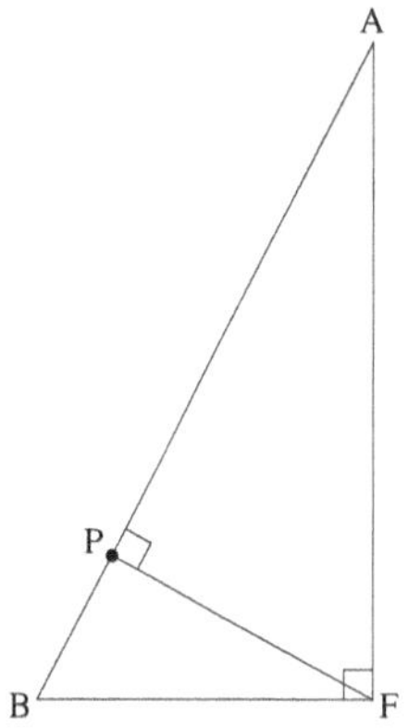

◎　(3)は，BP⊥△PCEから，三角錐P－BCEの体積は，△PCEを底面とみて計算しよう。

英語 7

英作文問題は，指定語数も非常に多いため，書きにくいと感じた受験生も多いはずである。ただ，配点が高いため，ぜひ得点できるようにしたい問題である。以下の点に注意をして取り組むようにしたい。

＜英作文を書く時の注意点＞

①　スペルミスはないか。

②　時制があっているか。

③　名詞の形は正しいか(単数形か複数形か)。

④　主語と動詞が入っているか。

⑤　正しく冠詞(a, an, the など)を使っているか。

また，「日本で訪れるべき最もよい場所」かどうかの理由を述べる英文を書かなければならないため，論点がずれないように注意をしよう。英作文が苦手な受験生は，まずは全国の公立高校の過去問で出題されている英作文で慣れるようにしたい。ある程度の問題数に触れたら，英検準2級や2級の比較的長い英作文を用いて対策をしよう。

国語 二 問十一

★合否を分けるポイント

本問は，本文に書かれている内容のまとめにあたる。選択肢一つ一つをしっかりと読み，どの部分が誤りであるかを判断し，内容がすべて適当なものを選ばなければならない。

★こう答えると合格できない！

本校の入試は選択問題や抜き出し問題がほとんどであるので，一定の確率で正解することはできるが，それでは到底合格点に至ることはできない。選択問題，抜き出し問題だからこそ，なぜその選択肢，箇所を選んだのか，という明確な理由をもって解答していこう。

★これで合格！

本文の内容に合致するもの，合致しないものを正確に判断する必要がある。ア 「父と妹の関係が悪化していくことを心配し，ひたすらその改善に心を砕く兄の心情」までは正しい。しかしその心情が中心に置かれているわけではなく，あくまでもあたし(香織)の心情の変化が中心なので，その点は誤り。イ 「お互いに頑固であるがゆえに素直になれない父と娘が衝突を繰り返しがら」までは正しい。しかし，それによって関係性を深めていく家族の姿までは書かれていないので，その点は誤り。 エ 香織が自分勝手な性格として描かれているとは言い難く，また「人間的に成長し自信を取り戻していく」ような場面まで描かれていないので，それらの点が誤り。

2024年度

★★★★★★★★★★★★★★★★★★★★★★★

入　試　問　題

2024年度

横浜富士見丘学園高等学校入試問題（一般）

【数　学】（50分）　＜満点：100点＞

1 次の計算をせよ。

(1) $-6-(-3)$

(2) $(-3)^2+4\times(-2)$

(3) $-\frac{3}{5}+\frac{1}{2}$

(4) $12a^2b\div(-3a)\div(-4b)$

(5) $\frac{-3x-4}{5}-\frac{-x+2}{4}$

(6) $\frac{9}{\sqrt{3}}-4\sqrt{3}$

(7) $(x-1)(x-4)-(x-2)(x-3)$

2 次の問いに答えよ。

(1) $3x^2-39xy-42y^2$ を因数分解せよ。

(2) 二次方程式 $(2x-3)^2=5$ を解け。

(3) 連立方程式 $\begin{cases} 2x-3y=7 \\ 3x-4y=9 \end{cases}$ を解け。

(4) 関数 $y=-\frac{1}{2}x^2$ において，x の変域が $-2\leqq x\leqq 4$ であるとき，y の変域を求めよ。

(5) 平行四辺形ABCDの対角線の交点をO，BCの中点をMとしAMとBDの交点をNとする。△BMNの面積が5であるとき，平行四辺形ABCDの面積を求めよ。

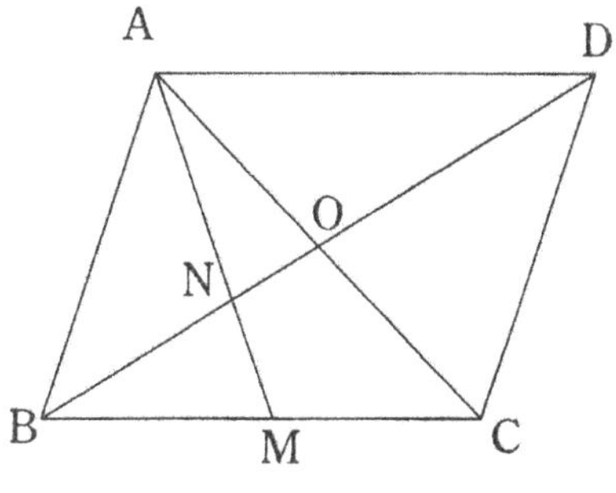

3 右の図のように，y 軸上の点Aを通り，関数 $y = ax^2$（$x > 0$）および $y = bx^2$（$x > 0$）のグラフと交わる2本の直線がある。直線ACが x 軸に平行で，点Bの座標が（2，12），AB：BC＝1：2のとき，次の問いに答えよ。

⑴　a の値を求めよ。

⑵　b の値を求めよ。

⑶　三角形ADBと四角形BDECの面積比が1：5であるとき，点Eの座標を求めよ。

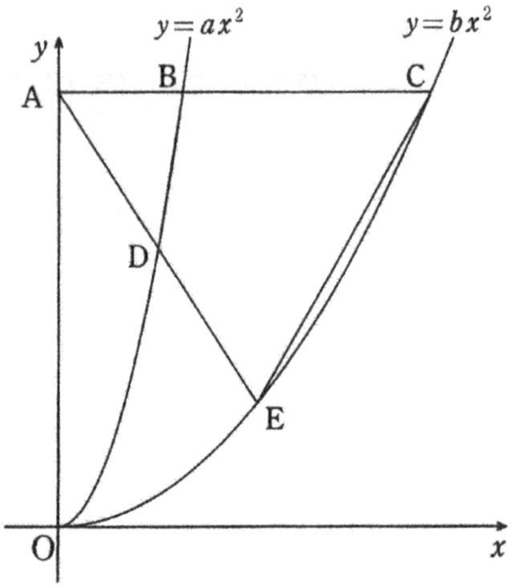

4 下の図のように，数直線上に動く点Pがある。
点Pは初めに原点Oにあり，以下の手順で数直線上を動く。

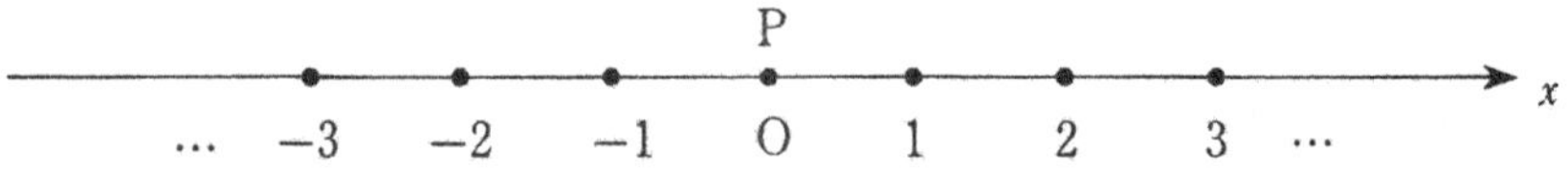

【手順1】
コインを投げ，表が出たら数直線を正の方向に向かう。
裏が出たら数直線を負の方向に向かう。
ただし，動く数は【手順2】の結果による。
【手順2】
サイコロを1つ投げ，その出た目の数だけ動く。
このとき，次の問いに答えよ。

⑴　【手順1】と【手順2】の組み合わせを2回行ったとき，点Pが座標10にいる確率を求めよ。

⑵　【手順1】と【手順2】の組み合わせを2回行ったとき，点Pが原点よりも右にある確率を求めよ。

5 自然数がある規則にしたがって下のように並んでいる。

	1列目	2列目	3列目	4列目	5列目	…
1行目	1	4	9	16	25	·
2行目	2	3	8	15	24	·
3行目	5	6	7	14	23	·
4行目	10	11	12	13	22	·
5行目	17	18	19	20	21	·
…	·	·	·	·	·	·

例えば，4行目で2列目の数は11であり，1行目で3列目の数は9である。

このとき，次の問いに答えよ。

⑴　８行目で１列目の数と，１行目で８列目の数の和を求めよ。

⑵　n 行目で１列目の数と，１行目で n 列目の数の和が266になる n の値を求めよ。

6　右の図のような，１辺の長さが４㎝の正方形BCDEを底面とする正四角錐Ａ－BCDEがあり，AB＝AC＝AD＝AE＝６㎝である。

辺AB上に点Ｐをとり，辺BDと辺ECの交点をＦとするとき，次の問いに答えよ。

⑴　線分AFの長さを求めよ。

⑵　△PCEの面積が最小となるとき，△PCEの面積を求めよ。

⑶　⑵のとき，三角錐Ｐ－BCEの体積を求めよ。

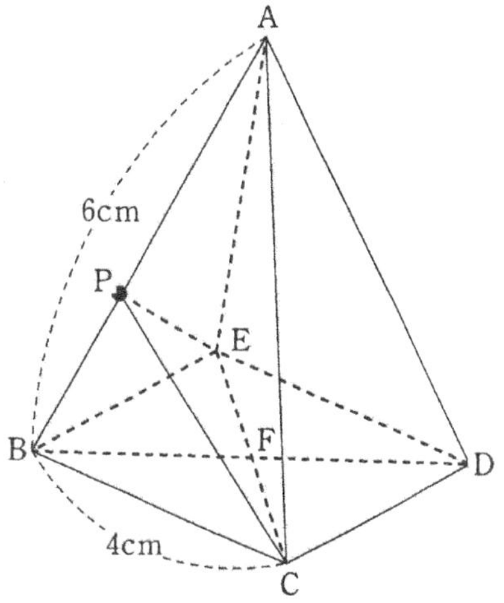

7　右の図のような，三角形ABCがあり∠Ａの２等分線と線分BCとの交点をＤとする。また∠Ａ＝2∠Ｂである。

このとき，次の問いに答えよ。

⑴　△ABCと△DACが相似であることを証明せよ。

⑵　線分ABの長さを求めよ。

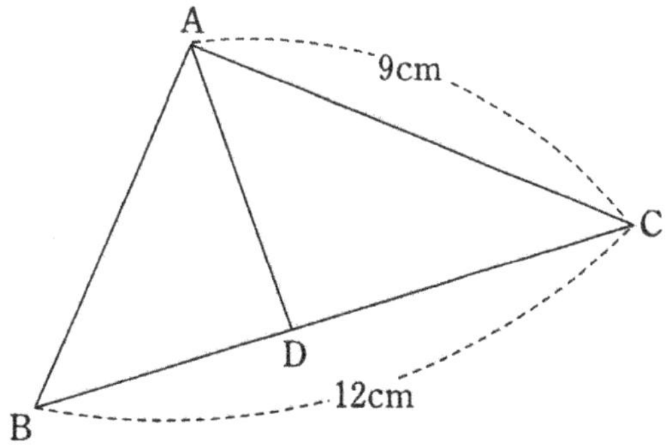

【英　語】（50分）　＜満点：100点＞

1　次の英文の（　）に入れるのに最も適するものを，それぞれ①～④より１つ選び，番号で答えなさい。

１．Whose uniforms are (　　　)?
　① this　② those　③ them　④ yours

２．The police officers came (　　　) the thief yesterday.
　① arrested　② arrest　③ to arrest　④ arresting

３．It is careless (　　　) her to bring useless items to the class.
　① of　② for　③ by　④ with

４．We (　　　) each other since we were kids.
　① knew　② have known　③ know　④ are knowing

５．There (　　　) a lot of people in the stadium yesterday.
　① is　② was　③ are　④ were

６．Practice hard, (　　　) your dream will come true.
　① or　② and　③ but　④ because

７．We need to know (　　　) bring.
　① how to　② when to　③ where to　④ what to

８．They enjoyed (　　　) a cake on December 23rd.
　① make　② made　③ to make　④ making

９．I was waiting for him (　　　) he came.
　① until　② by　③ after　④ since

10．This chocolate cookie is popular (　　　) young people.
　① by　② for　③ among　④ of

11．Takuya is not only smart, (　　　) also kind to everyone.
　① so　② but　③ and　④ as

12．I (　　　) my old dog every day.
　① look into　② look after　③ look ahead　④ look forward

2　後の会話文の（　）に入れるのに最も適するものを，それぞれ①～④より１つ選び，番号で答えなさい。

１．A：I couldn’t understand what he was saying.
　B：(　　　)
　① Me, too.　② Me neither.　③ No, I don’t.　④ Not special.

２．A：You did your homework, (　　　) you?
　B：Yes, I did.
　① didn’t　② did　③ were　④ are

３．A：I’m sorry, I can’t answer right now.
　B：It’s OK. (　　　) me know later.
　① Make　② Get to　③ Have　④ Let

4．A：Hi, I'm Becky.　Nice to meet you.
　　B：Hi, I'm Michael.　Please (　　　) me Mike.
　　① name　　② call　　③ give　　④ write

5．A：Kevin, don't (　　　) to take your lunch.
　　B：I know, Mom.
　　① remember　　② forget　　③ regret　　④ try

6．A：It's very hot today, so let's buy (　　　) cold to drink.
　　B：Yes, let's.
　　① some　　② something　　③ anything　　④ any

3　次の英文に（　）内の語を入れるとすればどこがよいか，①～④のうち１つ選び，番号で答えなさい。

1．The ① man ② with his dog was ③ my math teacher ④ .　(running)
2．My father ① cooked ② dinner ③ us ④ last night.　(for)
3．The bakery ① will ② be ③ famous ④ soon as it opens.　(as)
4．Jayson might ① be ② five years ③ senior ④ her.　(to)
5．I am feeling ① sorry ② because ③ my big ④ mistake.　(of)
6．I am ① looking forward to ② out to eat ③ dinner ④ with your family.　(going)

4　次の英文の下線部には文法的に誤っている箇所が１つあります。その番号を指摘した上で，誤っている箇所を正しい形に直しなさい。

1．①This is ②the most difficult ③question ④in the three.
2．I have ①never ②see ③such beautiful ④flowers.
3．If I had ①a lot of ②money, I ③will build ④my own house.
4．①Does ②anyone know why ③is Miki ④crying?
5．I ①have a book ②that ③have beautiful ④pictures.

5　後の日本文の意味を表す英文になるように，（　）内の語句を並べかえなさい。そして，2番目と4番目にくる語句の組み合わせとして適切なものを１つ選び，番号で答えなさい。

1．私は，彼らに時間通りにパーティに来るように頼んだ。
　　(come to /I / asked / to / them / on / the party / time).
　　① asked − to　　② come to − the party
　　② to − the party　　④ asked − them

2．その古い建物は台風によって破壊されてしまうかもしれない。
　　(old / building / by / the / be / might / the typhoon / destroyed).
　　① building − be　　② might − destroyed
　　③ the typhoon − destroyed　　④ old − might

3．この本は私には難しすぎて読めない。

This book (too / for / to / me / read / difficult / is).

① to − difficult　　② difficult − for

③ read − me　　④ too − for

4．私の息子は私に新しい腕時計を買ってくれた。

(a / bought / watch / me / son / new / my / for).

① son − watch　　② son − a

③ son − me　　④ son − for

5．私の兄は夕食の前に，私の宿題を手伝ってくれた。

My brother (my homework / helped / me / dinner / with / before).

① my homework − with　　② me − my homework

③ helped − before　　④ me − before

6．歌手の姉をもつその女の子は私の友達だ。

(whose / is / the girl / sister / a singer) is one of my friends.

① is − whose　　② whose − is

③ whose − the girl　　④ is − the girl

6 次の問いに答えなさい。

A Jenny（15歳）とその母が10/21（土）に温泉へ行く計画を立てています。
次のページのチラシと会話を読み，後の問いに答えなさい。

Mother : Jenny, why don’t we go to the hot spring this Saturday?

Jenny : Wow. I’d love to!

Mother : Here is the Starry Sky Hot Spring and Restaurant’s ad. They have some Halloween events.

Jenny : Sounds interesting! Look! I want to join the Pumpkin Quiz.

Mother : If our guess is close to the real weight, we can get the special snack bucket.

Jenny : I really want it! Shall we go there in the morning?

Mother : Umm... I’m sorry. I’d like to go in the afternoon.

Jenny : OK, Mom. What is the other event?

Mother : We can enjoy a special hot spring! The types of hot springs are different from day to day, and all of them are rare.

Jenny : We can enjoy a pumpkin pie scented hot spring. The color may be orange, I think.

Mother : You might be right. Jenny, how about having dinner after the hot spring?

Jenny : Great! Let me see the menu. I’d like to eat the Asian food. I like green curry.

Mother : Oh, I don’t like spicy food. Sorry. How about the Italian food?

Jenny : All right. I also like pizza, and the pumpkin pudding sounds good.

Mother : Oh. I’ll get that, too!

Starry Sky Hot Spring and Restaurant

Fees		Weekdays	Weekends and National Holidays
adults	18 over	¥900	¥1,000
children	6 to 17	¥550	¥650
	5 and under	For Free	
*a book of 11 coupon tickets		¥8,500 (adult) ¥5,500 (child)	

Halloween Events ~ October ~

Pumpkin Quiz

Let's guess the weight of the pumpkin!

To enter this event...

Write your guess on the paper and put it in the box at the front desk.

Please get the paper from the staff.

Date and Time

10/20 ~ 30　8:00 a.m. ~ 10 a.m.

Prize

You can get the special snack bucket if your guess is close to the real weight.

Special Hot Spring

1. Black Cat toys on the surface　Date: 10/1~11
2. Pumpkin pie *scented　Date: 10/12 ~ 22
3. Black colored　Date: 10/23 ~ 31

Restaurants' Special Menu

Asian Breeze

Plate A	Plate B
Nashi goreng	Green curry with rice
Salad	Salad
Mango cake	Mango ice cream

Italian Sea

Plate A	Plate B
Tomato Soup Spaghetti	Chicken Pizza
Salad	Salad
Pumpkin Pie	Pumpkin pudding

*a book of 11 coupon tickets 回数券　* scented 香り付き

1．Starry Sky 温泉の情報として正しくないものはどれか。①～④より１つ選び，番号で答えなさい。

① 入館料は，18歳以上で大人料金になる。

② 10月中，黒猫のおもちゃが温泉に浮いている日がある。

③ この施設には２つのレストランがある。

④ かぼちゃの重さ当てイベントの賞品は，11枚の入館券である。

2．会話の予定通りに温泉へ行く場合，２人の入館料の合計はいくらになるか。①～④より１つ選び，番号で答えなさい。

① ¥1,450　② ¥1,650　③ ¥1,550　④ ¥5,500

3．会話の予定通りに温泉に行く場合，２人はどの温泉に入れますか。①～④より１つ選び，番号で答えなさい。

① Black Cat toys on the surface　② Snack Buckets on the surface

③ Pumpkin pie scented　④ Black colored

4．会話の内容として正しくないものはどれか。①～④より１つ選び，番号で答えなさい。

① 二人はこの施設で食事をする予定だ。

② 二人は午後に温泉に行く。

③ 二人はこの施設のクーポン券を既に持っている。

④ Jenny の母親は辛い料理が苦手である。

5．会話の予定通りに温泉に行く場合，Jenny は夕食になにを食べるつもりか。①～④より１つ選び，番号で答えなさい。

① Asian Breeze の Plate A　② Asian Breeze の Plate B

③ Italian Sea の Plate A　④ Italian Sea の Plate B

B　次の英文を読み，後の問いに答えなさい。

It was a beautiful October day in a forest in California. Two young children were playing with their dog. Two hunters were walking near them. Suddenly, one of the hunters saw a bird. He shot at the bird. The dog had never heard the sound of a gun before. She was very afraid. (1) The dog ran away and disappeared into the forest.

This is the story of a family looking for their lost dog. It's a true story.

The Braun family was camping near a lake in Tahoe National Forest with their dog Murphy. The forest is a wonderful place for camping, but it can be dangerous. There are many animals. There are even black bears! It is very cold in the winter, and there is a lot of snow.

After their dog Murphy ran away, the children and their parents looked for her in the forest. "Murphy! Where are you, Murphy?" "Don't worry, kids. Murphy will come back."

But Murphy didn't come back that day. She didn't come back the next day, either. They looked for her all day, but couldn't find her.

"I'm sorry, kids. We have to go home now."

"But we can't leave Murphy!"

"I'll come here tomorrow after work."

"Okay. . ."

Mr. Braun came back to the forest the next afternoon. He came again and again. The next weekend, the whole family came and looked for Murphy. But they could not find her. The children made posters with Murphy's picture and their phone number. They put the posters on trees in the forest. They put the posters in stores near the forest, too.

Soon winter came. Then, it was summer, and then, winter came again. The Brauns continued visiting the forest whenever they could. But nobody knew anything about Murphy.

Twenty months after Murphy disappeared, a man named Russ Watkins went camping at the same lake. He saw a dog near the trees. "Is that the dog from the posters?"

He tried to catch the dog, but couldn't. He looked at a poster of Murphy. Then, he called the Braun family.

The next day, the family came and looked for Murphy, but couldn't find her. They had to go home, but Mr. Braun talked to Russ Watkins. "Mr. Watkins, could I leave this blanket here? Murphy always slept on it." "Sure, Mr. Braun." "Oh, and I'll leave this, too." Mr. Braun took off his hat and put it near the blanket.

The night, Mr. Watkins heard a noise. When he looked outside, he saw the dog sleeping on the blanket. The dog's head was on the hat! The next day was Father's Day. Mr. Watkins was happy to make a call to the Brauns.

When the Braun family arrived, Murphy ran up to them. They were all so happy. ⑵"This is the best Father's Day present ever!"

［出典：高山芳樹・Daniel Stewart 監修（2015），"*True Stories*"，NHK出版］

1．下線部⑴の原因を①～④より１つ選び，番号で答えなさい。

① 鳥を捕まえたかったから。

② 聞いたことのない猟銃の音に驚いたから。

③ 猟師に銃口を向けられたから。

④ 猟師が自分の飼い主だったから。

2．Murphy を捕まえた人物を①～④より１つ選び，番号で答えなさい。

① the young children　② the hunters　③ Mr. Braun　④ Mr. Watkins

3．Murphy を捕まえた方法を①～④より１つ選び，番号で答えなさい。

① 背後からそっと近づいて捕まえた。

② お気に入りの毛布と飼い主の帽子を置いて，捕まえた。

③ お気に入りの食べ物を置いて，捕まえた。

④ 名前を呼んで，おびき寄せて捕まえた。

4．下線部⑵の This が表す内容を①～④より１つ選び，番号で答えなさい。

① Murphy が毛布を気に入ってくれたこと。

② Murphy が帽子を被って寝ていたこと。
③ Murphy と再会できたこと。
④ 父の日に電話をもらえたこと。

5．本文の内容に一致するものを①～④より１つ選び，番号で答えなさい。
① Mr. Watkins 以外に有力な目撃情報を持っている人はいなかった。
② Murphy がいなくなってから，約３年経過していた。
③ Braun 一家は諦めて，森の中を探すのを止めていた。
④ 迷い犬の張り紙には Murphy の写真とアドレスを掲載していた。

7 次の【質問】に対して，【条件】に従い，自分の考えなどを30語以上50語程度の英文で書きなさい。

【質問】 Where is the best place to visit in Japan?

【条件】 ①１文目は【質問】に対する自分の考えを書きなさい。
②２文目以降はその理由を書きなさい。

※以下のスペースは下書きをするために使って構いません。

問四　――線Ｃ「上り」とは都に帰ることですが、当時の都はどこにありましたか。現在の都道府県名で答えなさい。

問五　――線Ｄ「児」と同じ意味の語句を、本文中より４字で抜き出しなさい。

問六　――線Ｅ「られ」は自然に動作が起こる意味を表しますが、これを何と言いますか。次のア～エより一つ選び、記号で答えなさい。

ア　受身　　イ　尊敬　　ウ　可能　　エ　自発

問七　本文中から、子のことを思う貫之の心中を表現した部分を探し、14字で抜き出しなさい。

のア～エより一つ選び、記号で答えなさい。

ア　父の不器用な性格が理解でき、父と一刻も早く和解したいという香織の気持ちが膨れ上がってきていること。

イ　剣道を始めた頃の思い、その頃の父に対する思いを思い出し、少しずつ香織の気持ちがほどけてきていること。

ウ　自分が見ようとしてこなかった父の一面を、優しく語る兄に感謝したい気持ちが大きくなってきていること。

エ　父と似ている自分に気づき、その父に対する好意を素直に示そうとすることに強く抵抗感を持っていること。

問十一　本文の内容を説明したものとしてふさわしいものを、次のア～エより一つ選び、記号で答えなさい。

ア　父と妹の関係が悪化していくことを心配し、ひたすらその改善に心を砕く兄の心情を中心に置きながら、その苦労を印象的に描いている。

イ　お互いに頑固であるがゆえに素直になれない父と娘が衝突を繰り返しながら、その関係性を深めていく家族の姿を感動的に描いている。

ウ　香織の率直な心情が終始語られており、妹思いの兄との会話を通して、徐々にではあるがその思いが変遷していく過程が丁寧に描かれている。

エ　剣道というスポーツを通して、自分勝手な香織が人間的に成長し自信を取り戻していくいきさつが、香織の目を通して鮮明に描かれている。

三　次の文章を読んで、後の問いに答えなさい。

今は昔、貫之が＊土佐守《とさのかみ》になりて、下りてありけるほどに、＊任果ての年、七つ八つばかりの子の、＊えもいはず a をかしげなるを、限りなく A かなしうしけるが、とかく煩《わずら》ひて、B うせにければ、泣きまどひて、病づくばかり思ひこがるるほどに、＊月比《ごろ》になりぬれば、＊かくてのみあるべき事かは、C 上りなんと b 思ふに、D 児《ちご》のここにて、何とありしはやなど、思ひ出《い》で E られて、いみじう F かなしければ、柱に書きつけける。

都へと思ふにつけて G かなしきは帰らぬ人のあればなりけり

と書きつけたりける歌なん、いままでありける。

（『宇治拾遺物語』より）

＊土佐守――土佐（現在の高知県）の国の国司
＊任果ての年――任期の終わる年
＊えもいはず――何とも言いようがないほど
＊月比――数か月
＊かくてのみあるべき事かは――こうしてばかりいられようか、いやいられない

問一　――線 a「をかしげなる」、b「思ふ」を、現代仮名遣いに直しなさい。漢字の部分もすべてひらがなで書くこと。

問二　――線A「かなしう」、F「かなしけれ」、G「かなしき」の中から一つだけ意味が違うものを、A・F・Gの記号で答えなさい。さらに、その意味を次のア～エより一つ選び、記号で答えなさい。

ア　悲しく思う　　イ　かわいがる　　ウ　見舞う　　エ　警戒する

問三　――線B「うせにければ」とは、誰がどうしたということですか。簡潔に答えなさい。

実のものになる可能性を想像し、気持ちの整理ができずに悲しみでいっぱいになっている。

エ　今まで一生懸命に取り組んできた剣道をやめることで失うものの多さを痛感し、今すぐにでも父親に謝罪をし、自分の発言を撤回したいと思っている。

問五　――線D「もっと強くなりたい。上にいきたい」という思いで、剣道に取り組んでいた香織の性格を表すのにふさわしい言葉を、本文中より漢字2字で抜き出しなさい。

問六　――線E「歯車が狂った」と、香織は現在の自分の剣道における状況を表現していることから、現在の香織は剣道において、どのような状況にあることが分かりますか。「大会」という言葉を使って、「～状況。」に続くように20字以内で答えなさい。

●（　　　　）状況。

問七　――線F「いつのまにか、雨が降り始めたらしかった」という天候描写の説明としてふさわしいものを、次のア～エより一つ選び、記号で答えなさい。

ア　香織に詰問され、どうしようか迷っている兄が外の状況に意識を向けることで、次の行動に移るきっかけになっている。

イ　感情的になっている香織の気持ちの描写から、その気持ちに段々と変化が訪れる境目の一文として、効果を上げている。

ウ　興奮が収まらない香織の気持ちの高ぶりと、騒がしくなった外の状況とを重ねることで、作品に一体感を持たせている。

エ　香織に激しく詰め寄られ、どうしたらよいか困って、涙を流してしまいそうな兄の気持ちを暗示する役割を担っている。

問八　――線G「今度は真っ直ぐ、あたしの目を見た」から分かる兄の気持ちとしてふさわしいものを、次のア～エより一つ選び、記号で答えなさい。

ア　頑なな姿勢を崩さない妹を前に、真実を伝えることを決意し、覚悟を決めて臨もうとしている気持ち。

イ　家族に対するひどい物言いをする妹に接し、腹立たしくなる衝動を必死に抑えようとしている気持ち。

ウ　剣道をやめようと考え始めた妹に対し、きちんと説得するにはどうしたらよいか、迷っている気持ち。

エ　何を言っても伝わらない妹に向かって、反省を促そうと兄としての威厳をはっきりと示したい気持ち。

問九　――線H「そんなの、ずるいよ、今になって、そんなこと――」と思っている香織の心情としてふさわしいものを、次のア～エより一つ選び、記号で答えなさい。

ア　剣道をやめることを決めた今になって、父を巧みに利用しようとする兄のやり方に不信感を抱いている。

イ　剣道に未練があることを今になって伝えてきた兄に対して、そのタイミングの悪さにとまどっている。

ウ　剣道に自信をなくした今になって、知りたくもない事実を突きつけてきた兄に対して、落胆している。

エ　剣道に行き詰っている今になって、自分に対する父の意外な真意に触れ、驚きを隠せず動揺している。

問十　――線I「そうだったろうか。そう、だったかも、しれない」という香織の心の声から、読み取れることとしてふさわしいものを、次

ら、逆によく見えるんだよ。香織が自分の子だから、父さんは、なおさら甘くしちゃいけない、甘くしちゃいけないって、ずっと自分に言い聞かせてきたんだと思うよ。そういう人なんだから、頑固な人なんだから、そういうとこ、香織が分かってあげなくて、誰が分かってあげられるの」

　兄は頬を拭い、少し背中を丸めて、息をついた。

「……香織がやめたいっていうなら、仕方ない。僕は止めないし、父さんも止めないと思う。でもその前に、思い出してごらん。父さんを好きだった、あの頃のこと。父さんと剣道やるのが、楽しかった頃のこと。父さんに褒めてもらって、嬉《うれ》しかった頃のこと。……やめるのは、それからだって遅くないでしょ」

　もう一度息をついて、兄は立ち上がった。座っていたところには、小さな水溜《たま》りだけが残った。

「…たまには、一緒に稽古してみたらどう。きっと、父さんも喜ぶと思うよ」

　絶対やだ。冗談じゃない。

　でも思うだけで、どうしても、そうはいえなかった。

（誉田《ほんだ》哲也《てつや》『武士道シックスティーン』より）

問一　[a]・[b] に入る慣用句としてふさわしいものを、それぞれ次のア～エより一つ選び、記号で答えなさい

a　ア　揚げ足を取る　　イ　足元につけ込む
　　ウ　足を引っ張る　　エ　足場を固める

b　ア　眉をつり上げて　　イ　眉一つ動かさず
　　ウ　眉毛を読んで　　エ　眉をひそめて

問二　――線A「母は、もううんざりという顔をしてうつむいた」という描写から、どのようなことが分かりますか。ふさわしいものを、次のア～エより一つ選び、記号で答えなさい。

ア　娘は常に反抗的な態度を取っており、反抗期はこれからも続きそうであること。

イ　娘と夫の折り合いが悪く、激しい言い争いの機会は今回が初めてではないこと。

ウ　娘の気持ちを理解せず、一方的に自分の考えを押し付ける夫に失望していること。

エ　娘の言葉遣いが非常に悪く、教育の仕方を誤った自分自身を責めていること。

問三　――線B「あたしが、剣道やめればいいんだろ」という香織の発言を、兄はどのようなものだと受け止めていますか。本文中より10字以内で抜き出しなさい。

問四　――線C「その言葉は現実的な重みを帯びて、あたしの背中に覆いかぶさってきた」という香織についての説明としてふさわしいものを、後のア～エより一つ選び、記号で答えなさい。

ア　剣道をすることが当たり前になっていた生活の中で、剣道をやめるという選択肢に図らずも触れることになり、その生々しい重みをひしひしと感じている。

イ　剣道をやめるということは今まで一度も考えたことがないと思っていたが、実はそのような気持ちを心のどこかで持っていたことを知り、非常に驚いている。

ウ　剣道をやめるということを父親に宣言したことで、その発言が現

目を逸らし、深く息を吐く。いうか否かを迷っているようだが、ここまできて、適当な言い逃れで切り抜けられると思ってもらっては困る。

「何よ。あたしが、何を知らないっていうの」

兄は口を尖《とが》らせ、床に視線をさ迷わせた。

Fいつのまにか、雨が降り始めたらしかった。窓の外がやかましい。

やがて心を決めたか、兄はG今度は真っ直ぐ、あたしの目を見た。

「……父さんは、ほとんど欠かさず、香織の試合を、会場まで見にいってるよ。関係者に結果だけ聞いてるっていうのは、うそだ。本当は何日も前から仕事の都合をつけて、毎回見にいってる。それが無理なら知り合いにビデオ撮影を頼んで、あとでこっそり、香織のいないときに見てる」

なんで、そんな――。

「不思議？　分からない？　なんでそんなうそまでついて、回りくどいことをするのか……僕には分かるよ。痛いほど。二人とも意地っ張りで、不器用で。……よく似てるよ。笑っちゃうくらいそっくりだよ」

そのくせ、兄の目には涙が浮かんできていた。

「……でも、やっぱり親なんだよ。香織のこと、いつだって心配してる。父さんは、玄明先生に対しても敬意を持ってると思う。あの剣道を否定してるわけじゃない。ただ、香織は勝気だから……あの剣道の、攻撃的な部分にだけ執着して、傾倒していくのが怖いんだよ。それでも、香織の意思を無視することはしなかったろ？　一度だって、香織を玄明先生から引き離そうとしたことがあった？　なかったろ。その代わり、僕に頼むって、あの父さんが、頭を下げたことがあったよ……香織が中学に入るまで、一緒に桐《きり》谷道場に通ってやってくれって。香織を、見守ってやってくれって。それがなかったら、僕はもっと早く剣道をやめてたよ」

Hそんなの、ずるいよ、今になって、そんなこと――。

「分かる？　香織。お前は、決して一人で強くなったわけじゃないんだ。色んな人に支えられてここまできたんだよ。特に父さんには……ねえ、思い出してごらん。香織は、剣道始めるときになんていった？　兄ちゃんばっかじゃずるい、あたしも父さんに褒められたいって、そういって始めたんだよ。父さんは、香織の憧れだったはずだよ。最初に勝ちたいって思ったのだって、父さんに褒められたかったからでしょ？　違う？」

思い出せない。そんな、昔のこと――。

「香織は、岡くんが僕に勝ったこと、彼が父さんの生徒だったこと、すごく恨んでるみたいにいうけど、本当は違うんだろ。香織、あのとき泣いたよね。でもあれ、僕が岡くんに負けたからじゃないんじゃない？　本当は、父さんが岡くんを褒めたから、それも……僕たちには見せないような、優しい顔で笑いかけたのが、悔しかったんじゃないの？　そのあとで、香織、いったじゃない。あたし、父さんのあんな顔、見たことないって……」

Iそうだったろうか。そう、だったかも、しれない。

「僕もね、確かに悲しかったよ。あのときは。でもさ、いま考えると、当たり前かなって気がするよ。だって、あれが父さんの仕事なんだもん。警察で剣道を教えて、その生徒が勝ったら、そりゃ褒めるよ。僕たちにあいう顔をしなかったのは、それは、親子だからでしょ。親子だからこそ、よその子より厳しくできるんじゃない。僕は剣道をやめたか

以前とはまた違った戦い方ができるだろうに。
　ふいに、すとんと体から抜け落ちるものがあった。なに馬鹿なことを考えてるんだ。あたしだって、いま剣道をやめようとしているのに。
「香織……父さんに、謝ってこいよ」
　まあ、用向きはそんなところだろうと思っていたが、実際にいわれるとやはり腹が立つ。
「なんであたしが謝らなきゃいけないの。わざわざ呼び止めて、睨《にら》みつけて嫌味いったのあっちじゃん」
「いや……」
　悔しそうに、兄は奥歯を噛《か》み締めた。
「……だからそれは、父さんの言い方だって、悪いとは思うよ。僕だって……でも、昨日や今日始まったことじゃないだろ。香織と父さんのいがみ合いは」
　ほんと、いつからだろう。こんなふうになっちゃったのは。
「もうやめなよ。母さんだって泣いてるよ」
「知ったこっちゃないね」
「そういうこというなよ」
「だって、あの人素人だもん」
「そんなの関係ない。母さんは母さんだろ。親なんだから、家族なんだから、心配するのは……」
「あたしは今、剣道の話をしてるんだよ」
　兄は固く目を閉じ、小刻みに頷《うなず》いた。
「……分かった。じゃあ剣道の話をしよう。あんな、売り言葉で、剣道をやめるなんていうなよ。もちろん、本気じゃないとは思うけど」
　へえ。さすが、優等生はなんでもお見通しってわけか。でも、残念でした。
「別に、売り言葉に買い言葉でいったんじゃないよ。ここんとこ、ちょっと考えてたんだ。あたし、マジで剣道、やめるかもしんない」
「なんでだよ」
　今までのあたしになら、その質問も有効だっただろう。なぜ剣道をやめるのか。でも今あたしがほしいのは、なぜ剣道を続けるのかって、そっちの方の答えだ。
「……あの人だって、あたしがやめりゃ清々するでしょ。なんでかしんないけど、あたしが剣道やってるのが、滅法お気に召さないようだから」
「そんなはずあるかよ」
「ハァ？　兄ちゃん、さっきのアレ聞いてなかったの？　あの人、あたしに剣道やめさせたくて仕方ないんだよ」
「違う。絶対にそんなことはない」
「なんで断言できんのよ」
「それだけは違うんだ」
「何が違うのよ」
「父さんが香織に剣道やめさせたいなんて思うわけないんだ。絶対にそれだけはないんだ。そんなの、お前が知らないだけなんだ」
　だが、いった途端兄は、マズった、みたいに顔をしかめた。
　あたしが、知らない？
「……ちょっと、何それ。どういうこと」

たしたちを見比べている。口元が、ちょっと半泣きっぽくなってる。

「興味は……ない」

「父さんッ」

兄ちゃん。いいタイミングのツッコミだったけど、この人に何いったって効きやしないよ。

「……お前が勝とうが負けようが、そんなことは知ったことではない。ただ、それで誰かを傷つけるようなことがあれば、見過ごすわけにはいかなくなる」

「やめてよ父さん」

「和晴、お前は黙ってろ」

ほらね。この人はあたしをいびるのに夢中で、頭に血が昇りっぱなしなんだよ。

悔しいけど、あたしは自分から目を逸らし、二階の方を見上げた。

「……じゃあ、もうそんな心配、しなくていいようにしてやるよ。Bあたしが、剣道やめればいいんだろ。それであんたは気がすむんだろうがッ」

二段飛ばしで二階まで上がった。

部屋に入って、涙が出てきたのは、それは、上りきったところの階段の柱に、足の小指を、ぶつけたからだ。

さっきは勢いでいってしまったが、いったん口にすると、Cその言葉は現実的な重みを帯びて、あたしの背中に覆いかぶさってきた。

剣道を、やめる。

そんなことを考えたことは、今まで一度もなかった、といったらうそになる。小さい頃は確かに、何度かあった。痛かったり、稽古がきつかったり、もっと友達と遊びたかったり、そんな理由で、剣道をやめたらどうなるか、想像してみたことはあった。でも小学校の中頃から、あたしは大会に出れば必ず入賞できるようになった。そこまでくると、もうやめたいとは思わなくなった。Dもっと強くなりたい。上にいきたい。そのためなら、どんなにつらい稽古でも耐えてみせる。そう思うようになった。ついこの前までは、同じ気持ちで、剣道ができていた。

だが、今はどうだ。

何かがずれてしまった。西荻《おぎ》には、とっさに「E歯車が狂った」などといってしまったが、まさにそうなのかもしれないと、今になって思う。

「……香織」

襖《ふすま》の向こうで声がし、あたしはベッドから起き上がった。兄だ。

「入っていい？」

「うん……いいけど」

戸口に覗《のぞ》いた顔はさっきのまま、困ったような、半泣きのような表情だった。そのまま、体を横にして入ってくる。

あたしの部屋は兄のところと違い、フローリングになっている。でも、フロアマットも座布団もない。基本的に、床には何も置かない主義なのだ。

机の椅子を勧めたが、兄は首を横に振り、直接床に座った。あたしも、なんとなくベッドから下りた。

Tシャツの袖から覗く上腕は、剣道をやっているときより明らかに太くなっている。ボートだから、よほど腕の力を使うのだろうが、だったらなおのこと、剣道をやめたことが悔やまれる。そのパワーがあれば、

をひらがなで書きなさい。

問二 [1] ～ [4] は次のⓐ～ⓓのいずれかが入ります。その組み合わせとしてふさわしいものを一つ選び、記号で答えなさい。

ⓐ 心はいつ生まれたのか
ⓑ そもそも「心」とは何なのか
ⓒ 脳とはどのような存在なのか
ⓓ 本当にそうなのだろうか

ア 1 ⓑ　2 ⓓ　3 ⓒ　4 ⓐ
イ 1 ⓐ　2 ⓒ　3 ⓑ　4 ⓓ
ウ 1 ⓓ　2 ⓒ　3 ⓐ　4 ⓑ
エ 1 ⓓ　2 ⓑ　3 ⓒ　4 ⓐ

問三 [5] に入る言葉を、[5] 以降より7字で抜き出しなさい。

問四 ――線Aの「ネアンデルタール人が埋葬されていたということ」、「その人骨化石のかたわらの土を分析したところ、花粉が出てきたこと」という事実からの推論を最も端的に述べている段落を一つ選び、段落番号で答えなさい。

問五 ――線B「これ」について、

(1) 「これ」が指す内容として適切なものを、次のア～エより一つ選び、記号で答えなさい。

ア ハンディキャップのある者が洞窟で生きのびたこと。
イ ハンディキャップのある者が狩猟に参加できないこと。
ウ ハンディキャップのある者に狩猟をさせなかったこと。
エ ハンディキャップのある者に仲間が食料を与えたこと。

(2) 「これ」が指す内容を抽象的に言い換えた言葉を、文章中より9字で抜き出しなさい。

問六 [6]・[7] に入る言葉を、それぞれ次のア～オより一つ選び、記号で答えなさい。

ア また　イ しかし　ウ ゆえに　エ つまり
オ なぜならば

問七 ――線C「高度な」は、ここではどういう意味で用いられているか。次のア～エより一つ選び、記号で答えなさい。

ア 高貴な　イ 孤高な　ウ 高等な　エ 精密な

問八 [15]段落以降の内容について、次の文の（　）を指定の字数で補充して説明しなさい。ただし、「ネアンデルタール人」「現代の人間」「人間性」の3語を必ず用いること。（①・②どちらに使ってもよい）

●（①40～50字）に対し、同じシャニダールの地において（②20～30字）という皮肉な現実を印象づけている。

[二] 次の文章を読んで、後の問いに答えなさい。

「……勝つことだけを信条としてきたお前が、白星を挙げられないんじゃ目も当てられんな。一体なんのために、お前は東松に入ったんだ。チームの [a] ためか」

テメェ。だからよ、それも含めて、今あたしは考えてるんだよ。

「いいたいことはそれだけ？ それとも、あたしの答えが聞きたいの？ とても、あたしのコメントに興味がおありのようには聞こえないけど」

A母は、もううんざりという顔をしてうつむいた。兄は、[b] あ

行動である。

11この一号人骨からさらに数メートル掘りさげた地点に、六万年前の地層がある。この地層で埋葬所が見つかった。体を曲げた状態で埋葬された人骨が発見され、四号人骨と名付けられた。そして、周囲の土を分析したところ、大量の花粉が見つかったのである。洞窟の中でもあり、自然の状態で花粉が落ちたのではなく、＊人為的に持ちこまれたものであることは明らかだった。花粉を顕微鏡で調べると、八種類の薬草であることが確かめられた。タチアオイ、アザミなどである。

12ソレッキ教授は、これを死者に花束を捧《ささ》げたものであると考えた。［6］、偶然、洞窟内にまぎれこんだにしては、あまりに花粉の密度が濃いこと。花粉が死者の上半身の土に集中しており、胸の上に花を置いたと考えられること。そして、本来、タチアオイ、アザミなどの花は群生せず、一本ずつ離ればなれに咲く性質があり、これは人為的に集めた、［7］花束を作ったと考えられるからである。これらの花の咲く時期から、埋葬は六月ごろに行われたこともわかった。

13このことから考えると、六万年前、ネアンデルタール人はすでに死の意味を知り、死の儀礼を持っていたと考えられる。ソレッキ教授は、これは原始的な宗教の＊萌芽《ほうが》といえるのではないかと考えている。

14この一号人骨と四号人骨の発見は、死者を悼み、美しい花飾りを添えて埋葬するという儀礼の最初の発見として人類学では有名なエピソードであるが、ここに、私たち人間の心の起源、人間性のはじまりを見ることができるのではないだろうか。弱者へのおもいやり、死の認識、これらは人間性という言葉を用いてもけっしておかしくないほどc高度な心である。この六万年前の遺跡から出てきたものは、人間らしい心の存在を感じさせ、文明や文化といったものに関連した最古の証拠の一つであるといえる。

15ソレッキ教授は発掘を継続する計画を立て、その準備を進めたが、翌年戻ってくることはできなかった。この地に住む山岳民族クルド人が、イラク政府に自治を要求して民族運動を起こし、内戦が始まったからである。

16内戦状態は続き、イラク政府とクルド人の間で武力衝突が何度も繰り返された。

17発掘を再開したいというソレッキ教授の夢は、民族紛争という現実の前に挫折を余儀なくされた。その後、一九七五年と七八年に、教授はイラク政府の許可を受けて洞窟を訪れ、発掘再開のための予備調査を行った。しかし、紛争はその後も激化の一途をたどり、シャニダールも戦場となった。教授は何度もイラク政府に入国をdシンセイしたが、そのつど、e却下されたのであった。

18ソレッキ博士はこう語っている。

19「私は、人間の心の起源は六万年前のネアンデルタール人に遡《さかのぼ》ることができると考える。彼らは、長い進化の歴史の中で初めて葬礼を営み、死者を埋葬した人々だった。戦争の影響で長年訪れることのできなかったその地、シャニダールを再び訪れることが、私の長年の夢だった」

（NHK取材班『NHKサイエンススペシャル驚異の小宇宙・人体Ⅱ
1　心が生まれた惑星［進化］』より・一部改変）

＊人為的――自然のなりゆきではなく、人間が手を加えて
＊萌芽――きざし

問一　＝線a～eについて、カタカナは漢字に直し、漢字はその読み

【国　語】（五〇分）〈満点：一〇〇点〉

【注意】　字数制限のある場合、「」や句読点なども字数に含む。

一　次の文章を読んで、後の問いに答えなさい。

1現代の科学のいちじるしい進歩は、一方でロマンに満ちた宇宙誕生のシナリオを描きだし、他方で、物質の極限の粒子であるクォークに代表されるミクロの世界の謎をも、少しずつ解きあかしはじめている。私たちはすでに、世界の謎をほとんど知りつくしてしまったかのようだ。しかし、［　1　］。

2ここに、ただ一つ、ほとんど手つかずのまま残されている大きな謎がある。それが、私たちの「脳」であり、そのもっとも高度な機能である「心」なのである。

3心の座をめぐっては、古来、さまざまな哲学者、科学者が思索をめぐらせてきた。古代中国の医家たちは内臓に心を求め、プラトンは脳に、アリストテレスは心臓に、デカルトは脳の中の松果体という器官にと、心の住まう場所を求めて a**クノウ**した。では、［　2　］。

4星を見て美しいと思う「心」、異性に抱く淡い愛情、いつまでも忘れられない懐かしい記憶、肉親や知人の死を悼む気持ち、芸術家にひそむ驚くべき創造力など、私たちの心の刻々の変化は、すべて脳の働きによるものである。まさに、人間の「脳」は三五億年の生物の進化の b**結晶**であり、「心」はそこに宿った、宇宙でもっとも神秘的な世界だといえる。

5［　3　］。どのような過程をへて、私たちの脳は今日ある姿に進化したのか。そして、［　4　］。（中略）

6アメリカのテキサス農工大学の人類学者、ラルフ・ソレッキ教授。教授は、一九五〇年代から六〇年代にかけて数次にわたり、北イラクの山中にあるシャニダールという洞窟の調査を行った。数万年前のネアンデルタール人の遺跡を発掘したのであるが、そこで教授は、［　5　］とも呼びうる重要な事実を発見した。

7 A一つは、ネアンデルタール人が埋葬されていたということ。そしてもう一つは、その人骨化石のかたわらの土を分析したところ、花粉が出てきたことである。

8シャニダールの洞窟は、間口二〇メートル、奥行き四五メートルの大きなもので、周囲を三〇〇〇メートル級の山並みに囲まれ、はるか下に川を見下ろす位置にある。この洞窟の地面を掘りさげたところ、六万年前の地層と四万五〇〇〇年前の地層が現われ、全部で九体のネアンデルタール人の骨が見つかった。

9そのうち、四万五〇〇〇年前の地層から見つかった一号人骨は、推定年齢四〇歳前後の男性。地震による落石で死亡したものらしく、頭の左側に大きな穴があいていた。頭蓋骨《とうがいこつ》を詳しく調べると、目の周囲の骨がねじれており、生前は左目が不自由な状態であったらしい。また、右腕はなにかの事故で切断されており、切断された骨の先端が治癒していることから、事故後、そうとうの年月を生きていたことがわかった。歯を調べると、年齢以上に摩耗しており、おそらく口に物をくわえて c**ウンパン**していたことが推測された。

10ネアンデルタール人の生活は狩猟採集によるものであり、ハンディキャップのあるこの人物が狩りに参加したとは考えにくい。これらの事実からソレッキ教授は、この人物は洞窟の中で仲間に食料をもらいながら生きのびていたのではないかと考えた。 Bこれは動物には見られない

2024年度

横浜富士見丘学園高等学校入試問題（オープン）

【数　学】（50分）　＜満点：100点＞

1　次の計算をせよ。

(1)　$-5+(-3)$

(2)　$(-3)^2\times(-2^3)$

(3)　$\frac{3}{4}-\frac{5}{6}$

(4)　$\frac{9}{10}a^6b^7c^8\div\frac{4}{5}a^3b^2c$

(5)　$\frac{2x+3}{4}-\frac{x-1}{3}$

(6)　$\sqrt{18}+\frac{4}{\sqrt{2}}$

(7)　$4x(x-3)-(x+3)^2$

2　次の問いに答えよ。

(1)　$x^2-12xy+36y^2$ を因数分解せよ。

(2)　二次方程式 $(x-3)^2=16$ を解け。

(3)　連立方程式 $\begin{cases}2x+3y=20\\3x-2y=4\end{cases}$ を解け。

(4)　関数 $y=x^2$ において，x の値が a から $a+2$ まで増加するとき，変化の割合が4となった。このとき，a の値を求めよ。

(5)　右の図において，x の値を求めよ。

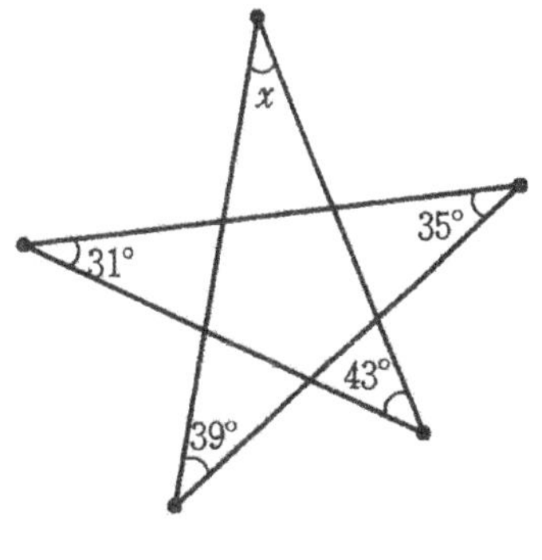

3　次のページの図のように，放物線 $y=ax^2$ 上に２点A，Bがある。
点Aの座標は（－２，１），点Bの x 座標は６である。
また，点Oは原点である。

このとき，次の問いに答えよ。

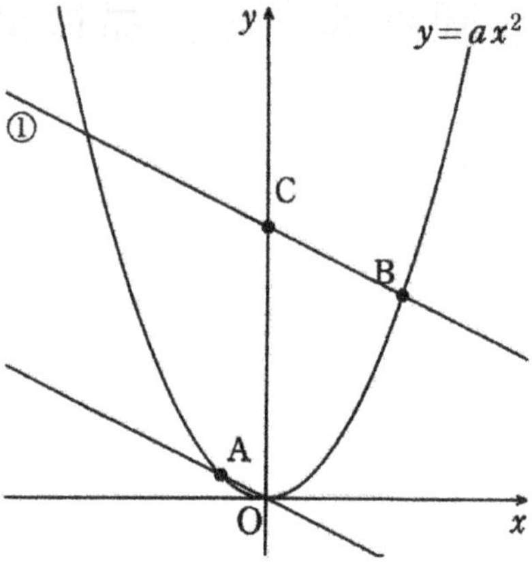

⑴　a の値を求めよ。

⑵　点Bの座標を求めよ。

⑶　点Bを通り，直線AOと平行になるような直線を①とし，直線①と y 軸との交点を点Cとする。このとき，△ABCの面積を求めよ。

4　大小２つのサイコロがある。

同時に２つのサイコロを投げるとき，以下の問いに答えよ。

⑴　目の和が８以上になる確率を求めよ。

⑵　大きいサイコロの出る目を a，小さいサイコロの出る目を b とするとき，$a \geqq b$ となる確率を求めよ。

5　次のように，ある規則に従って数を並べた。

1，2，1，3，2，1，4，3，2，1，5　…

このとき，次の問いに答えよ。

⑴　始めから数えて31番目にある数を答えよ。

⑵　初めて10が出てくるのは左から数えて何番目か答えよ。

⑶　初めて10が出てきたとき，並べられた全ての数の和を求めよ。

6　次のページの図のような直角三角形ABCを直線 ℓ，または直線 m を軸にして回転させるとき，次の問いに答えよ。

⑴　線分ABの長さが13，線分BCの長さが５とする。
このとき，直線 ℓ を軸にして回転させたときにできる立体の体積を求めよ。

⑵　線分BCよりも線分ACの長さが１だけ大きい直角三角形を考える。直線 ℓ を軸にして回転させたときにできる立体の体積が，直線 m を軸にして回転させたときにできる立体の体積よりも 10π だけ小さいとき，線分BCの長さを求めよ。

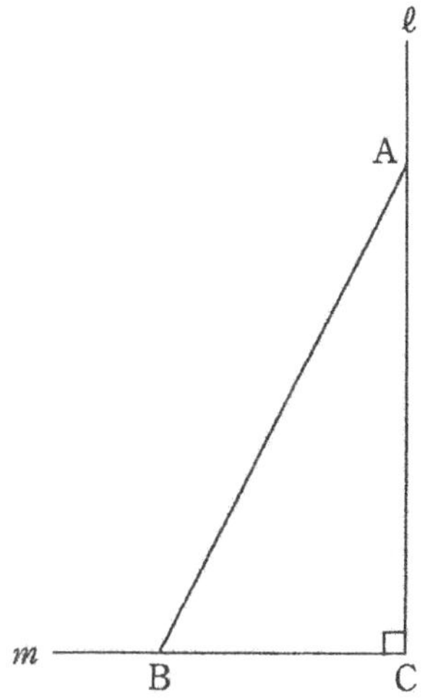

7　右の図のように，円Oの周上に４点A，B，C，Dがあり，線分BCは円Oの直径である。
また，AB＝ACである。
さらに線分ACと線分BDの交点をE，線分BAと線分CDをそれぞれ延長したときの交点をFとする。
このとき，次の問いに答えよ。

(1)　△ABEと△ACFが合同であることを証明せよ。

(2)　線分CFの長さが10，線分CEの長さが$2\sqrt{10}$，線分DEの長さが２のとき，線分BCの長さを求めよ。

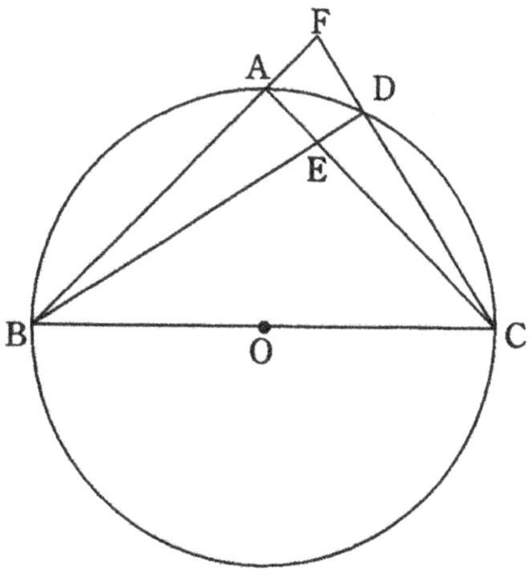

【英　語】（50分）　＜満点：100点＞

1　次の英文の（　）に入れるのに最も適するものを，それぞれ①～④より１つ選び，番号で答えなさい。

1．If I were a bird, I (　　　).
①can fly　②fly　③am flying　④could fly

2．Mr. Shimizu (　　　) us to listen to him carefully.
①told　②spoke　③talked　④said

3．Can Mt. Fuji (　　　) from your classroom?
①seen　②to see　③be seeing　④be seen

4．My mother gave me a scarf (　　　) in France.
①make　②making　③made　④was made

5．Mami (　　　) *sado*, tea ceremony, ten years ago.
①learns　②learned　③has learned　④was learned

6．This is a tablet computer (　　　) is popular in Japan.
①who　②what　③it　④which

7．I can't believe that these chairs are made (　　　) paper.
①from　②of　③by　④with

8．Naomi is the (　　　) swimmer in her class.
①good　②best　③better　④well

9．Chie always looks (　　　) her dogs.
①before　②into　③after　④back

10. Hurry up, (　　　) you will miss the train.
①or　②and　③but　④so

11. He has (　　　) up his mind.
①makes　②made　③look　④looked

12. They came (　　　) a famous soccer player.
①to　②for　③into　④across

2　後の会話文の（　）に入れるのに最も適するものを，それぞれ①～④より１つ選び，番号で答えなさい。

1．A：(　　　) do you play tennis?
B：Twice a week.
① When　② Where　③ How often　④ How long

2．A：(　　　) I borrow your dictionary?
B：Sure.
① May　② Shall　③ Will　④ Must

3．A：Why did you get up so early?
B：(　　　) practice baseball.
①On　②To　③In　④By

4．A：Do you have (　　　) pets?
　B：Yes, I have three dogs.
　① a　② some　③ many　④ any

5．A：Please help (　　　) to some water.
　B：Thank you.
　① you　② your　③ yours　④ yourself

6．A：Do you know which tower is the (　　　) in Japan?
　B：Yes, Sky Tree is.
　① tallest　② taller　③ tall　④ length

3　次の英文に（　）内の語を入れるとすればどこがよいか，①～④のうち１つ選び，番号で答えなさい。

1．She ① very ② busy ③ yesterday ④ .　(looked)
2．Jenny ① wants to be not ② a pilot, ③ but ④ also a doctor.　(only)
3．Please tell ① the way ② to ③ the station ④ .　(me)
4．I'll ① tell ② that ③ you want to ④ see him.　(Mr. Yamada)
5．I ① have ② been ③ to the cafeteria ④ .　(just)
6．The cat ① was ② named ③ by ④ my sister.　(Momo)

4　次の英文の下線部には文法的に誤っている箇所が１つあります。その番号を指摘した上で，誤っている箇所を正しい形に直しなさい。

1．This ①is the book ②that I ③read it ④yesterday.
2．①Could you ②tell me ③who ④is that girl?
3．She ①often ②study ③in the library ④after school.
4．①Which ②do you like ③best, summer ④or winter?
5．①It ②has been ③rain ④since this morning.

5　後の日本文の意味を表す英文になるように，（　）内の語句を並べかえなさい。そして，２番目と４番目にくる語句の組み合わせとして適切なものを１つ選び，番号で答えなさい。

1．あなたはピアノを演奏するのが得意ですか。
　(at / piano / the / you / are / playing / good)?
　① good － at　② you － playing　③ you － at　④ good － playing

2．この国は日本の３倍の大きさです。
　This country (Japan / as / is / three / large / as / times).
　① times － as　② times － large　③ is － times　④ three － as

3．もし彼の住所を知っていたら，彼に手紙を書くのに。
　(his address, / I / would / I / write / knew / if) to him.
　① I － knew　② I － his address,　③ I － would　④ knew － would

4．トムは車を運転できる年齢になっています。

Tom (old / a / car / to / is / drive / enough).

① old − to　② is − enough　③ enough − to　④ old − drive

5．彼は２時間ずっとゲームをしています。

He (video games / two / playing / has been / for) hours.

① has been − for　② playing − two　③ playing − for　④ video games − for

6．フィリピンでは何語が話されていますか。

(the Philippines / language / is / in / spoken / what)?

① language − in　② is − spoken

③ spoken − the Philippines　④ language − spoken

6　次の問いに答えなさい。

A　生徒たちがプレゼンテーションについて話し合いをしています。

後の資料と会話を読み，次のページの問いに答えなさい。

Josh : Which theme should our group choose? I think electricity and water problems, and garbage problems are most familiar to us and it would be easy to prepare for.

Miyuu : Yes, but I'm interested in the food loss problem. I heard that there is enough food loss equal to one meal per person a day in Japan.

Josh : Certainly, the amount of food loss is also serious. Recently, the number of shops that work to prevent food loss has increased little by little.
What do you think, Emma?

Emma : I often go to Starbucks. I thought it was really good when I found out that food is discounted around 7 p.m., which is an effort to solve the food loss problem.
It might be good to think about this problem.

Miyuu : Emma, you always bring your own *tumbler when you go to Starbucks, right?

Emma : Yeah. I'm happy to get a discount when I use my tumbler, but above all, I think it's good to be able to reduce garbage.

Josh : Hmm. After all, I think the garbage problem is really serious. We read a story about the problem of marine plastic garbage in English class last week, and I want to research more and more about this.

Miyuu : That's right. But in order to solve the marine plastic problem, it is important not to use or get anything that becomes garbage first. I want to tell everyone more about carrying eco bags and their own bottles. Don't you think it would be interesting for us to design eco bags and bottles for all the school's students to use? And we could sell them at the school festival and donate the sales!

Emma : That's interesting! Now I remember that the JRC club sold fair trade products - eco bags made by recycling Philippine juice packs - at the school festival before.

Josh : Yes. I participated in an English training seminar in the Philippines last year, but I didn't know much about the eco bags. We need to learn more about fair trade. So, why don't we use both fair trade and eco bags as the theme?
Let's also suggest the idea of selling and donating eco bags we designed and fair trade products!

Miyuu : That's good! First of all, I would like to do a questionnaire to see how much everyone in the class knows about fair trade products.
I'll make a questionnaire form.

Emma : Thank you, Miyuu. I'm good at painting and design, so I'll think of an eco bag design plan by next time!

Josh : I'm going to get *materials about fair trade from our social studies teacher. This will be fun! We're going to be a good team!

*tumbler タンブラー　*materials 資料

1．プレゼンテーションはいつの予定か。①～④より１つ選び，番号で答えなさい。

① 学期末　② 11月20日　③ ２月29日　④ 冬休み明け

2．Miyuu が関心を持っている問題は何か。①～④より１つ選び，番号で答えなさい。

① 電気や水を無駄遣いしないこと　② 地域活動やボランティアに参加すること

③ ごみを減らすこと　④ 食品ロスをなくすこと

3．Josh がごみの問題に関心を持っている理由を①～④より１つ選び，番号で答えなさい。

① スターバックスに行った時にごみ問題に対する取り組みを聞いたから。

② 社会の授業でごみ問題についての話を聞いたから。

③ 英語の授業で海洋プラスチックごみの話を読んだから。

④ ごみ拾いのボランティアに参加したことがあったから。

4．会話と資料の内容に一致しないものを①～④より１つ選び，番号で答えなさい。

① プレゼンテーションの準備のために各グループは４台の iPad を使うことができる。

② 資料にあるテーマ以外に自分たちでテーマを考えてもよい。

③ Emma はいつもエコバッグを持ち歩いている。

④ Miyuu はプレゼンテーションのためにアンケートをしたいと考えている。

5．次の質問に対する答えとして最も適切なものを①～④より１つ選び，番号で答えなさい。

Who has been to an English training seminar in the Philippines?

① Emma

② Josh

③ Miyuu

④ Social studies teacher

SUSTAINABLE DEVELOPMENT GOALS

SDGs Project

~What can we do for now?~

Sustainable Development Goals

Let's prepare for the presentation at the end of the semester.

Choose a theme and prepare for the presentation

1.Don't waste electricity or water

●Don't leave the light or TV on.
●Don't leave water running when washing dishes or taking a bath.
●Pay attention to the set temperature of the air conditioner (higher in summer, low in winter).

2.*Eliminate food loss

●Use things within *the expiration date.
●Try not to order too much when eating out or for takeout.

3.Reduce garbage and separate it

●Separate garbage according to the rules
●Instead of "throwing away", try to find the next "owner" (recycle shops and flea market apps).

4.Bring your own bag and my bottle

●When shopping, bring your own bag or bottle and don't get things that will become "garbage" as much as possible.

5.Choose a fair trade product

●Support the independence of local producers *suffering from *poverty.

6.Participate in community activities and volunteer projects

●Participate in local activities and *deepen exchanges with local *residents.

◆Please decide the theme to be presented by November 20th.
◆We will prepare 4 iPads for each group to prepare for the presentation.
◆ When you want to *survey students, you can use the Google classroom *questionnaire form. Please tell your homeroom teacher after creating a questionnaire.
◆In addition to the above themes, you can prepare a presentation on the themes you thought of yourself.
◆The rehearsal for the presentation will be held on February 29th.

*eliminate　なくす　　*the expiration date　消費期限　　*suffer from　～に苦しむ
*poverty　貧困　　*deepen　深める　　*residents　住民　　*survey 調査する
*questionnaire　　アンケート

B　次の英文を読み，後の問いに答えなさい。

Editors of newspapers and magazines often go to *extremes to provide their readers with unimportant facts and *statistics. Last year a journalist had been *instructed by a well-known magazine to write an article on the president's palace in a new African *republic. When the article arrived, the editor read the first sentence and then refused to publish it. The article began: "Hundreds of steps lead to the high wall which surrounds the president's palace." The editor at once sent the journalist a *telegram instructing him to find out the exact number of steps and the height of the wall.

The journalist immediately set out to *obtain these important facts, but (1) he took a long time to send them. *Meanwhile, the editor was getting *impatient, for the magazine would soon go to press. He sent the journalist two *urgent telegrams, but received no reply. He sent yet another telegram informing the journalist that if he did not reply soon he would be *fired. When the journalist again failed to reply, the editor *reluctantly published the article as it had originally been written.

A week later, the editor at last received a telegram from the journalist. Not only had (2) the poor man been arrested, but he had been sent to *prison as well. However, he had at last been allowed to send a telegram in which he informed the editor that he had been arrested while he was counting the 1,084 steps leading to the 15 foot wall which surrounded the president's palace.

［出典：*Developing Skills* by L.G.Alexander, "The Facts"］

*extreme　極端な行動　　*statistics　統計　　*instruct　指示する　　*republic　共和国
*telegram　電報　　*obtain　入手する　　*meanwhile　その間に　　*impatient　イライラして
*urgent　緊急の，催促する　　*fire　解雇する　　*reluctantly　いやいやながら　　*prison　刑務所

1．ジャーナリストはどのような記事を書くように指示されましたか。①～④より１つ選び，番号で答えなさい。
　①　アフリカの共和国の大統領の歴史について
　②　アフリカの共和国の新しい大統領の邸宅について
　③　アフリカの共和国の伝統的な邸宅について
　④　アフリカの共和国の新しく建てられた邸宅について

2．記事を読んだ編集者は，ジャーナリストに何を指示しましたか。①～④より１つ選び，番号で答えなさい。
　①　記事をもう一度書き直すこと
　②　有名な宮殿の正確な数を調べること
　③　階段の正確な数と塀の高さを調べること
　④　アフリカ共和国から帰国すること

3．下線部(1)の理由を①～④より１つ選び，番号で答えなさい。
　①　編集者からの催促の電報が届いていなかったから。
　②　ジャーナリストがアフリカ共和国にいなかったから。

③　雑誌社から編集者が解雇されたから。

④　ジャーナリストが逮捕されていたから。

4．下線部⑵の the poor man とは誰のことを指していますか。①～④より１つ選び，番号で答えなさい。

① The journalist　② The editor　③ The president　④ The reader

5．この物語の内容に一致しないものを①～④より１つ選び，記号で答えなさい。

①　編集者はジャーナリストの書いた記事を掲載することを最初は拒否した。

②　編集者はジャーナリストへ３通の電報を送った。

③　ジャーナリストが書いた記事は編集者によって書き直された。

④　ジャーナリストは事実を提供するために極端な行動をした。

7　次の【質問】に対して，【条件】に従い，自分の考えなどを30語以上50語程度の英文で書きなさい。

【質問】 What county would you like to visit?

【条件】 ①１文目は want を使い，【質問】に対する自分の考えを書きなさい。

②２文目以降はその理由を書きなさい。

※以下のスペースは下書きをするために使って構いません。

る。不思議の徳、＊おはしける人なり。漢の蕭之《せうし》が雉《きじ》をしたがへたりけるに、＊ことならず。

（「十訓抄」より）

＊仁智――仁愛にして知恵の優れていること
＊召しにしたがひて、恪勤者などを勘当し給ひけるには――（蜂は宗輔公の）お召しに従って（やってきて）、侍たちをおしかりになる時には
＊某――誰それ
＊来――来い
＊そのままにぞ振舞ひける――（蜂たちは）そのとおりに働き回った
＊出仕――勤めに出ること
＊車のうらうへの物見に、はらめきけるを　牛車の左右の物見窓の辺りを、ブンブン飛び回っているのを
＊おはしける――おありになった
＊蕭之――人名
＊ことならず――同じである

問一　＝＝線a「勘当（かんだう）」、b「うらうへ」を、現代仮名遣いに直しなさい。漢字もすべてひらがなで書くこと。

問二　――線A「京極太政大臣宗輔公」の別名を、本文中から5字以内で抜き出しなさい。

問三　本文には、――線B「とまれ」以外に、宗輔公の会話部分がもう1か所あります。その会話の部分を10字以内で、抜き出しなさい。（句読点を含む）

問四　――線C「とまりけり」の主語を答えなさい。

問五　――線D「世」の意味として、もっとも適切なものを、次から一つ選び、記号で答えなさい。

ア　世界　　イ　世間　　ウ　世話　　エ　前世

問六　宗輔公の説明としてふさわしいものを、次から一つ選び、記号で答えなさい。

ア　仁智の心がある人だった。
イ　侍たちを決してしからない人だった。
ウ　不思議な徳のある人だった。
エ　雉を従えている人だった。

イ　それが事実なのは残念だ。
ウ　それが事実だとは認められない。
エ　それが事実だからしかたがない。

問七　[4] には次のア～エが入ります。正しい順に並べかえて、記号で答えなさい。
ア「逸らしたのはお前だ」
イ「僕のじいさんの場合は伸びない」
ウ「深刻な問題だな。だけど話を戻そうぜ」
エ「俺の母方のじいさんもそうだな。父方のおじもそうだ……なあ堀川。遺伝すると思うか？」

問八　[5] に入る語を、次のア～エより一つ選び、記号で答えなさい。
ア　警告　イ　検査　ウ　委託　エ　廃棄

問九　本文の後、松倉と堀川は、美容院で事件に遭遇します。その際の、彼らの行動について説明した次の文の[　]を適語で補充しなさい。ただし、①・②は、それぞれ後のア～エより一つ選び、記号で答え、③は、本文中より11字で抜き出すこと。

●松倉は「奇妙な体験からは一歩身を引きたがる」と説明されている。また「いつもの皮肉な笑みを浮かべて」という描写で、物事との距離感が示される。さらに「お前の割引券なんだから選択権はお前にある。俺としては――」というセリフで、距離が[①]に裏打ちされているとわかる。

その点は「これは価値観の問題だ。僕の場合は――」と述べる堀川も同じである。また、堀川は「あまりに馬鹿馬鹿しくて相手にするべきかどうか」迷っても、対話を続けるだけの社交性を示している。

その彼らが「友人と散髪に行く」という事態を肯定できないまま、結局は「予定通り」に「美容院の前に立つ」ことを選択する。理由として示されるのは、[②]のみである。客観的に見れば、状況に逆らわずに流されただけのことである。ならば、彼らの対話は、自己説得の試みと判断してよい。

このような性格を付された、松倉と堀川が、美容院で事件に遭遇して「[③]」という行動を選択するのは、作劇として不自然ではない。

①　ア　利己主義　イ　個人主義　ウ　博愛主義　エ　虚無主義
②　ア　責任問題　イ　信用問題　ウ　経済問題　エ　人権問題

三

次の文章を読んで、後の問いに答えなさい。

すべて、蜂《はち》は短小の虫なれども、＊仁智の心ありといへり。

されば、A京極太政大臣宗輔公は、蜂をいくらともなく飼ひ給ひて、「なに丸」「か丸」と名を付けて、呼び給ひければ、＊召しにしたがひて、恪《かく》勤《ご》者《しゃ》などを a勘当《かんだう》し給ひけるには、なに丸、＊某《なにがし》刺して＊来《こ》とのたまひければ、＊そのままにぞ振舞ひける。

＊出仕の時は＊車の bうらうへの物見に、はらめきけるを、「Bとまれ」とのたまひければ、Cとまりけり。D世には蜂飼《はちかひ》の大臣《おとど》とぞ申しけ

「なるほど」

そう言ったのは、もちろん、納得したからではない。あまりに馬鹿馬鹿しくて相手にするべきかどうか迷ったからだ。結局、僕はこう付け加えた。

「だけどお前と連れションに行ったことはないし、行きたいとも思わないし、お前がどんなにそれらしいことを言っても散髪は連れションに似ていない」

「もっともだな」

そうして僕たちは、僕の行きつけの美容院の前に立つ。予約は夜の七時。一分と違《たが》わない、予定通りの到着だった。

（『短編宝箱』所収・米澤穂信「ロックオンロッカー」より）

問一　〰〰線a・bの意味としてふさわしいものを、それぞれ後のア～エより一つ選び、記号で答えなさい。

a「推敲」

ア　詩や文をよいものにしようと、何度も練り直すこと。
イ　詩や文をよいものにしようと、何度も加筆すること。
ウ　詩や文をよいものにしようと、何度も添削すること。
エ　詩や文をよいものにしようと、何度も扉を叩《たた》くこと。

b「迂闊」

ア　うっかりしていて、自分が損すること。
イ　うっかりしていて、よく読まないこと。
ウ　うっかりしていて、行き届かないこと。
エ　うっかりしていて、遠まわりすること。

問二　［1］～［3］に、入る言葉の組み合わせとしてふさわしいものを、次のア～エより一つ選び、記号で答えなさい。

ア　1　むしろ　2　ところが　3　つまり
イ　1　むしろ　2　つまり　3　ところが
ウ　1　つまり　2　ところが　3　むしろ
エ　1　つまり　2　むしろ　3　ところが

問三　――線A「愚痴を言い続けた」とありますが、その愚痴は、どのような不満から出たものですか。不満の内容が端的にあらわれた部分を、本文中より18字で抜き出しなさい。

問四　――線B「どうか思いとどまってくれ」とありますが、松倉は何を思いとどまることを求めていますか。次のア～エより一つ選び、記号で答えなさい。

ア　散髪に行くこと　　イ　四割引を諦めること
ウ　二人で美容院に行くこと　　エ　図書室で声高に言い合うこと

問五　――線C「結構アホかもしれんな」とありますが、松倉が、自分たちを「アホ」と評する理由を、次のア～エより一つ選び、記号で答えなさい。

ア　割引が適用される条件に気づかず困難な状況に陥ったから。
イ　七割増しになるという理不尽に抗する術を持たないから。
ウ　四則演算の解を得るのに意外な苦戦を強いられたから。
エ　本質的でないことを問題にして労力を費やしたから。

問六　――線D「悲しい事実だ」とありますが、堀川が「悲しい」という形容詞を用いることで言おうとしていることとしてふさわしくないものを、後のア～エより一つ選び、記号で答えなさい。

ア　それが事実なのは滑稽だ。

「四割は惜しいな。考え方を変えよう。二人で行った場合の値段が正価で、一人で行くと割増料金を取られると考えるんだ」

「なるほど。何割増しになるんだ？」

「四割じゃないか」

「いや、違うだろ」

「前提として、あそこはカットのみだと四千円だから……」

お互い、数学の成績は悪くなかった。僕はともかく松倉は、頭も悪くない。むしろ才能を発揮する場がやや特殊なだけで、相当な切れ者だと思う。だけどこのとき僕たちは、その「割増料金」が何割なのか計算するのに方程式を立てられなくて、ノートを広げシャープペンを走らせ四則演算を駆使することになった。ようやく数分後、得られた解に僕は感嘆の溜《た》め息をついたものだ。

「約一・六七倍だ」

「七割増しか」

「四割引を諦めると七割増しになる。理不尽だ」

松倉がぽつりとこぼした言葉は忘れられない。

「俺たち、C結構アホかもしれんな」

次に愚痴をこぼしたのは、散髪当日のことだ。日は長いころだったが、松倉と合流したのは遅い時間で、あたりはほぼ暮れていた。丈の長いシャツを着た松倉と並んできらびやかな繁華街を歩きながら、僕は言った。

「いまここで補導員に会ったとするだろ」

「ああ」

「深夜徘徊《はいかい》というほど遅くはないけど、まあだいたい夜だ。『どこに行くんだ』と咎《とが》められたとするだろ」

「ああ」

「そのとき、どう答えればいい。にっこり笑って『ボクたち、これから二人で美容院に行くんです』って言えばいいのかな」

松倉の笑い方には、少し癖がある。なんというか、大人びた忍び笑いをするのだ。

「事実じゃないか、堀川」

「事実だな。D悲しい事実だ」

これは価値観の問題だ。僕の場合はこうなる。友人と映画に行く、問題ない。友人と喫茶店に行く、なるほど。友人と図書館に行く、そういうこともあるかもしれない。友人と散髪に行く……なんで？

「考え方を変えよう」

放課後の図書室で僕が言った言葉を、今度は松倉が言った。

「堀川。髪は俺たちの体内で生成されるもので、放っておいても伸びる」

［4］

「責任を痛感してる。それで？」

正面からやって来る自転車を、二手に分かれて避《よ》ける。戻ってから、松倉はわざとらしく咳《せき》払いした。

「つまりだ、体内で生成された物質が過剰になったから、外部に［5］しに行くわけだ。よって、二人で髪を切りに行く行為は、連れションに類似する。ゆえに、別におかしなことじゃない」

イ　国民の生活を上げ、国民全体の総生産が豊かであるようにすること。

ウ　世界中の富を自国や自分たちに集中させること。

エ　軍事で優位に立ち、世界中のどの国からも攻撃されないこと。

二　次の文章を読んで、後の問いに答えなさい。

　松倉詩門と付き合うようになってから、それまで思いもしなかったことを見聞きするようになった。そのすべてが松倉のせいというわけじゃない。［1］松倉には、奇妙な体験からは一歩身を引きたがるようなところがあった。だけど僕がおかしなことに関わったとき、たいていあいつが隣にいたことも事実なのだ。

　高校二年の夏が始まったころ、僕たちはある出来事の傍観者になった。

　自分でも変な言いまわしだなと思う。「ある出来事の目撃者になった」では駄目なのか？　傍観と目撃、両方の言葉を口ずさんでみた。なるほどこれが「a推敲《すいこう》」か。その上で、やっぱりあれは傍観と表現した方がしっくり来る。僕たちは偶然見てしまったのではなく、もっと能動的に、ただ見ていることを選んだのだ。

　事の起こりは、僕たちの髪が伸びてきたことにある。日を追って暑くなり、もうすぐ襲ってくる耐え難い熱気を予感させられていた季節、僕と松倉詩門はほとんど同時に、髪を切ろうと思い立った。それだけなら、週末にでもそれぞれ行きつけの店で散髪し、月曜にめいめい清々《すがすが》しい気分で登校して、話はおしまいになるはずだった。僕たちは互いが散髪したことに気づきもしなかっただろう。［2］たまたま雑談の中で、松倉の行きつけの床屋が店を閉めて困っているという話を聞いた。一方、僕の財布の中には偶然にも、「堀川次郎様　ご友人を紹介いただくと、ご本人様・ご友人様どちらもカット料金四割引」の割引券が入っていた。

　［3］松倉は新しい店を探す手間が省け、僕は散髪代を四割も節約できる。どう考えても旨い話で、このチャンスを逃す手はなかった。松倉詩門も、

「ありがたいね」

　と喜んでくれた。

　だが僕はb迂闊《うかつ》にも、割引が適用される条件を見落としていた。割引券の片隅に「ご友人様と一緒にご来店の場合」と書かれているのに、しばらく気づかなかったのだ。気づいて以降、僕は週末まで我ながら執念深くA愚痴を言い続けた。まずは放課後の図書室で。

「散髪だよ、散髪。ほかのなにかじゃない。髪を切りに行くんだ。それを、なんで団体様で行かなきゃいけないんだ」

　図書委員が図書室で雑談なんてろくでもない話だが、なにしろうちの図書室はまことに人気がなく、特にその日は利用者が皆無で、それをいいことに僕たちは声高に言い合っていた。

　松倉はもちろん、彫りの深い顔にいつもの皮肉な笑みを浮かべて、

「行かなきゃいけないわけじゃない」

　と反論した。

「四割引を諦めればいいだけだ。お前の割引券なんだから選択権はお前にある。俺としては、Bどうか思いとどまってくれと祈るだけだ。今月厳しいんだよ」

問一　＝＝線a～eについて、カタカナは漢字に直し、漢字はその読みをひらがなで書きなさい。

問二　[1] に入る言葉を、本文中より4字で抜き出しなさい。

問三　[2] に入る言葉を、次のア～エより一つ選び、記号で答えなさい。

ア　贅沢品　　イ　特注品　　ウ　模造品　　エ　芸術品

問四　――線A「階級」と――線B「階層」の違いの説明としてふさわしいものを、次のア～エより一つ選び、記号で答えなさい。

ア　階級は地域の格差で、階層は身分の格差。

イ　階級は身分の格差で、階層は経済の格差。

ウ　階級は情報の格差で、階層は教育の格差。

エ　階級は教育の格差で、階層は地域の格差。

問五　――線C「大衆がつくったものが一番面白い」とありますが、これはなぜですか。本文の語句を用いて35字以内で説明しなさい。

問六　――線D「上流階級にしか～存在しなくなってしまいました」とありますが、これはなぜですか。その理由にあたる部分を、本文より15字以内で抜き出しなさい。

問七　[3] に入る言葉を、次のア～エより一つ選び、記号で答えなさい。

ア　国は繁栄する　　　イ　国は崩壊する

ウ　人々は有能になる　エ　人々は裕福になる

問八　――線E「うまみ」の意味を、次のア～エより一つ選び、記号で答えなさい。

ア　美味しさ　　イ　おもしろさ　　ウ　利益　　エ　熟達感

問九　――線F「富を独占」しようとたくらんだと思われる悪役を、次のア～エより一つ選び、記号で答えなさい。

ア　オーロラ姫に呪いをかけ、姫を助けるためにやってきたフィリップ王子を魔の地下牢に閉じ込めたマレフィセント。（眠れる森の美女）

イ　アンパンマンを敵とし、高い知能や頭脳を持ち、街や国を破壊するなど時にいたずらではすまされない程の悪事を働いたバイキンマン。（アンパンマン）

ウ　世界中の企業を運営しながら得た金で、ミサイルや核兵器を買い、地球の中心に穴をあけるミサイルを開発したドクター・イーブル。（オースティン・パワーズ）

エ　ドクロストーンに隠された財宝を手に入れるために、悪の三人組ドロンジョに命令して様々な悪事を働かせたドクロベエ。（ヤッターマン）

問十　上流階級にしかできないと作者が考えることを、次のア～エより一つ選び、記号で答えなさい。

ア　見るのに十倍の金がかかる『スターウォーズ秘密版』を鑑賞する。

イ　ジェームズ・キャメロンが作る『ターミネーター4』を鑑賞する。

ウ　モナコに別荘を購入してF1レースを直に見る。

エ　千人規模の大ホールでオーケストラの演奏を聴く。

問十一　作者が考える「世界征服」とはどのようなものですか。後のア～エより一つ選び、記号で答えなさい。

ア　多元化する世の中で、自分たちの文化こそがスタンダードだとすること。

とぐらいです。モナコの別荘からF1レースを直に見ることはできます。でもその一億分の一程度の投資で、自分の部屋でレース中継を見ることができるのです。

　そして、なにより「F1レースを楽しむ」という意味において、モナコの上流階級と日本の貧乏人にはまったく差異がありません。上流階級にしか理解できない楽しみではないし、労働者階級が支持していてくれるからこそレースの応援も白熱化するのです。

　同じ『スターウォーズ』を倍の金額払って特別シートやプレミア試写会で観ることは彼らはできますが、十倍の金を払っても十倍面白い『スターウォーズ』はやってくれません。

　悲しいですよね。せっかく五百万円するプラズマディスプレイを買っても、『さんまのまんま』は『さんまのまんま』のままです。べつにまんまちゃんがダイヤの王冠をつけて出てきたりしません。テレビ番組というのは同じです。

　映画にしてもテレビにしても小説にしても、いやグルメだろうとファッションだろうと、D上流防級にしか手に入らない、身分が上の人しか手に入らないものというのは、この世の中に存在しなくなってしまいました。

　もし存在したとしても、あっという間に高い値段がつくだけです。

　たとえばいま『ターミネーター4』をジェームズ・キャメロンが作るとしましょう。これは世界の王侯貴族にしか見せないと言って作ったとしても、その試写会券はヤフーオークションで一億円程度で買えるでしょう。自由主義経済というのはそういうことです。

　階級社会というのは、いまだインドの田舎などには残っていますが、急速に過去のものになりつつあります。なぜかというと、これまで述べたように、自由経済にしたほうが［ 3 ］ということがわかったからです。

　同時に、面白いもの、いいものを作ろうとしたら、作り手に勝手に競争させていいものを作らせたほうがいいものができることがわかった。上流階級が「俺たちdセンヨウに素晴らしいものを作れ」と言うよりいいものができることがわかってしまっているわけです。

　いま、天皇陛下の料理人より、単なるグルメライターが情報をeクシして行く店のほうが美味しいことを、私たちはもう知っているわけです。だから階級社会というものは崩壊してしまった。

　結果、なにが言えるのでしょう？

　あなたが世界を征服したとしても、実はそんなに「Eうまみ」がない、ということになるんです。あなたやあなたの一族、友人たちが「支配者階級」を作っても、その人たちだけのために作られる「贅沢」など、今の自由社会・大衆社会の「金で買える贅沢」に比べれば取るに足りないものなのです。

　たしかに、十八世紀ぐらいまでなら世界征服にも意味があったのかもしれません。国王同士や将軍同士が戦って、勝ったら支配して上流階級の文化を独り占めできた時代なら。

　しかしいまや、世界を征服して「F富を独占」することには、意味がなくなってしまいました。富を独占するのではなく、市場を活性化して、みんなが豊かな世界を作ること。それが支配者がもっとも簡単かつ確実に「栄耀栄華」を楽しめる方法なのです。

（岡田斗司夫『「世界征服」は可能か？』より）

文化というものをつくること自体が、貴族のものであったはずです。でも大衆化社会ではついに文化そのものも大衆がつくるようになってしまった。

C大衆がつくったものが一番面白いのがわかっているから、いまさら貴族は貴族だけで階級をつくっても意味がない。

たとえばアメリカが白人による支配を考えたとしましょう。白人が集まって、人口五千万人ぐらいの白人の国をつくって、それが残り六十億人を支配して、彼らだけ豊かな暮らしをするのは可能でしょうか？

その彼らの豊かな暮らしを支える贅沢品は、残り五十九億五千万人ぐらいがつくっているわけです。五十九億五千万人が、アニメをつくったり、音楽をつくったり、映画をつくったりしている中から、いいものを彼らは買うしかないわけですね。

面白いものや楽しいもの、贅沢品というのは自由競争の中からもっとも「いいもの」が出てくるんです。お金持ちや王様「だけ」に提供されるものは、箱や由来こそ立派かもしれませんが、品質は「そこそこ」の中級品です。

ほら、よく言うじゃないですか。「c老舗・名物に旨いものなし」という法則ですね。

さて、面白いものやかっこいいものをつくっているのは支配される側である。となると、どうなるか？いまのフランス人やアメリカのオタクの人にありがちな、「俺も日本人に生まれればよかった」「黒人に生まれればよかった」というような人だって現れます。

「支配してるから偉い」という力関係が逆転してしまい、結局、人種的な分離策というのは無意味になってしまう。これが今の私たちの世界の現実です。

階級社会があるところには、階級ごとの文化が存在するはずです。そして今の日本には階級ごとの文化など存在しない。だから私は「いまの日本には経済階層はあるけど、階級など存在しない」と言ってるわけです。

たとえばいま、日本で超金持ちと超貧乏人の差は何かというと、家にあるテレビの差だけです。超金持ちの家には大型プラズマディスプレイがあります。超貧乏人には小型テレビしかありません。でもそのテレビに映っているのは、どちらも同じ明石家さんまのバラエティ番組です。六本木ヒルズに住む勝ち組も、ボロアパートで立ち退きを迫られる負け組も、しょせん同じテレビ番組を見て笑っているわけです。

今の日本では、超金持ちだからといって、超金持ち用の番組をつくってくれません。『スターウォーズ』は、一部の貴族や富裕層のために『スターウォーズ秘密版』をつくっていません。全員同じものを見るしかないわけです。

なぜかというと、いまや世界中の文化が大衆文化だからです。

世界中にいる中途半端な小金持ちや貧乏人からもれなくお金を取ろうという動き、これを自由主義経済と言います。自由経済が発達したおかげで、この世界のあらゆる「いいもの」は誰でもお金さえ払えば手に入るものになりました。

そして、その「値段は高いけどいいもの」には、かならず「値段は半分で、同じぐらいいいもの」が存在します。それどころか「値段は十分の一で、中身は半分程度のもの」だってあふれているのです。

結果として、貴族や上流階級ができるのは、プレミアシートに座るこ

【国　語】（五〇分）〈満点：一〇〇点〉

【注意】字数制限のある場合、「」や句読点なども字数に含む。

一 次の文章を読んで、後の問いに答えなさい。

さて、ここまでは「労働者階級に文化があって、上流階級にも文化がある。その文化の差が階級社会だ」という話をしていますが、ヨーロッパはもっと極端でした。

日本では比較的、上の階級から下の階級まで、江戸時代まで豊かであったから、このように階級をクロスして文化を語れますが、ヨーロッパでは上流階級だけに文化があって、下流階級には文化がありません。貴族たちが文化を独占していたわけです。だからヨーロッパの大衆文化というのは、すべて「［1］して安物化された貴族文化」です。

たとえば貴族が音楽を聴くときは室内管弦楽団です。自宅で、自分のお抱えの楽師に演奏させる。自分が食事したり会話していたら、それにあわせて曲調やテンポもかわるもの。完全なオーダーメイドの演奏。それこそが音楽でした。

それが大衆化社会になったときに、オーケストラというのが生まれた。私たちはオーケストラというのを「音楽の［2］」と思っていますが、大間違いです。オーケストラというのは「大衆向けの安物」です。なぜかというと、見知らぬ人たちと公共の場所で聴くような下品な音楽だから。

中世の作曲家が作った音楽というのは、本来、閉じられた空間である居間や舞踏会場などで、多くてもせいぜい十～十五人ぐらいの編成で聴くものです。それを入場料さえ払えば誰でも入れるような大ホールに千人とかの人間をすし詰めにして聴かせるように編成したのがオーケストラ音楽なのです。つまり大量生産品です。

貴族が自分の家で贅沢に聴けるのは室内管弦楽で、それがオーケストラゼーションされた瞬間に、貧乏人のための大量生産品になります。

貴族文化というのがa廃れてしまって、大衆社会が成立した結果、オーケストラゼーションの技術がどんどん上がっていって、本当の室内管弦楽を聴く環境が廃れた。結果としていまや、音楽の本流はオーケストラになってしまった。これこそ貴族文化が廃れて大衆文化が伸びたというbショウコですね。

このように、大衆社会の文化というのは、かつてあった階級文化・貴族文化をどんどん大衆化することによって栄養を得てきました。

しかし、もうそれもやり尽くして一回りして、ただ単にお金の問題になってしまいました。

エルメスのバッグは八十万円だから買えないだけであって、エルメスのバッグなんてあることも知らないわけではない。そんなこと思いつかない、そんなものは欲しくもないというのはA階級文化で、ただ単にお金がないから、銀座が遠いから、順番待ちだから手に入らないというのは、B階層文化でしかありません。

おまけに、階級文化がないわけですから、なんと、いまの文化というのは貧乏人がつくっているわけです。

たとえば、アニメというのは練馬の貧乏人が作って、世界中の人が楽しんでいるわけです。音楽にしても、ラップとかストリートミュージックというのは、黒人の貧乏人が作って、金持ちがお金を出して権利を買っているわけです。

MEMO

大切なことはメモしておこうネ！

一般

2024年度

解　答　と　解　説

《2024年度の配点は解答欄に掲載してあります。》

＜数学解答＞

1　(1)　-3　(2)　1　(3)　$-\frac{1}{10}$　(4)　a　(5)　$\frac{-7x-26}{20}$　(6)　$-\sqrt{3}$
(7)　-2

2　(1)　$3(x+y)(x-14y)$　(2)　$x=\frac{3\pm\sqrt{5}}{2}$　(3)　$x=-1$，$y=-3$　(4)　$-8\leqq y\leqq 0$
(5)　60

3　(1)　$a=3$　(2)　$b=\frac{1}{3}$　(3)　$\mathrm{E}\left(\frac{6\sqrt{14}}{7},\ \frac{24}{7}\right)$

4　(1)　$\frac{1}{48}$　(2)　$\frac{11}{24}$

5　(1)　114　(2)　$n=12$

6　(1)　$2\sqrt{7}$　(2)　$\frac{8\sqrt{7}}{3}$　(3)　$\frac{32\sqrt{7}}{27}$

7　(1)　証明　解説参照　(2)　7cm

○配点○

1　各3点×7　2　各4点×5　3～6　各5点×10　7　(1)　5点　(2)　4点
計100点

＜数学解説＞

基本　1　（数・式の計算，平方根の計算，式の展開）

(1)　$-6-(-3)=-6+3=-3$

(2)　$(-3)^2+4\times(-2)=9-8=1$

(3)　$-\frac{3}{5}+\frac{1}{2}=-\frac{6}{10}+\frac{5}{10}=-\frac{1}{10}$

(4)　$12a^2b\div(-3a)\div(-4b)=12a^2b\times\frac{1}{3a}\times\frac{1}{4b}=a$

(5)　$\frac{-3x-4}{5}-\frac{-x+2}{4}=\frac{4(-3x-4)-5(-x+2)}{20}=\frac{-12x-16+5x-10}{20}=\frac{-7x-26}{20}$

(6)　$\frac{9}{\sqrt{3}}-4\sqrt{3}=\frac{9\sqrt{3}}{3}-4\sqrt{3}=3\sqrt{3}-4\sqrt{3}=-\sqrt{3}$

(7)　$(x-1)(x-4)-(x-2)(x-3)=x^2-5x+4-(x^2-5x+6)=x^2-5x+4-x^2+5x-6=-2$

2　（因数分解，二次方程式，連立方程式，二乗に比例する関数の変域，面積）

(1)　$3x^2-39xy-42y^2=3(x^2-13xy-14y^2)=3(x+y)(x-14y)$

(2)　$(2x-3)^2=5$，$2x-3=\pm\sqrt{5}$，$2x=3\pm\sqrt{5}$，$x=\frac{3\pm\sqrt{5}}{2}$

基本　(3)　$2x-3y=7$…①　$3x-4y=9$…②　②×3－①×4から，$x=-1$　①に$x=-1$を代入して，$2\times(-1)-3y=7$，$3y=-9$，$y=-3$

基本　(4)　$y=-\frac{1}{2}x^2$…①　xの変域に0を含んでいるので，①は$x=0$のとき最大値0をとる。-2と4では，4の方が絶対値が大きいので，①は$x=4$のとき最小値をとるから，①に$x=4$を代入して，$y=-\frac{1}{2}\times4^2=-8$　よって，$-8\leqq y\leqq 0$

(5)　AN：NM＝AD：BM＝2：1　AM：NM＝3：1　△BMA：△BMN＝AM：NM＝3：1　(平行四辺形ABCD)＝2△BCA＝2×2△BMA＝2×2×3△BMN＝12×5＝60

3 (図形と関数・グラフの融合問題)

基本 (1)　$y=ax^2$に点Bの座標を代入すると，$12=a\times2^2$，$4a=12$，$a=3$

(2)　AB：BC＝1：2から，AB：AC＝1：3　よって，点Cのx座標は，$2\times3=6$，y座標は点Bのy座標と等しいから12　したがって，C(6，12)　$y=bx^2$に点Cの座標を代入して，$12=b\times6^2$，$36b=12$，$b=\frac{12}{36}=\frac{1}{3}$

重要 (3)　△ADB：△BDC＝AB：BC＝1：2　△ADB：(四角形BDEC)＝1：5，(四角形BDEC)＝△BDC＋△EDCから，△ADB：△EDC＝1：3　よって，△ADC：△EDC＝(1＋2)：3＝1：1　したがって，点DはAEの中点になる。点Eの座標を$\left(e, \frac{1}{3}e^2\right)$とすると，$\left(12+\frac{1}{3}e^2\right)\div2=6+\frac{1}{6}e^2$より，D$\left(\frac{e}{2}, 6+\frac{1}{6}e^2\right)$　$y=3x^2$に点Dの座標を代入すると，$6+\frac{1}{6}e^2=3\times\left(\frac{e}{2}\right)^2$　$\left(\frac{3}{4}-\frac{1}{6}\right)e^2=6$，$\frac{7}{12}e^2=6$，$e^2=6\times\frac{12}{7}=\frac{72}{7}$，$e>0$より，$e=\sqrt{\frac{72}{7}}=\frac{6\sqrt{14}}{7}$　$\frac{1}{3}\times\left(\frac{6\sqrt{14}}{7}\right)^2=\frac{24}{7}$　ゆえに，E$\left(\frac{6\sqrt{14}}{7}, \frac{24}{7}\right)$

4 (確率)

(1)　2回のコインとさいころの目の出かたは全部で，$2\times6\times2\times6=144$(通り)　そのうち，点Pが座標10にいる場合は，1回目も2回目もコインの出かたは表で，さいころの出かたは，(1回目，2回目)＝(4，6)，(5，5)，(6，4)の3通り　よって，求める確率は，$\frac{3}{144}=\frac{1}{48}$

重要 (2)　点Pが原点よりも右にある場合は，2回のコインが両方とも表になる場合の$6\times6=36$(通り)，1回目のコインが表，2回目のコインが裏のときのさいころの目が(1回目，2回目)＝(2，1)，(3，1)，(3，2)，(4，1)，(4，2)，(4，3)，(5，1)，(5，2)，(5，3)，(5，4)，(6，1)，(6，2)，(6，3)，(6，4)，(6，5)の15通り，1回目のコインが裏，2回目のコインが表の場合も同様にして15通り　よって，全部で$36+15\times2=66$(通り)　したがって，求める確率は，$\frac{66}{144}=\frac{11}{24}$

5 (規則性，2次方程式)

(1)　n行目の1列目の数は，$(n-1)^2+1$，1行目のm列目の数はm^2になっている。よって，$(8-1)^2+1+8^2=49+1+64=114$

重要 (2)　$(n-1)^2+1+n^2=266$，$n^2-2n+1+1+n^2-266=0$，$2n^2-2n-264=0$，$n^2-n-132=0$，$(n+11)(n-12)=0$，$n>0$から，$n=12$

6 (空間図形の計量問題－三平方の定理，三角形の相似，面積，体積)

基本 (1)　$BD=4\sqrt{2}$，$BF=\frac{4\sqrt{2}}{2}=2\sqrt{2}$　△ABFにおいて三平方の定理を用いると，$AF=\sqrt{6^2-(2\sqrt{2})^2}=\sqrt{28}=2\sqrt{7}$(cm)

重要 (2)　AB⊥FPのとき，FPの長さは最小になるので，△PCEの面積は最小となる。△ABF∽△AFPより，BF：FP＝AB：AF，$2\sqrt{2}$：FP＝6：$2\sqrt{7}$，$6FP=4\sqrt{14}$，$FP=\frac{4\sqrt{14}}{6}=\frac{2\sqrt{14}}{3}$　よって，△PCE＝$\frac{1}{2}\times CE\times FP=\frac{1}{2}\times4\sqrt{2}\times\frac{2\sqrt{14}}{3}=\frac{8\sqrt{7}}{3}$($cm^2$)

重要 (3)　△ABF∽△AFPより，AF：AP＝AB：AF，$2\sqrt{7}$：AP＝6：$2\sqrt{7}$，$6AP=28$，$AP=\frac{28}{6}=\frac{14}{3}$　$BP=6-\frac{14}{3}=\frac{4}{3}$　三角錐P－BCEの△PCEを底面とすると高さはBPになるから，(三角錐P－BCE)＝$\frac{1}{3}\times\frac{8\sqrt{7}}{3}\times\frac{4}{3}=\frac{32\sqrt{7}}{27}$($cm^3$)

7 (平面図形の証明と計量問題－三角形の相似の証明)

(1)　(証明)　△ABCと△DACにおいて，2等分された角は等しいので，∠BAD＝∠CAD…①　また，仮定から，2∠ABC＝∠BAC…②　∠BAC＝∠BAD＋∠CAD…③　①～③より，∠ABC＝∠DAC＝…④　共通な角より，∠ACB＝∠DCA…⑤　④，⑤から，2組の角がそれぞれ等しいので，△ABC∽△DAC

重要 (2) △ABC∽△DACより，AB：DA＝BC：AC＝12：9＝4：3　AB＝$4a$とすると，DA＝$3a$，△DABは二等辺三角形だから，DB＝DA＝$3a$　DC＝$12-3a$
AC：DC＝4：3から，$9:(12-3a)=4:3$，$27=4(12-3a)$，$27=48-12a$，$12a=21$，
$a=\frac{21}{12}=\frac{7}{4}$　よって，$AB=4a=4\times\frac{7}{4}=7$(cm)

★ワンポイントアドバイス★
7(2)は，△DABが二等辺三角形であることを利用して解く。等しい角に印をつけるようにすれば，すばやく見抜くことができるだろう。

<英語解答>

1　1 ②　2 ③　3 ①　4 ②　5 ④　6 ②　7 ④　8 ④　9 ①　10 ③　11 ②　12 ②
2　1 ②　2 ①　3 ④　4 ②　5 ②　6 ②
3　1 ②　2 ③　3 ④　4 ④　5 ③　6 ②
4　1 ④，of　2 ②，seen　3 ③，would　4 ③，Miki is　5 ③，has
5　1 ①　2 ④　3 ④　4 ②　5 ②　6 ②
6　A 1 ④　2 ②　3 ③　4 ③　5 ④　B 1 ②　2 ④　3 ②　4 ③　5 ①
7　(例)　I think the best place to visit in Japan is Kyoto. Kyoto has many old temples and beautiful gardens. You can also eat Japanese traditional food there. In spring, the cherry blossoms are very pretty. It’s a great place to learn about Japanese culture.

○配点○
1～3，5，6　各2点×40　4　各1点×10　7　10点　計100点

<英語解説>

基本 1 (語句選択問題：不定詞，現在完了，命令文，動名詞，接続詞，前置詞，熟語)
1 whose uniforms「誰の制服」と尋ねており，名詞が複数形であることから判断できる。
2 came to arrestは「逮捕する目的で来た」を意味する不定詞の副詞的用法を用いた表現である。
3 形容詞が人の性質を表す語の場合には，前置詞 of を用いる。
4 <have ＋ 過去分詞 ＋ since～>「～からずっと…している」
5 yesterday を用いた過去の文であり，名詞が a lot of people であることから判断できる。
6 <命令文, and～>「…しなさい，そうすれば～」
7 what to bring「何を持っていくべきか」
8 enjoyは動名詞のみを目的語にとり，「～して楽しむ」という意味になる。
9 until は「～するまで」という意味で，「彼が来るまで待っていた」という状況を示す。
10 among young peopleで「若者の間で」という意味になる。
11 not only A but also B「AだけでなくBもまた」
12 look after「世話をする」

2 （会話文：語句選択）

やや難 1 Me neither. は「私もそうです」と否定の同意を表す。Me too. は肯定文に対して用いる。

2 文の前半部分が肯定であるため，付加疑問文は否定疑問文の形になる。

3 Let me know は「教えてください」の意味になる。

4 Please call me... は「...と呼んでください」という意味である。

5 forget to ~「~するのを忘れる」

6 <something + 形容詞 + to ~>という語順になる。

3 （語句補充問題：分詞，前置詞，接続詞，比較，動名詞）

1 running with his dog は前の名詞を修飾する現在分詞の形容詞的用法である。

2 <cook + 物 + for + 人>「人に物を料理する」

3 as soon as「~するとすぐに」

4 be senior to~「~より年上である」

5 because of は原因を示し「~のせいで」

6 looking forward to ~ing「~するのを楽しみに待つ」

4 （正誤問題：比較，現在完了，仮定法，間接疑問文，関係代名詞）

1 「~の中で」と表現する場合，後の名詞が複数の際には of を用いる。

2 <have + 過去分詞>で現在完了の文になる。

3 仮定法過去の文では，主節に<would + 動詞の原形>を用いる。

4 間接疑問文は<why + 主語 + 動詞>の語順になる。

5 先行詞が a book で単数であるため，動詞は has を用いる。

重要 **5** （語句整序問題：不定詞，受動態，前置詞，関係代名詞）

1 I asked them to come to the party on time(.)　<ask + 人 + to ~>「人に~するように頼む」

2 The old building might be destroyed by the typhoon(.)　助動詞を含む受動態は<might be + 過去分詞>の語順になる。

3 (This book) is too difficult for me to read(.)　<too ~ to…>「あまりに~すぎて…できない」

4 My son bought a new watch for me(.)　<buy + 物 + for + 人>「人に物を買う」

5 (My brother) helped me with my homework before dinner(.)　<help + 人 + with + 物>「人の物を手伝う」

6 The girl whose sister is a singer (is one of my friends.)　whose sister is a singer は前の名詞を修飾する所有格の関係代名詞である。

重要 **6** A（会話文：要旨把握）

（全訳）　●スターリースカイ温泉とレストラン

料金

大人（18歳以上）：平日 ¥900 / 週末・祝日 ¥1,000

子供（6歳~17歳）：平日 ¥550 / 週末・祝日 ¥650 / 5歳以下：無料

回数券（11枚綴り）：大人 ¥8,500 / 子供 ¥5,500

●ハロウィンイベント

・かぼちゃクイズ

かぼちゃの重さを推測しましょう。

参加するには：紙にあなたの予想を書いてフロントにある箱に入れてください。

イベント期間：10月20日～30日　8：00 a.m. ～ 10 a.m.
賞品：正確な重さに近い推測をした人には特別なスナックバケットをプレゼント。
・特別温泉
黒猫のおもちゃ(10月1～11日)
かぼちゃパイ香り(10月12～22日)
黒色温泉(10月23～31日)
●レストランの特別メニュー
アジアンブリーズ
・プレートA：ナシゴレン，サラダ，マンゴーケーキ
・プレートB：グリーンカレーとライス，サラダ，マンゴーアイスクリーム
イタリアンシー
・プレートA：トマトスープスパゲッティ，サラダ，パンプキンパイ
・プレートB：チキンピザ，サラダ，カボチャプリン

母：ジェニー，この土曜日に温泉に行かない？
ジェニー：わー。行きたいな。
母：スターリースカイ温泉とレストランの広告がここにあるわ。いくつかのハロウィンイベントを開催しているのよ。
ジェニー：興味深いね！見て！私，カボチャクイズに参加したいわ。
母：もし私たちの推測が実際の重さに近ければ，特別なスナックバケットをもらえるわよ。
ジェニー：欲しいな！朝に行く？
母：うーん...ごめんなさい。私は午後に行きたいの。
ジェニー：わかった，お母さん。他のイベントは何？
母：特別な温泉を楽しむことができるわ！温泉の種類は日によって異なり，すべてが珍しいの。
ジェニー：カボチャパイの香りの温泉に入れるね。色はオレンジかもしれないわ。
母：そうかもしれないわね。ジェニー，温泉の後に夕食はどう？
ジェニー：いいね！メニューを見せて。アジアンフードが食べたいの。グリーンカレーが好きなんだ。
母：あら，私，辛いもの苦手なの。ごめんなさい。イタリアンはどう？
ジェニー：わかったわ。私，ピザも好きだし，カボチャプリンが美味しそう。
母：私もそれにしよう！

1　かぼちゃの重さ当てイベントの賞品について「特別なスナックバケット」と記載されている。
2　ジェニー(15歳)は子供料金の650円，母親は大人料金の1,000円で，合計1,650円になる。
3　ジェニーと母親は10/21に温泉に行く計画で，この時期に提供されるのは Pumpkin pie scented である。
4　会話の中で，彼らが既にクーポン券を持っているという情報は述べられていない。
5　ジェニーがアジアンフードを希望していたが，母親が辛いものが苦手であり，ピザとカボチャプリンについて述べているので，それが含まれるイタリアンシーのプレートBが適切である。

B(長文読解・物語文：要旨把握，内容吟味，指示語)

(全訳)　カリフォルニアの森で月の美しい日だった。2人の幼児たちが犬と遊んでいた。近くを2人の猟師が歩いていた。突然，猟師の一人が鳥を見つけた。鳥に向かって銃を撃った。犬は以前に銃の音を聞いたことがなかった。とても怖がった。(1)その犬は森へと走り去り，姿を消した。

これは，失われた犬を探す家族の話である。これは実話だ。

ブラウン一家は，彼らの犬マーフィーと共にタホ国立森林公園の湖の近くでキャンプをしていた。森はキャンプには素晴らしい場所だが，危険も伴う。多くの動物がおり，黒熊さえいる！冬は非常に寒く，多くの雪が降る。

犬のマーフィーが逃げた後，子供たちと両親は森の中で探した。「マーフィー！どこにいるの？マーフィー！」「心配しないで，子供たち。マーフィーは戻ってくるよ」

しかしマーフィーはその日も翌日も戻ってこなかった。一日中彼女を探したが，見つけることができなかった。

「ごめんね，子供たち。もう家に帰らないといけないよ」

「でもマーフィーを置いて帰るわけにはいかない！」

「明日，仕事の後にここに来るよ」

「わかった…」

翌日の午後，ブラウンさんは森に戻った。何度も何度も訪れた。次の週末，家族全員でマーフィーを探しに来た。しかし，彼女を見つけることはできなかった。子供たちはマーフィーの写真と自分たちの電話番号が載ったポスターを作った。森の木々にポスターを貼った。森の近くの店にもポスターを貼った。

すぐに冬が来た。そして，夏が来て，再び冬が来た。ブラウン一家はできる限り森を訪れ続けた。しかし，誰もマーフィーのことを知らなかった。

マーフィーがいなくなってから20ヶ月後，ラス・ワトキンスという男性が同じ湖でキャンプをした。彼は木々の近くで犬を見た。「あれはポスターの犬かな？」

彼は犬を捕まえようとしたができなかった。彼はマーフィーのポスターを見た。そして，ブラウン一家に電話をかけた。

翌日，家族はマーフィーを探しに来たが，見つけることができなかった。家に帰らなければならなかったが，ブラウンさんはワトキンスさんと話した。「ワトキンスさん，この毛布をここに置いてもいいですか？マーフィーはいつもこれで寝ていました」「もちろんです，ブラウンさん」「あ，これも置いていきますね」ブラウンさんは帽子を脱ぎ，毛布の近くに置いた。

その夜，ワトキンスさんは物音を聞いた。外を見ると，犬が毛布の上で寝ていた。犬の頭が帽子の上に！翌日は父の日だった。ワトキンスさんはブラウン一家に電話をするのが嬉しかった。

ブラウン一家が到着すると，マーフィーは彼らに駆け寄った。彼らは皆，とても幸せだった。

「(2)これは最高の父の日のプレゼントだ！」

1　第1段落第6文参照。犬は銃の音に驚き，そのために森へ逃げてしまった。

2　第15段落参照。ラス・ワトキンスさんが，毛布の上で寝ているマーフィーを見つけ，ブラウン一家に連絡した。

3　第14段落参照。ブラウンさんはマーフィーの好きな毛布と自分の帽子を置き，それがマーフィーを引き寄せるきっかけとなった。

4　マーフィーとの再会が最高の父の日のプレゼントであることが判断できる。

5　ブラウン一家はマーフィーを探し続けだが，有力な情報を提供したのはワトキンスさんだけであった。

やや難 7 (条件英作文)

「日本で訪れるべき最もよい場所はどこか」に対して，自分の意見を記述する。その際には，The best place to visit in Japan is ~. を用いるとよい。その後，理由を書くときには，I have two (three) reasons. などで書き始めると比較的書きやすいはずだ。具体例をあげる場合には，

For example, ~を用いればよい。スペルミスや冠詞の抜け，名詞の単数／複数など基本的な間違いがないか確認する必要がある。

★ワンポイントアドバイス★

英文法の割合が比較的高くなっている。問題集や過去問を用いて，さまざまな英文法問題に触れすばやく処理できるようにし，長文読解や英作文問題に十分な時間を割けるようにしたい。

＜国語解答＞

一　問一　a　苦悩　b　けっしょう　c　運搬　d　申請　e　きゃっか　問二　エ
問三　人間の心の起源　問四　13　問五　(1)　エ　(2)　弱者へのおもいやり
問六　6　オ　7　エ　問七　ウ　問八　①　(例)　六万年前のネアンデルタール人が死者を悼み，埋葬する儀礼を行うという人間性を持っていたの　②　(例)　現代の人間は多くの死者を出す民族紛争を行っている。

二　問一　a　ウ　b　エ　問二　イ　問三　売り言葉に買い言葉　問四　ア
問五　勝気　問六　(例)　大会で勝つことができず，不振に陥っている　問七　イ
問八　ア　問九　エ　問十　イ　問十一　ウ

三　問一　a　おかしげなる　b　おもう　問二　記号　A　意味　イ
問三　(例)　子どもがなくなったということ。　問四　京都　問五　帰らぬ人
問六　エ　問七　児のここにて，何とありしはや

○配点○

一　問一・問六　各2点×7　問二・問三・問五(2)　各4点×3　問八　5点　他　各3点×3
二　問一　各2点×2　問二～問五　各3点×4　他　各4点×6
三　問三・問七　各3点×2　他　各2点×7　計100点

＜国語解説＞

一　（論説文一漢字の読み書き，脱文・脱語補充，段落構成，指示語の問題，接続語の問題，語句の意味，内容吟味）

問一　a 「苦悩」とは，あれこれ苦しみ悩むこと。　b 「結晶」とは，ここでは抽象的なある事柄が積み重なり，集まった結果，他のある形をとって現われること。　c 「運搬」とは，ある物を他の場所へ移すこと。　d 「申請」とは，自己の希望を申し立て，一定の許可等の効果を求めること。　e 「却下」とは，申立てや提案などを受け付けないこと。

問二　1　空欄の前に，「私たちはすでに，世界の謎をほとんど知りつくしてしまったかのようだ。しかし」とあることから，前の内容とは逆のことを述べている。　2　空欄の前後に，心がどこにあるかについて，歴史上，いろいろと議論されているが，そもそも心はどのようなものであるかと疑問を投げかけている。　3　空欄の前に，対象物を見ていろいろと感じる心はすべて脳の働きによるものであり，「『心』はそこに宿った，宇宙でもっとも神秘的な世界」とし，心から脳へと内容を転換させている。　4　脳と結び付いた心という概念は，いつから出てきたのか，と問題提起している。

問三　[14]段落に，花飾りを添えて埋葬するというネアンデルタール人の儀礼から，「ここに，私たち人間の心の起源，人間性のはじまりを見ることができるのではないだろうか」と筆者は主張している。

問四　[13]段落に，ネアンデルタール人の儀礼方法から，「すでに死の意味を知り，死の儀礼を持っていたと考えられる」と筆者は推測している。

問五　(1)　傍線部の前に，ネアンデルタール人はハンディキャップのある人に対して，食料を与えていた，それによってハンディキャップのある人は生きのびていたのではないか，というソレッキ教授の説を紹介している。　(2)　それらは，ハンディキャップを背負った弱者に対して見せた「おもいやり」であるといえる。

問六　6　ネアンデルタール人の埋葬の中に，花束を捧げたと考えた理由を述べているので，「なぜなら」を入れるのが適当。　7　空欄の前後で，花を「人為的に集めた」ものを「花束」と言い換えているので，「つまり」が適当。

問七　ネアンデルタール人の儀礼には，花飾りを添えて埋葬するという方法がとられている。それらの方法は，現代にも通じるものであり，六万年前のこととは思えないほど，高度なことであると言える。

重要　問八　①　[13]段落に，ネアンデルタール人の儀礼方法から，「すでに死の意味を知り，死の儀礼を持っていたと考えられる」とあり，またこれは「原始的な宗教の萌芽といえる」と説明している。　②　対して，現代人はネアンデルタール人がいた同じ地で民族運動からの内戦や，武力衝突によって，他人の命を奪う，死に至らしめるようなことを平然と行っている現状を述べている。

[二]　**(小説文─脱文・脱語補充，慣用句，情景・心情，内容吟味，文脈把握，大意)**

問一　a「勝つことだけを信条としてきたお前が，白星を挙げられないんじゃ目も当てられんな」という父の発言から，あたし(香織)は勝つことができず，チームに迷惑をかけたので，「足を引っ張る」という言葉が適当。　b　空欄の後に，口元が，ちょっと半泣きっぽくなってる」とある様子から，心の中に心配事や憂いごとがある様子を表しているので，「眉をひそめて」を入れるのが適当。

問二　「もううんざり」とは，またという気持ちでもう我慢できないと思うほど心底嫌になってしまうこと，十分すぎて飽き飽きするさま。また傍線部の後に，「昨日や今日始まったことじゃないだろ。香織と父さんのいがみ合いは」とあることから，何度もその様子を見せられた母はうんざりしている。

問三　あたし(香織)が負けたことが許せない父に対して，「もうそんな心配，しなくていいようにしてやるよ」と言い放ち，口論になっている様子を読み取る。

問四　幼い頃から剣道をし始め，小学校中頃には大会で入賞できるようになり，「そこまでくると，もうやめたいとは思わなく」なり，「どんなつらい稽古でも耐えてみせる」と思っていたので，剣道のない生活を想像し，その現実に耐えかねている。

問五　「勝気」とは，人に勝とうとする気性のこと。剣道は相手との中で，競り勝つ必要がある競技である。

重要　問六　「歯車が狂う」とは，どこかにくい違いが生じて，順調に進んでいたことがうまくいかなくなること。父が香織に言う発言から，香織が剣道で思ったような成績を上げられていないことを読み取る。

問七　父は剣道をやめさせたいと考えているあたし(香織)に対し，和晴は，「そんなはずあるかよ」「違う。絶対にそんなことはない」と断言し，また「そんなの，お前が知らないだけなんだ」とまで発言した。その発言に対し，「ちょっと」や「あたしが，何を知らないっていうの」と兄である和晴の言葉に耳を傾けようと気持ちが変化している。

問八　傍線部の前で，「目を逸らし，深く息を吐く。いうか否かを迷っている」和晴の様子から，真っ直ぐにあたし(香織)の目を見て話し始めたことから本当のことを伝えようという気持ちの表れである。

問九　父は，香織の試合は必ず確認している。また香織の師匠の剣道のスタイルの中，「攻撃的な部分だけ執着して，傾倒していくのが怖い」ので，父が和晴に対し，香織が中学校に入るまで一緒に剣道道場へ通ってやってくれとお願いしたことを，香織は今初めて聞いたことで驚いている。

問十　幼少期の香織は，父に剣道で褒めてもらいたかった。しかし，父の生徒であった岡が父に褒められたことですごく悔しい思いをした。そのようなことを和晴が改めて話し出したことで，その時の記憶が甦りつつある様子を読み取る。

問十一　最初，父と香織が剣道のことでぶつかっていたものの，兄の言葉によって昔の記憶が呼び戻されていき，父の立場も少し理解できるようになったことで，香織の気持ちが文章を通して少しずつ変化している。

三　(古文―仮名遣い，口語訳，文脈把握，その他，用法，心情)

〈口語訳〉 今は昔，貫之が土佐守になって，土佐に下っていたが，任期の終わる年，七つか八つの子が，何とも言いようがないほど美しいのを，この上もなく可愛がっていたが，(その子が)しばらく患って，亡くなったので，泣き悲しんで，それこそ病気になる程思い続けている内に，数か月がたってしまったので，「こうしてばかりいられようか，いやいられない，京へ帰らなくては」と思うにつけて，「子供がここで，こんなことをしていたなあ」などと，思い出され，せつなく悲しかったので，柱に書きつけた。

都へ帰らなくては，と思うたびに，悲しくなるのは(自分とともに)帰らぬ人がいるからだ

と歌を書きつけた柱が最近まで残っていたという。

問一　a 「ゐ」・「ゑ」・助詞以外の「を」は，「い・え・お」に置き換える。　b 語頭と助詞以外の「は・ひ・ふ・へ・ほ」は，「わ・い・う・え・お」に置き換える。

問二　「かなし」はいとしい，かわいいという意味を表す「愛し」と，かなしい，かわいそうという意味を表す「悲し」がある。ここでは，Aが「愛し」という意味で，その他の選択肢は「悲し」という意味で用いられている。

重要　問三　「うせ」はサ行下二段活用動詞「うす」の連用形で，消える，亡くなるという意味。貫之が大変かわいがっていた7，8歳の子どもが亡くなったのである。

問四　天皇がいた所を都と呼び，現在の京都にあった。

問五　亡くなった子どものことを哀れんで，歌の中に「帰らぬ人」(亡くなってしまい，もう戻ってこない人)と表現している。

問六　「自発」とは，外からの働きかけを受けてするのではなく，自然に行われること。

問七　亡くなった子どものことを思い，数ヶ月経ってしまったので，早く都に帰らなくてはと思う一方，「子供がここで，こんなことをしていたなあ」などと，思い出してしまい，中々帰ることができずにいる貫之の心情を読み取る。

★ワンポイントアドバイス★

読解のための語彙力を鍛えよう。ふだんから幅広い分野の文章に触れ，文脈から語句の意味を推察できるようにしよう。

オープン

2024年度

解　答　と　解　説

《2024年度の配点は解答欄に掲載してあります。》

＜数学解答＞

1　(1)　-8　(2)　-72　(3)　$-\dfrac{1}{12}$　(4)　$\dfrac{9}{8}a^3b^5c^7$　(5)　$\dfrac{2x+13}{12}$　(6)　$5\sqrt{2}$
(7)　$3x^2-18x-9$

2　(1)　$(x-6y)^2$　(2)　$x=7,\ -1$　(3)　$x=4,\ y=4$　(4)　$a=1$　(5)　$32°$

3　(1)　$a=\dfrac{1}{4}$　(2)　B$(6,\ 9)$　(3)　36

4　(1)　$\dfrac{5}{12}$　(2)　$\dfrac{7}{12}$

5　(1)　6　(2)　46番目　(3)　175

6　(1)　100π　(2)　5

7　(1)　証明　解説参照　(2)　$6\sqrt{5}$

○配点○

1　各3点×7　**2**　各4点×5　**3**～**6**　各5点×10　**7**　(1)　5点　(2)　4点

計100点

＜数学解説＞

基本　**1**　(数・式の計算，平方根の計算，式の展開)

(1)　$-5+(-3)=-8$

(2)　$(-3)^2\times(-2^3)=9\times(-8)=-72$

(3)　$\dfrac{3}{4}-\dfrac{5}{6}=\dfrac{9}{12}-\dfrac{10}{12}=-\dfrac{1}{12}$

(4)　$\dfrac{9}{10}a^6b^7c^8\div\dfrac{4}{5}a^3b^2c=\dfrac{9a^6b^7c^8}{10}\times\dfrac{5}{4a^3b^2c}=\dfrac{9}{8}a^3b^5c^7$

(5)　$\dfrac{2x+3}{4}-\dfrac{x-1}{3}=\dfrac{3(2x+3)-4(x-1)}{12}=\dfrac{6x+9-4x+4}{12}=\dfrac{2x+13}{12}$

(6)　$\sqrt{18}+\dfrac{4}{\sqrt{2}}=3\sqrt{2}+\dfrac{4\sqrt{2}}{2}=3\sqrt{2}+2\sqrt{2}=5\sqrt{2}$

(7)　$4x(x-3)-(x+3)^2=4x^2-12x-(x^2+6x+9)=4x^2-12x-x^2-6x-9=3x^2-18x-9$

基本　**2**　(因数分解，二次方程式，連立方程式，二乗に比例する関数の変化の割合，角度)

(1)　$x^2-12xy+36y^2=x^2-2\times x\times 6y+(6y)^2=(x-6y)^2$

(2)　$(x-3)^2=16$，$x-3=\pm4$，$x=3\pm4=7$，-1

(3)　$2x+3y=20\cdots$①　$3x-2y=4\cdots$②　①×2＋②×3から，$13x=52$，$x=4$　①に$x=4$を代入して，$2\times4+3y=20$，$3y=12$，$y=4$

(4)　$\dfrac{(a+2)^2-a^2}{(a+2)-a}=4$から，$\dfrac{a^2+4a+4-a^2}{2}=4$，$4a+4=8$，$4a=4$，$a=1$

(5)　$x+31°+39°+43°+35°=180°$から，$x=180°-148°=32°$

3　(図形と関数・グラフの融合問題)

基本　(1)　$y=ax^2$に点Aの座標を代入すると，$1=a\times(-2)^2$　$4a=1$　$a=\dfrac{1}{4}$

基本　(2)　$y=\dfrac{1}{4}x^2$に$x=6$を代入して，$y=\dfrac{1}{4}\times6^2=9$　よって，B$(6,\ 9)$

重要 (3)　直線AOの傾きは，$-\frac{1}{2}$　①の式を$y=-\frac{1}{2}x+b$として点Bの座標を代入すると，$9=-\frac{1}{2}\times6+b$，$b=12$　よって，C(0，12)　△ABC＝△OBC＝$\frac{1}{2}\times12\times6=36$

4 (確率)

(1)　大小2つのサイコロの目の出かたは全部で，6×6＝36(通り)　そのうち，目の和が8以上になる場合は，(大，小)＝(2，6)，(3，5)，(3，6)，(4，4)，(4，5)，(4，6)，(5，3)，(5，4)，(5，5)，(5，6)，(6，2)，(6，3)，(6，4)，(6，5)，(6，6)の15通り　よって，求める確率は，$\frac{15}{36}=\frac{5}{12}$

(2)　$a\geqq b$となる場合は，$(a，b)$＝(1，1)，(2，1)，(2，2)，(3，1)，(3，2)，(3，3)，(4，1)，(4，2)，(4，3)，(4，4)，(5，1)，(5，2)，(5，3)，(5，4)，(5，5)，(6，1)，(6，2)，(6，3)，(6，4)，(6，5)，(6，6)の21通り　よって，求める確率は，$\frac{21}{36}=\frac{7}{12}$

5 (規則性)

(1)　数の列を，(1)，(2，1)，(3，2，1)，(4，3，2，1)，…と分けていく。31＝1＋2＋3＋4＋5＋6＋7＋3から，31は8番目の(　)の3番目の数になる。(8，7，6，…)より，求める数は6

(2)　初めて10が出てくるのは，10番目の(　)の最初の数だから，1＋2＋3＋4＋5＋6＋7＋8＋9＋1＝46(番目)

重要 (3)　$1\times9+2\times8+3\times7+4\times6+5\times5+6\times4+7\times3+8\times2+9\times1+10=175$

6 (空間図形の計量問題－三平方の定理，回転体の体積)

基本 (1)　△ABCにおいて三平方の定理を用いると，AC＝$\sqrt{13^2-5^2}=\sqrt{144}=12$　よって，求める体積は，$\frac{1}{3}\times\pi\times5^2\times12=100\pi$

(2)　線分BCの長さをxとすると，線分ACの長さは$x+1$　仮定から，$\frac{1}{3}\times\pi x^2\times(x+1)=\frac{1}{3}\times\pi\times(x+1)^2\times x-10\pi$　$\frac{1}{3}\pi x^3+\frac{1}{3}\pi x^2=\frac{1}{3}\pi x^3+\frac{2}{3}\pi x^2+\frac{1}{3}\pi x-10\pi$，$\frac{1}{3}\pi x^2+\frac{1}{3}\pi x-10\pi=0$，$x^2+x-30=0$，$(x+6)(x-5)=0$，$x>0$から，$x=5$

7 (平面図形の証明と計量問題－三角形の合同の証明，円の性質，三角形の相似)

(1)　(証明)　△ABEと△ACFにおいて，仮定より，AB＝AC…①　半円の弧に対する円周角の大きさは90°だから，∠BAE＝∠CAF＝90°…②　$\overset{\frown}{AD}$に対する円周角から，∠ABE＝∠ACF…③　①～③より，1組の辺とその両端の角がそれぞれ等しいから，△ABE≡△ACF

重要 (2)　△ACFと△DCEにおいて，∠CAF＝∠CDE＝90°…①　共通な角だから，∠ACF＝∠DCE…②　①，②より，2組の角がそれぞれ等しいので，△ACF∽△DCE　よって，AF：DE＝CF：CE，AF：2＝10：$2\sqrt{10}$，AF＝$\frac{20}{2\sqrt{10}}=\frac{10}{\sqrt{10}}=\frac{10\sqrt{10}}{10}=\sqrt{10}$　(1)より，AE＝AF＝$\sqrt{10}$　AC＝AE＋EC＝$\sqrt{10}+2\sqrt{10}=3\sqrt{10}$　△ABCは直角二等辺三角形だから，BC＝$3\sqrt{10}\times\sqrt{2}=3\sqrt{20}=6\sqrt{5}$

★ワンポイントアドバイス★

7(2)は，AF＝AEからAFの長さを求めればよいことに気づくことがポイントである。AFの長さは，三角形の相似を利用して求めよう。

＜英語解答＞

1 1 ④ 2 ① 3 ④ 4 ③ 5 ② 6 ④ 7 ② 8 ② 9 ③
10 ① 11 ② 12 ④

2 1 ③ 2 ① 3 ② 4 ④ 5 ④ 6 ①

3 1 ① 2 ② 3 ① 4 ② 5 ② 6 ③

4 1 ③, read 2 ④, that girl is 3 ②, studies 4 ③, better
5 ③, raining [rainy]

5 1 ③ 2 ④ 3 ② 4 ① 5 ③ 6 ④

6 A 1 ① 2 ④ 3 ③ 4 ③ 5 ② B 1 ② 2 ③ 3 ④
4 ① 5 ③

7 (例) I want to visit France. France has interesting history and tasty food like bread and cheese. France also has famous places like the Eiffel Tower and beautiful museums. People there are friendly, and I can learn a lot about art and culture.

○配点○

1～3, 5, 6 各2点×40 4 各1点×10 7 10点 計100点

＜英語解説＞

基本 1 (語句選択問題：仮定法, 不定詞, 受動態, 分詞, 関係代名詞, 比較, 熟語)

1 仮定法は<If + 主語 + 過去形, 主語 + could + 原形>となる。

2 <tell + 人 + to～>「人に～するように言う>

3 助動詞を含む受動態の疑問文は<助動詞 + 主語 + be + 過去分詞>の語順になる。

4 made in France は前の名詞を修飾する分詞の形容詞的用法である。

5 ten years ago を用いた文なので, 動詞は過去形にする。

6 which is popular in Japan は前の名詞を修飾する主格の関係代名詞である。

7 be made from～「～から作られている」

8 前に the があることから最上級が適切である。

9 look after～「～の世話をする」

10 <命令文, or～>「…しなさい, さもないと～」

11 make up one's mind「決心する」

12 come across「偶然出くわす」

2 (会話文：語句選択)

1 回数を答えているので, How often が適切である。

2 May I～?「～してもいいですか」

3 Why を用いた疑問文の答えは, <To + 動詞の原形>「～するため」となる。

4 後の名詞が複数形であり, 疑問文であるため, any を用いる。

やや難 5 help yourself to～「～を自由に取って食べる」

6 前に the があるため, 最上級が適切である。

3 (語句補充問題：接続詞, 現在完了, 受動態)

1 <look + 形容詞>「～のように見える」

2 <not only A but also B>「A だけでなく B もまた」

3 <tell + 人+ ~>「人に~を教える」
4 <tell + 人+ that ~>「人に~と言う」
5 <have just + 過去分詞>「ちょうど~したところだ」
6 <be named + 名前>「~と名づけられる」

4 (正誤問題:関係代名詞,間接疑問文,比較,現在完了)

1 目的格の関係代名詞節内は,動詞の目的語は不要である。
2 間接疑問文は<who + 主語 + 動詞>の語順になる。
3 主語が she であるため,動詞には3単現の s が必要である。
4 2つのうちどちらが好きかを尋ねる場合,比較級を用いる。
5 現在完了進行形は<have + been + ~ing>の形になる。

重要 **5** (語句整序問題:動名詞,比較,仮定法,不定詞,現在完了,受動態)

1 Are you good at playing the piano(?) be good at ~ing「~するのが得意だ」
2 (This country) is three times as large as Japan(.) <A times as … as ~>「~のA倍の…だ」
3 If I knew his address, I would write (to him.) 仮定法は<If + 主語 + 過去形, 主語 + would + 原形>となる。
4 (Tom) is old enough to drive a car(.) <~ enough to …>「…するのに十分~だ>
5 (He) has been playing video games for two (hours.) <have been + 過去分詞>「ずっと~している」という現在完了進行形の文になる。
6 What language is spoken in the Philippines(?) 疑問詞が主語の受動態の文は<疑問詞 + be動詞 + 過去分詞>の語順となる。

重要 **6** A(会話文:要旨把握)

(全訳)

持続可能な開発目標(SDGs)プロジェクト
~今,私たちに何ができるか?~
学期の最後のプレゼンテーションの準備をしよう。
テーマを選んでプレゼンテーションの準備をすること。

1. 電気や水を無駄にしない ●ライトやテレビをつけっぱなしにしない。 ●食器を洗ったりお風呂に入るときは水が流れっぱなしにならないようにする。 ●エアコンの設定温度に注意する(夏は高め,冬は低めに)。	2. 食品ロスをなくす ●消費期限内に物を使う。 ●食事を外食するときやテイクアウトするときは,注文しすぎないようにする。
3. ごみを減らし,分別する ●ごみをルールに従って分別する。 ●「捨てる」のではなく,次の「所有者」(リサイクルショップやフリーマーケットアプリなど)を見つけようとする。	4. 自分のバッグやマイボトルを持参する ●買い物をするときは,自分のバッグやボトルを持参し,可能な限り「ごみ」になるものを持ち帰らない。

5. フェアトレード製品を選ぶ ●貧困に苦しむ地元の生産者の自立を支援する。	6. 地域活動やボランティアプロジェクトに参加する ●地元の活動に参加し，地元の住民との交流を深める。

◆11月20日までに発表するテーマを決めてください。
◆各グループのプレゼンテーションの準備のために，4台のiPadを用意します。
◆生徒にアンケートを実施したい場合は，Googleクラスルームのアンケートフォームを使用できます。アンケートを作成した後，担任の先生に報告してください。
◆上記のテーマに加えて，自分たちで考えたテーマについてもプレゼンテーションを準備できます。
◆プレゼンテーションのリハーサルは2月29日に行われます。

ジョシュ：グループでどのテーマを選ぶべきかな？電気と水の問題，ゴミ問題が私たちにとって最も身近で，準備もしやすいと思うんだけど。

ミユウ：そうだね，でも私は食品ロスの問題に興味がある。日本では1人1日に1食分の食品ロスがあるって聞いたことがあるから。

ジョシュ：確かに，食品ロスの量も深刻だ。最近，食品ロスを防ぐために努力している店も少しずつ増えてきている。エマはどう思う？

エマ：スターバックスによく行くんだけど，夕方7時頃に食品が割引されるのを知って，食品ロス問題を解決するための取り組みとして本当に良いと思った。この問題について考えるのも良いかもしれないね。

ミユウ：エマ，スターバックスに行くときはいつも自分のタンブラーを持って行くよね？

エマ：そうだね。タンブラーを使うと割引が受けられるのは嬉しいけど，何よりもゴミを減らせるのが良いと思う。

ジョシュ：うーん，結局，ゴミ問題が本当に深刻だと思う。先週，英語の授業で海洋プラスチックゴミの問題についての話を読んだけど，もっと多くのことを調べたいな。

ミユウ：そうだね。でも，海洋プラスチックの問題を解決するには，最初にゴミになるものを使わない，または手に入れないことが重要だ。エコバッグや自分のボトルを持参することをもっとみんなに伝えたい。学校の全生徒が使うエコバッグとボトルをデザインするのも面白いと思わない？それを学園祭で販売して，売り上げを寄付するのもいいね！

エマ：それは面白いね！今，思い出したけど，JRCクラブが以前，学園祭でフィリピンのジュースパックをリサイクルしたエコバッグ－フェアトレード商品を販売していたよ。

ジョシュ：そうだね。去年フィリピンで英語の研修セミナーに参加したけど，エコバッグについてはあまり知らなかったな。フェアトレードについてもっと学ぶ必要があるね。だから，テーマとしてフェアトレードとエコバッグの両方を使うのはどうだろう？デザインしたエコバッグとフェアトレード商品を販売して寄付するアイデアも提案しよう！

ミユウ：それは良いね！まずは，クラスのみんながフェアトレード商品についてどれくらい知っているかを調査するアンケートを取りたい。アンケートフォームを作るよ。

エマ：ありがとう，ミユウ。私は絵を描くのとデザインが得意だから，次回までにエコバッグのデザイン案を考えてみるよ！

ジョシュ：フェアトレードに関する資料は社会の先生から取り寄せるよ。これは楽しくなりそうだ！いいチームになれるね！

1　資料の冒頭に「学期の最後のプレゼンテーションの準備をしよう」と述べられていることから学期末に行われるとわかる。

2　ミユウは日本における1日あたりの食品ロスの量についての事実を引用して，この問題に対する意識を高めようとしている。

3　ジョシュがゴミ問題，特に海洋プラスチックごみに関心を持つようになったのは，英語の授業でこの問題に関する話を読んだからである。

4　エマがスターバックスで自分のタンブラーを使用しているという話があるが，エコバッグについては言及されていない。

5「誰がフィリピンの英語研修セミナーに行ったことがあるか？」　ジョシュはこの経験を通じて，エコバッグやフェアトレードについて学び，それらをテーマとしてプロジェクトに取り入れることを提案している。

B(長文読解・物語文：要旨把握，内容吟味，指示語)

(全訳)　新聞や雑誌の編集者は，読者に重要でない事実や統計を提供するためにしばしば極端な行動に出る。昨年，ある著名な雑誌によって，新しいアフリカ共和国の大統領宮殿についての記事を書くように指示されたジャーナリストがいた。記事が届いた時，編集者は最初の文を読んだ後，それを公開することを拒否した。記事は「大統領宮殿を囲む高い壁に至るまで数百の階段がある」と始まっていた。編集者はすぐにジャーナリストに，階段の正確な数と壁の高さを調べるように指示する電報を送った。

ジャーナリストはすぐにこれらの重要な事実を得るために出発したが，(1)それらを送るのに長い時間を要した。その間，雑誌はもうすぐ印刷にかかるため，編集者はイライラしていた。彼はジャーナリストに2通の緊急の電報を送ったが，返事はなかった。彼はさらに，もしすぐに返事がなければ解雇されるとジャーナリストに伝えたもう1通の電報を送った。ジャーナリストがまたしても返事をしなかったため，編集者はいやいやながら元の通りに記事を公開した。

1週間後，編集者はついにジャーナリストからの電報を受け取った。(2)その可哀想な男は逮捕されただけでなく，刑務所にも送られていた。しかし，彼はついに電報を送ることが許され，大統領宮殿を囲む15フィートの壁に至る1,084の階段を数えている最中に逮捕されたことを編集者に伝えた。

1　第1段落第2文参照。ジャーナリストが新しいアフリカ共和国の大統領宮殿についての記事を書くように指示されたと述べられている。

2　第1段落最終文参照。編集者はジャーナリストに階段の正確な数と壁の高さを知るようにとの指示を出した。

3　最終段落第2文参照。ジャーナリストが階段を数えている最中に逮捕されたことが明らかにされている。

4　最終段落参照。その可哀想な男性(ジャーナリスト)は逮捕され，さらに刑務所にも送られた。

5　第2段落最終文参照。記事は元のまま公開され，書き直されてはいない。

やや難 **7**　(条件英作文)

質問は would like to ~ を用いているが，条件には「want を使い」と書かれているため，ほぼ同じ意味の want to を用いて，I want to visit ~ の英文にすればよい。比較的語数指定が多いため，I have two reasons. で2文目以降を始めると書きやすくなるはずである。訪問したい国の特徴について述べるとよいだろう。

★ワンポイントアドバイス★

長文読解問題の選択肢は日本語で書かれているため，事前に選択肢に目を通すことで本文の大まかな内容を把握しておくとよい。

＜国語解答＞

一 問一 a すた　b 証拠　c しにせ　d 専用　e 駆使　問二 大量生産
問三 ア　問四 イ　問五 (例) 面白いものや楽しいもの，贅沢品というのに自由競争の中から出てくるから。　問六 世界中の文化が大衆文化だから。　問七 ア
問八 ウ　問九 エ　問十 ウ　問十一 イ

二 問一 a ア　b ウ　問二 ア　問三 (例) なんで団体様で行かなきゃいけないんだ　問四 イ　問五 エ　問六 ウ　問七 イ→エ→ウ→ア　問八 エ
問九 ① イ　② ウ　③ 能動的に，ただ見ている

三 問一 a かんどう　b うらうえ　問二 蜂飼の大臣　問三 なに丸，某刺して来
問四 蜂　問五 イ　問六 ウ

○配点○

一 問一 各1点×5　問二 3点　問三・問八 各2点×2　他 各4点×7
二 問一 各2点×2　問四・問七 各4点×2　問三・問九③ 各5点×2　他 各3点×6
三 問一 各2点×2　問六 4点　他 各3点×4　計100点

＜国語解説＞

一 (論説文―漢字の読み書き，脱文・脱語補充，内容吟味，文脈把握，語句の意味，大意)

問一 a「廃れる」とは，盛んだったものが衰えること。 b「証拠」とは，事実・真実を明らかにする根拠となるもの。 c「老舗」とは，代々続いて同じ商売をしている格式・信用のある店。 d「専用」とは，ここでは特定の人だけが使うこと。 e「駆使」とは，自由自在に使いこなすこと。

問二 空欄の後に，オーケストラを例に出して，貴族が少人数で聞くものから，大衆が大人数で聞くための「大量生産品」に置き換えられたとしている。

問三 空欄を含めて前後を確認すると，「オーケストラというのを『音楽の 2 』と思っていますが，大間違いです。オーケストラというのは『大衆向けの安物』です」とある。つまりオーケストラは，大衆のために作られた安価なものであるにもかかわらず，高価で貴族が嗜むものであると誤解しているとする。

問四 傍線部の前後に，エルメスのバッグを例に出し，欲しいと思う人と思わない人で区分するのが「階級文化」であり，お金の有無で手に入れるか入れないかを区分するのが「階層文化」であるとしている。

重要 問五 傍線部の後に，アメリカを例に出し，少人数の白人は，大多数の有色人種を支配していたとすると，大多数の人が作った娯楽物を買うことになる。そして，大多数の人たちはよりよいものを作るために競争するので，「『いいもの』が出てくる」と筆者は述べている。

問六 傍線部の前に，「大衆社会の文化というのは，かつてあった階級文化・貴族文化をどんどん大衆化することによって栄養を得てきました」「階級文化がないわけですから，なんといまの文

化というのは貧乏人がつくっている」「大衆化文化ではついに文化そのものも大衆がつくるようになってしまった」「世界中の文化が大衆文化だから」と文化の変化について述べている箇所の中，理由を問われているので，「～だから」と終わる所を抜き出す。

問七　競争してより良いものを作ることが「自由主義経済」であり，またそれによってほとんどの国が発展してきたとする。

問八　「うまみ」とは，ここでは仕事・商売などで利益やもうけが多いという面白みのこと。

問九　ドクロストーンの財宝を独り占めにするため，ドロンジョたち三人組を使って，さまざまな悪事を働かせている。

問十　文化が上流階級のものだけでなくなった現在，彼らができるのは，映画館でプレミアムシートに座ったり，モナコの別荘からF1レースを直に見るぐらいであるとしている。

問十一　実質的に武力で世界を支配し富を一人占めするのではなく，「市場を活性化して，みんなが豊かな世界を作ること。それが支配者がもっとも簡単かつ確実に『栄耀栄華』を楽しめる方法」であると筆者は説明している。

二　(小説文―語句の意味，接続語の問題，内容吟味，文脈把握，脱文・脱語補充)

問一　a 「推敲」とは，文章や考えを十分に吟味して練りなおすこと。　b 「迂闊」とは，うっかりしていて心の行き届かないこと。

問二　1　空欄の前後に，思いもしなかったことを見聞きするようになったのは「すべてが松倉のせいというわけじゃない」「奇妙な体験からは一歩身を引きたがるようなところがあった」と二者択一の内，一つを選んでいるので，「むしろ」が適当。　2　空欄の前に，僕と松倉詩門は同じタイミングで散髪しようと思い立ったので，それぞれの行きつけの店で髪を切ろうと思ったとあり，空欄の後では「松倉の行きつけの床屋が店を閉めて困っている」とあるので，前の内容に反することが書かれており，「ところが」を入れるのが適当。　3　空欄の前後で，僕は床屋の紹介割引の券を持っていたので，松倉詩門を紹介すれば，僕も含めて割引がきくという説明をしているため，「つまり」が適当。

重要 問三　傍線部の後に，「散髪だよ，散髪。ほかのなにかじゃない。髪を切りに行くんだ。それを，なんで団体様で行かなきゃいけなんだ」と放課後の図書室で，ぼくは松倉詩門に愚痴を言っている。

問四　傍線部の前に，「行かなきゃいけないわけじゃない」「四割引を諦めればいいだけだ。お前の割引券なんだから選択権はお前にある」と松倉詩門は言いつつも，自分としては四割引を諦めてほしくないと思っている。

問五　傍線部の前に，「二人で行った場合の値段が正価で，一人で行くと割増料金を取られると考えるんだ」とあり，その計算の結果，七割増しになることは理不尽となった。しかし，この内容は本題とは関係がなく，それに時間を費やしたことに対して，「アホ」と評したのである。

問六　一緒に散髪に行くことを，(悲しい)事実としているため，事実とはしていないものを選ぶ。

問七　空欄の直前は，松倉の発言であり，髪の毛の話題をしていることに着目する。よって，僕(堀川)が自分の祖父の髪の毛が伸びないと返答した後，松倉が，髪の毛の伸びないことは遺伝するか？」と僕(堀川)に尋ねる。そして，話題が逸れていきそうになったところを，僕(堀川)が話を戻すと言ったものの，話を逸らしたのはお前(堀川)だと松倉が返答するという会話の流れが妥当。

問八　髪は体内で生成されるものであるが，その過剰分を床屋で処分する。それは，二人揃ってお手洗いに行くのと同じであると，松倉詩門は主張している。

問九　①「個人主義」とは，個人の権利や自由を尊重する立場のこと。松倉詩門は僕(堀川)の立場も認めつつ，自分としてはという希望を伝えている。　②「僕は散髪代を四割も節約できる」という発言や「今月厳しいんだよ」という松倉詩門の発言から，どちらも安く散髪できるということに惹かれたのである。　③　冒頭に，二人で行った床屋にて，「ある出来事の傍観者になった」とある。「目撃者」でないのは，「僕たちは偶然見てしまったのではなく，もっと能動的に，ただ見ていることを選んだ」と理由が述べられている。

三　(古文―仮名遣い，文脈把握，文章構成，古文の口語訳，内容吟味)

〈口語訳〉　全ての，蜂は小さい虫だが，仁愛の心があるといえる。

そういうわけで，京極太政大臣の宗輔公は，蜂を無数にお飼いになって，(それぞれの蜂に)「なに丸，かに丸」と名前をつけて，お呼びになったので，(蜂は宗輔公の)お召しに従って(やってきて)，侍たちをおしかりになる時には(大臣が)「なに丸よ，誰それを刺してこい」と仰ったので，(蜂たちは)そのとおりに働き回った。

勤めに出る時は牛車の両側の物見の窓に，(蜂が)ぶんぶん飛んでいたのを，(大臣が)「止まれ」とおっしゃったら，(蜂は)止まったのだった。世間では「蜂飼いの大臣殿」と申し上げた。不思議な能力が，おありになった人であった。漢の蕭之が雉を従えていたのと同じであった。

問一　a 「―au」の部分は，「―ou」に置き換える。　b 語頭と助詞以外の「は・ひ・ふ・へ・ほ」は，「わ・い・う・え・お」に置き換える。

問二　京極太政大臣の宗輔公は，蜂を無数に飼っていたので，世間から「蜂飼の大臣」と呼ばれていた。

問三　京極太政大臣の宗輔公が，「なに丸よ，誰それを刺してこい」と言うと，蜂たちはその通りに働き回ったのである。

問四　京極太政大臣の宗輔公蜂に「止まれ」と言うと，蜂はその通りにしたのである。

問五　「世」とは世の中，世間という意味。

問六　京極太政大臣の宗輔公は蜂を自由に操れる人だったので，不思議な能力がおありになった人であったと表現している。

★ワンポイントアドバイス★

読解のための語彙力を鍛えよう。ふだんから幅広い分野の文章に触れ，文脈から語句の意味を推察できるようにしよう。

2023年度

★★★★★★★★★★★★★★★★★★★★★★★★★★

入　試　問　題

2023年度

横浜富士見丘学園高等学校入試問題（一般）

【数　学】（50分）　　＜満点：100点＞

1　次の計算をせよ。

(1)　$-4+(-5)$

(2)　$3\times(-4)\div(2-5)$

(3)　$-\frac{5}{6}-\left(-\frac{3}{4}\right)$

(4)　$-x^2y\div(-2xy^2)^2\times 8xy$

(5)　$\frac{2x-1}{5}-\frac{x+2}{4}$

(6)　$\frac{3}{\sqrt{2}}+\frac{\sqrt{18}}{4}$

(7)　$(x+5)(x-3)-(x-2)^2$

2　次の問いに答えよ。

(1)　$3xy^2-48x$ を因数分解せよ。

(2)　二次方程式 $x^2-3x-28=0$ を解け。

(3)　連立方程式 $\begin{cases}5x-3y=7\\2x+5y=9\end{cases}$ を解け。

(4)　関数 $y=ax^2$ で，x の値が－3から5まで増加するとき，変化の割合が8となった。このとき，a の値を求めよ。

(5)　右の図のように，四角形ABCDが円に内接している。このとき，$\angle x$ の大きさを求めよ。

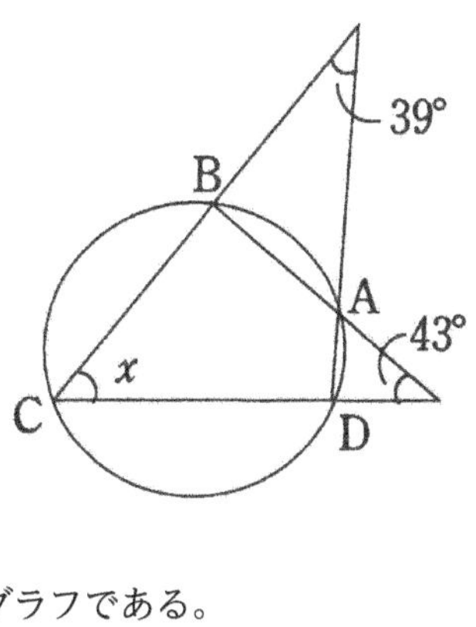

3　次のページの図で，曲線①，②はそれぞれ $y=x^2$，$y=\frac{1}{4}x^2$ のグラフである。
曲線①上に x 座標が正である点Aをとり，点Aを通り x 軸に平行な直線と曲線②の交点をBとする。また，点Aを通り y 軸に平行な直線と曲線②の交点をCとする。

次に，線分AB，線分ACを２辺とする長方形ACDBを作る。

このとき，以下の問いに答えよ。

⑴　点Dの x 座標が４であるとき，点Aの座標を求めよ。

⑵　長方形ACDBが正方形であるとき，点Aの座標を求めよ。

⑶　直線ADの式を $y = mx + n$ とする。$m = -2$ であるとき，n の値を求めよ。

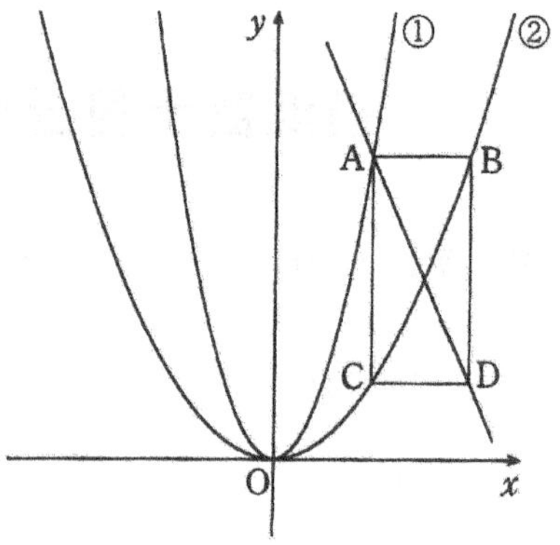

4　A，B，C，Dの４人で，１回だけじゃんけんをする。

以下の問いに答えよ。

⑴　２人が勝ち，２人が負ける確率を求めよ。

⑵　あいこになる確率を求めよ。

5　１個の値段が130円で，１日に270個売れる商品がある。

この商品は，１個の値段を１円値下げするごとに，１日あたり３個多く売れるものとする。

以下の問いに答えよ。

⑴　１個125円で売るとき，１日に売れる金額の合計を求めよ。

⑵　１個の値段を x 円値下げするとき，１日に売れる個数を，x を使った式で表せ。

⑶　１個130円で売るときよりも，１日に売れる金額の合計を1200円増やしたい。１個何円で売ればよいか求めよ。

6　図１のように，半径３㎝の球Oが，点Aを頂点とする円錐の側面と底面に接している。側面の接している点の１つをPとするとき，$\mathrm{AP} = 2\sqrt{10}$ ㎝である。

このとき，以下の問いに答えよ。

図１

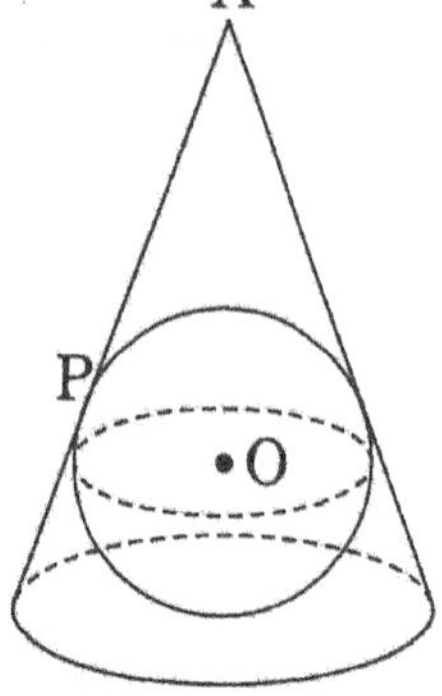

図２

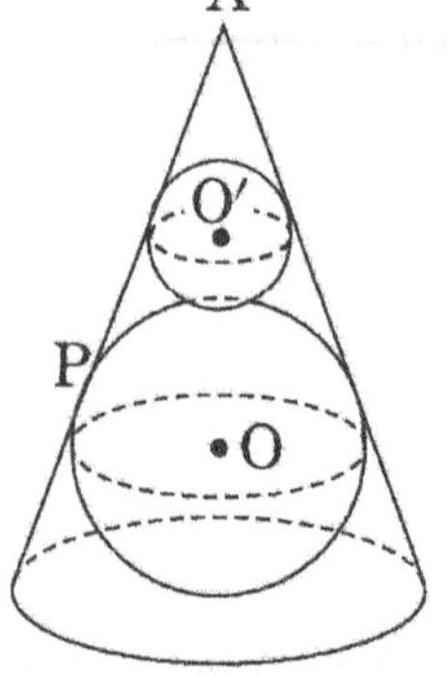

⑴　この円錐の体積を求めよ。

⑵　図２のように，球O′が円錐の側面と球Oに接しているとき，球O′の体積を求めよ。

7　下の図のように，△ABCが円Oに内接している。
点Aにおける円Oの接線と辺BCの延長との交点をDとする。
このとき，以下の問いに答えよ。

(1)　△ABD∽△CADであることを証明せよ。

(2)　AD＝5㎝，CD＝3㎝とするとき，BCの長さを求めよ。

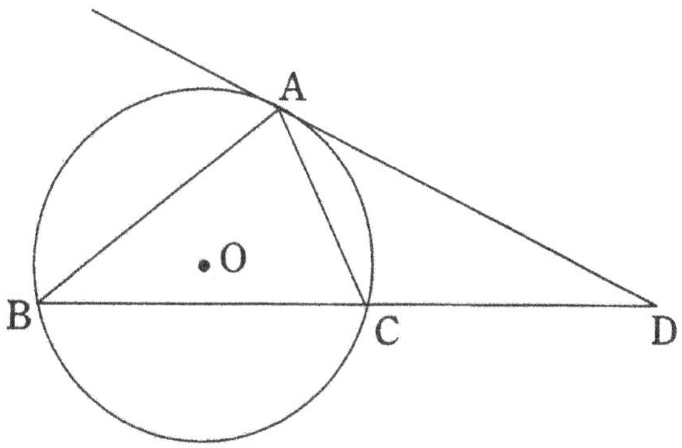

【英　語】（50分）　＜満点：100点＞

1　(A)・(B)それぞれの問いに答えなさい。

(A)　次の各語の中で，アクセントの位置が他と異なるものを(a)～(d)より１つ選び，記号で答えなさい。

１．(a) in-vent　(b) mid-night　(c) bil-lion　(d) mod-ern

２．(a) en-gi-neer　(b) cen-tur-y　(c) sud-den-ly　(d) twen-ti-eth

３．(a) ex-am-ple　(b) re-mem-ber　(c) dis-cus-sion　(d) na-tion-al

(B)　次の各語の中で，下線部の発音が他と異なるものを(a)～(d)より１つ選び，記号で答えなさい。

１．(a) smoke　(b) hole　(c) power　(d) go

２．(a) museum　(b) mistake　(c) business　(d) advise

2　次の１～５が表している英語を書きなさい。なお，（例）のように＜　＞内の文字は最初のアルファベットを表し，数字は文字の数を表します。

（例）問題：a tall animal that has a long neck　＜g，７＞
　　　解答：giraffe

１．a period of very bad weather when there is a lot of rain or snow, strong winds, and often lightning　＜s，５＞

２．a building for public events, especially sports and large rock music concerts　＜s，７＞

３．the tenth month of the year, between September and November　＜O，７＞

４．a book that contains information about a subject that people study, especially at school　＜t，８＞

５．a person who is trained to treat people who are ill　＜d，６＞

3　次の１～10のそれぞれの問いに答えなさい。

１．次の英文の（　）に入る最も適切な語を(a)～(d)より１つ選び，記号で答えなさい。

I am (　　　) at science than English.

(a) good　(b) well　(c) better　(d) best

２．次の２つの英文がほぼ同じ意味になるように，（　）に入る語を書きなさい。

If you don't hurry up, you'll miss the train.

Hurry up, (　　　) you'll miss the train.

３．次の各組の英文の（　）に共通して入る語を書きなさい。

I was too sleepy (　　　) study.

Takashi was spoken (　　　) by an old man.

４．次の英文の中で文法的な誤りのあるものを(a)～(d)より１つ選び，記号で答えなさい。

(a) Mike is taller than any other boy in his class.

(b) Everyone around me are good at singing.

(c) My lunchbox is three times as big as yours.

(d) I have a bike whose body is bright blue.

5．次の英文に（　）内の語を入れて正しい文を作るとき，文中のどの位置にどのような形で入れればよいか。(例) にならって書きなさい。

(例)　That ① woman ② is ③ my ④ aunt.　(smile)

(答)　位置−①，形− smiling

Shiho has ① collected about ② two ③ thousand ④ stamps.　(use)

6．次の下線部の中で省略できるものを(a)~(d)より１つ選び，記号で答えなさい。

(a) She likes cats which have long hair.

(b) I have a friend whose cousin is a famous pianist.

(c) The girl whom I asked the way was very kind.

(d) The boys who are running over there are members of the baseball club.

7．次の英文の下線部と同じ用法のものを(a)~(d)より１つ選び，記号で答えなさい。

I had no chance to visit Osaka.

(a) I opened the window to get fresh air.

(b) Give me something hot to drink.

(c) We were sorry to hear the news.

(d) She decided to change her job.

8．次の対話文の（　）に入る英文として最も適切なものを(a)~(d)より１つ選び，記号で答えなさい。

A : You went to the concert last night, didn't you?　Did you have a good time?

B : Yes, I did.　I thought you would come with us.　(　　　　　)

A : My mother was sick in bed.

B : That's too bad.　Is she better now?

A : Yes, she's better now, thank you.

(a) Who did you go to the concert with?

(b) Why don't you go to the concert?

(c) What was the matter with you?

(d) How long did you enjoy it?

9．次の日本語に合うように [　] 内の語を並べかえなさい。

ただし，文頭に来るべき語も小文字になっています。

できるだけ早く寝なさい。

[you / bed / go / as / to / as / can / early / .]

10．次の英文を＜仮定法＞を用いてほぼ同じ意味になるように書きかえた場合，（　）に入る語を書きなさい。

I am sorry that I don't have enough money.

→ I (　　　) I (　　　) enough money.

4　次のページのグラフを見て，１～５の英文の（　）に入る語句として最も適切なものを，それぞれ(a)~(d)より１つ選び，記号で答えなさい。

図1　空気清浄機を選ぶときに重視すること

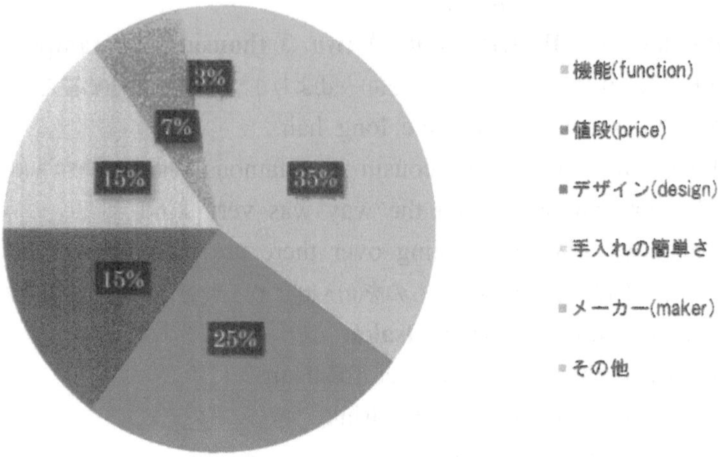

図2

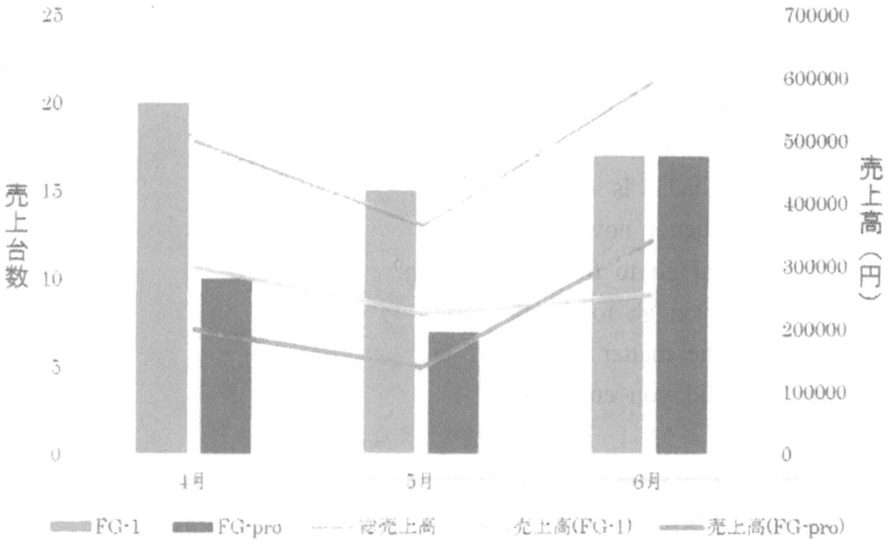

1．Most people choose their air cleaners by its (　　　).
　(a) function　　(b) price　　(c) design　　(d) maker

2．They don't mind (　　　) so much when they choose their air cleaners.
　(a) the function　　(b) the price　　(c) the design　　(d) the maker

3．(　　　) is the more popular item of the two.
　(a) Function　　(b) Price　　(c) FG-1　　(d) FG-pro

4．They sold their items the most in (　　　).
　(a) April　　(b) May　　(c) June　　(d) July

5．FG-pro is (　　　) than FG-1.

(a) most expensive　(b) more expensive　(c) cheaper　(d) cheapest

5　次の英文を読み，後の問いに答えなさい，

In 1900 there were 100,000 tigers in the world. Now, there are about 6,000. In India, there were about 30,000 tigers, and the number is now 2.000. You could find eight different kinds of tiger in different countries then. Now there are only five kinds. ①We are never going to see the other three again.

The tiger is the biggest animal in the cat family – Siberian tigers are sometimes 320 kilograms. They need trees, water, and other animals for food. They usually move about by day, and they go a very long way when they are hunting.

The tiger is a beautiful animal, but it is at risk of extinction. Why is it disappearing? And why are other *species disappearing from our world? 【A】

Millions of years ago, there were three hundred or more different species of dinosaur. Then, about 65 million years ago, something happened, and now there are no dinosaurs. At about the same time, 70 per cent of all species in the world became extinct. Most of the species in the sea disappeared before that, 250 million years ago. About five times in the past, scientists think, there were big extinctions. A lot of species became extinct, and some different species appeared for the first time.

【B】 These were big extinctions, but animals are always in danger from changes in the natural world. Sometimes there is little rain for years and thirsty animals die because they cannot find water. Bigger animals kill and eat all the small animals, and then the bigger animals die, because they have no more food. The natural world changes, and animals cannot always change with it.

But ②today, animal species are disappearing faster. 【C】 Think about tigers again. People kill them because they are afraid of them. Some people kill them for their beautiful coats or for medicine. Other people kill them because they like hunting big animals. Or they kill all the smaller animals, and then the tigers cannot find any food. People cut down the trees, too, and take away their *habitat. In all these ways, tigers are in danger from humans.

But the problem is not just about tigers. 【D】 About 1 per cent of the animals in the world disappear every year because humans are killing them. ③We [from nature, / cannot / protect animals / protect them / always / we can / but] from us.

［出典：Andy Hopkins and Joc Potter. "Animals in Danger"］

*species 「(生物分類上の) 種（しゅ）」　*habitat 「生息地」

1．次の英文が入る位置として最も適切なものを文中の【A】～【D】より１つ選び，記号で答えなさい。

This is the sixth big extinction and now humans are the biggest danger to animals.

2．下線部①と同じ内容になるように，次の英文の（　　）に入る語を本文より抜き出しなさい。

①We are never going to see the other three again.

= The other three became (　　　).

3．下線部②の理由として最も適切なものを(a)～(d)より１つ選び，記号で答えなさい。

(a)自然環境の急激な変化に，動物がついていけないから。

(b)地球上の水が少なくなってきているから。

(c)動物の食べ物が少なくなってきているから。

(d)人間が動物に危害を加えているから。

4．下線部③が「私たちは必ずしも自然から動物を守ることはできないが，私たちから彼らを守ることはできる。」という意味になるように，［　］内の語句を並べかえなさい。

5．本文の内容と一致しないものを(a)～(d)より１つ選び，記号で答えなさい。

(a)1900年には世界に100,000匹のトラがいたが，今では約6,000匹に減っている。

(b)シベリアトラは大きいもので320kgあり，あまり遠くまで狩りに出られない。

(c)２億5000万年前には，海にいる生物の多くが絶滅した。

(d)人間が動物を殺すことが原因で，毎年世界の動物の約１パーセントが姿を消している。

6　次の英文を読み，後の問いに答えなさい。

There was once a man who *made his living by taking people and things across a river. But his boat was so small that he could take only one person or one thing at a time.

One day, the man was given three things to take across the river — a wolf, a goat, and a big basket of cabbages. Because he could take only one thing at a time, he had to *leave two things behind and come back for them. And ①that meant trouble!

"If I take the cabbages and leave the wolf and goat behind, the wolf will eat the goat!" he thought. "And if I take the wolf and leave the goat with the cabbages, the goat will eat the cabbages!"

Of course, it was possible for him to take the goat across (②), and leave the cabbages with the wolf. The wolf would not eat ③them. But then what? He thought that he could bring ④(　　) the wolf (　　) the cabbages across the river on his second *trip, but then something would be eaten while he went back for the last thing. 【A】

"*There must be a certain way to get the three things across the river, one at a time, *without leaving the wolf and the goat, or the goat and the cabbages, together," he said to himself. After a while, he had the answer! 【B】

He didn't tie up the wolf so that it couldn't eat the goat. He didn't hang the basket of the cabbages from a tree so that the goat couldn't get ③them. 【C】

(②), the man took the goat across the river. Then he went back and took the big basket of cabbages across. But when he left the cabbages, he put the goat into the boat and took it back across the river.

When he reached this side of the river, the man put the wolf into the boat and left the goat behind. Then he took the wolf across and left it with the cabbages. Finally, he went back and brought the goat across again.

［出典：Donald Laird, "The Cabbage, Wolf, and Goat"］

*made one's living 「生計を立てる」　*leave ~ behind 「～を残していく」　*trip 「移動」

*there must be 「～があるに違いない」　*without ...ing 「…することなしに」

1．下線部①について，どのようなことが厄介なのか。日本語で説明しなさい。

2．本文中（②）に共通して入る語として適切なものはどれか。(a)～(d)より１つ選び，記号で答えなさい。

(a) however　(b) lastly　(c) first　(d) then

3．下線部③が共通して指すものは何か，本文中より１語で抜き出しなさい。

4．下線部④の（　）に入る語の組み合わせとして正しいものを(a)～(d)より１つ選び，記号で答えなさい。

(a) either — or　(b) both — and　(c) not — but　(d) between — and

5．次の英文が入る位置として最も適切なものを文中の【A】～【C】より１つ選び，記号で答えなさい。

Then, what did he do?

6．この男性が，すべての荷物を運ぶために工夫したことはどのようなことか。日本語で説明しなさい。

で答えなさい。

ア　怪しく　　イ　さびしく　　ウ　不思議で　　エ　興ざめで

問三　――線B「さはる」を漢字に直しなさい。

問四　――線C「かくかく」について、次の各問いに答えなさい。

①　作者が仲間に話した内容としてふさわしくないものを、次のア～エより一つ選び、記号で答えなさい。

ア　夜中に病気が少し落ち着いたので、便所に行こうと思って起きた。

イ　襖をあけて右足を出したら、何か毛のようなものが生えたものを踏んだ。

ウ　二度目は左足でここだと思うところを蹴ってみたが、何もなかった。

エ　恐ろしくなったので、夜通し話をしていた仲間のところにやってきた。

②　話を聞いた後の内容としてふさわしくないものを、次のア～エより一つ選び、記号で答えなさい。

ア　仲間は、ともし火をたくさん照らして奥の間の様子を見に行った。

イ　襖障子は閉まっていて、何者かが出入りできる隙間はなかった。

ウ　作者は自分の言うことを信じない仲間に腹を立てて、床に入った。

エ　仲間は、作者が病気のためにでたらめなことを言ったのだろうと非難した。

問五　本文はこの後、「ある動物」のいたずらなのではないかと人々が相談する場面に続きます。この「ある動物」は古来より、狐とともに人をだますとされた動物です。何であるか答えなさい。

問六　『新花摘』は江戸時代の作品です。同じ時代に成立した作品を、次のア～エより一つ選び、記号で答えなさい。

ア　徒然草　　イ　平家物語　　ウ　おくのほそ道　　エ　万葉集

ア　学問のために下宿をさせているのに、学問には精を出さずに犬の世話に明け暮れていること。

イ　男なら自分が好きで打ち込んでいることを隠さずに話すべきなのに、うそをついてごまかしていること。

ウ　苦しい生活の中からひねり出した仕送りのお金を、生活や学問のためではなく犬のエサ代として使っていること。

エ　お盆には亡くなった母の墓参りをするのが当然なのに、犬が心配だから帰らないと言ってきたこと。

問九　――線F「僕の大切なおふくろの味だった」とはどういうことですか。次のア～エより一つ選び、記号で答えなさい。

ア　なすが好物ではないとは言い出せない思い出、好みではない味付けを含め、継母の愛がつまった食べ物であるということ。

イ　房子おばさんのなすより味が劣るとはいえ、やはり懐かしい実家の人間が作ったもので故郷を思い出す食べ物であるということ。

ウ　血のつながらない継母が唯一自分に愛情を示してくれるものであり、家族の愛に恵まれなかった少年時代を思い出す食べ物であるということ。

エ　朝早く起きて、食べきれない量を作っていくという、継母の常識外れな性格を象徴する食べ物であるということ。

問十　本文を含む部分には副題がついています。全体の内容を考えて、ふさわしいものを次のア～エより一つ選び、記号で答えなさい。

ア　頭を悩ませるエサ代　　イ　アルマの訓練

ウ　やさしき人々　　エ　継母の愛情

三　次の文章を読んで、後の問いに答えなさい。

ある夜＊四更《しかう》ばかりなるに、病やや＊ひまありければ、＊厠《かはや》に行かむと思ひてふらめき起きたり。厠は奥の間の＊くれ縁をめぐりて＊aいぬゐの隅にあり。ともし火も消えていたう暗きに、隔ての襖《ふすま》おし開けて、まづ右の足を一歩さし入れければ、何やらんむくむくと毛のおひたるものを踏みあてたり。おどろおどろしければ、やがて足をひきそばめてbうかがひゐたりけるに、ものの音もせず。Aあやしくおとろしけれど、胸うち心さだめて、このたびは左の足をもて、ここなんと思ひてはたと＊けたり。されどつゆBさはるものなし。いよよ心得ず、身の毛だちければ、わななくわななく7庫裏《くり》なる方へ立ち越え、法師・＊下部《しもべ》などのいたく＊寝ごちたるをうちおどろかして、Cかくかくと語ればみな起き出づ。ともし火あまた照らして奥の間に行きて見るに、襖障子は常のごとく戸ざしありて、のがるべきひまもなく、もとよりあやしきものの影だに見えず。みな言ふ、「＊わどの病におかされて、まさなくそぞろごとをいふなめり」と、怒り腹立ちつつみな臥したり。なかなかにあらぬこと言ひ出でけるよと、おもなくて我もふしどに入りぬ。（『新花摘』より）

＊四更――今の午前二時頃　＊ひまありければ――やや落ち着いたので

＊厠――便所　＊くれ縁――縁側　＊いぬゐ――北西の方角

＊けたり――蹴った　＊庫裏――寺の住職らが住むところ

＊下部――召し使い　＊寝ごちたる――寝入っている

＊わど――あなた

問一　==線a「いぬゐ」、b「うかがひ」を現代仮名遣いに直しなさい。

問二　――線A「あやしく」の意味を、次のア～エより一つ選び、記号

＊川上さん――アルマの元の飼い主。招集され戦争に行っている。
＊チッチ――川上千津。アルマの元の飼い主。
＊犬一――主人公につけられたあだ名。遊び相手が犬しかいなかったことからつけられた。

問一　――線a・bの意味としてふさわしいものを、それぞれ後のア～エより一つ選び、記号で答えなさい。

a「竹を割ったような」

ア　思いやりが全くない　　イ　落ち着いて物事を行う
ウ　性質がさっぱりとした　　エ　態度が不愛想な

b「釘を刺されて」

ア　約束に違反しないようあらかじめ念を押して
イ　もうだめだとあきらめて手を引いて
ウ　いばって思いのままに人を使って
エ　望むものに手を出せずむなしく眺めて

問二　――線A「頭を下げると、我慢していた涙がポロポロとこぼれてきた」とありますが、その理由としてふさわしくないものを、次のア～エより一つ選び、記号で答えなさい。

ア　アルマに十分にエサを与えられるだけのお金がなく、情けないから。
イ　短期間とはいえ仲良くなったアルマを手放すのはやはりさびしいから。
ウ　自分以上の愛情を持ってアルマに接してもらえるかどうか不安になったから。
エ　アルマを飼い続けることができなくなり、元の飼い主に対して申し訳ないから。

問三　――線B「もっとやること」とは具体的にどんなことですか。本文中の語を用いて25字以内で説明しなさい。

問四　1・3・4に入る会話文としてふさわしいものを、次のア～エよりそれぞれ一つ選び、記号で答えなさい。

ア　すいません……　　イ　え？
ウ　ありがとう　　エ　はい……

問五　――線C「心当たり」について説明した次の文の（　）を、指定された字数の本文中の語でうめなさい。

・初めは（1　13字）に違いないと思ったが、実際は（2　9字）ためだった。

問六　――線D「家族という重いクサリを、どうやったら外せるのか、そのクサリがうっとうしくてたまらない」という家族に対する受け止め方が変化したことが分かる一文を探し、始めの5字を抜き出しなさい。

問七　2に入る季節の挨拶としてふさわしいものを、次のア～エより一つ選び、記号で答えなさい。

ア　風薫る季節になりました
イ　天高く馬肥ゆる季節になりました
ウ　暑中お伺い申し上げます
エ　残暑お伺い申し上げます

問八　――線E「母としてこんな情けないこと」とありますが、母が情けないと思ったことはどんなことですか。次のア～エより一つ選び、記号で答えなさい。

す。心配なさらず、今しばらく、見守り下さいますよう、何卒、宜しくお願い申し上げます。

　暑さ厳しき折、皆様のご無事お祈り申し上げます。

敬具

　太一は息子同然である。クセのあるその文字から目が離せなかった。子どもがおらず、夫に先立たれたおばさんは、だから僕のやることを見守ってくれていたのだと知り、胸が熱くなる。

「私が今日来たのは、それでもあなたがウソの手紙を送ってくるからです。E母としてこんな情けないこと、ありますか？」

「　3　」

「あなたが進学したいと言った時、私は、あなたに何て言ったか覚えていますか？」

「　4　」

　大学予科に行かせてもらう時、継母は、「男子なら自分の進むべき道を自分で決めるべきだ」と、父に進言してくれた。その言葉を味方に僕は逃げるようにして家を出たけれど、継母はそれを忘れていなかった。

　継母の目は、少し赤くなっていた。そして語気を荒げ、

「男なら人に説明できない道を歩むんじゃありません！」

「……申し訳、御座いませんでした」

　結局、僕は家族に甘えていただけなのだろう。

　継母の愛はいつもまっすぐで、幼い頃はそれが苦手で仕方がなかった。でもこの人は、息子のウソを咎めるために、わざわざ汽車に乗ってやってくる、そういう母なのだ。

　その日の夜、同じ部屋で継母と布団を並べた。「お盆には帰らない」とあらためて伝えると、「亡くなったお母様に心の中で祈りなさい」と言い、継母は眠った。

　本当に束の間の訪問だった。

　翌朝、継母はお盆の準備や、父の仕事の手伝いがあるからと、朝一番の汽車に乗り込んだ。アルマを連れて駅まで見送ると、「お父様からです」と、エサ代としてお金を渡される。受け取らないでいると、継母はアルマの頭に手を置き、「あなたにではなく、このイヌに渡すのです」と言い残し、汽車に乗り込んだ。

　戻って朝食を食べようとすると、目の前になすの煮びたしが置いてあった。あまりの量に驚き、房子おばさんに聞くと、

「あんたの好物だからって、和ちゃんが朝早く作ってたんだよ」

　本当のことを言うと、なすの煮びたしはたいして好きではなかった。確か、継母と初めて食事をした時だったと思う。継母に、好物は何かと聞かれ、とりあえず目の前にあったなすを僕は指さした。以来、継母はそれを僕の好物と思い込み、僕もそれを否定できないで今に至っている。

　手を合わせ、なすの煮びたしを噛《か》みしめた。

　口の中に広がるその味は、少ししょっぱく、房子おばさんの味付けのほうが好きだと思った。でも、やっぱり、それは、F僕の大切なおふくろの味だった。

（水野宗徳『さよなら、アルマ――戦場に送られた犬の物語』より）

＊大学予科――旧制大学入学前の段階で、旧制高等学校に相当する過程。

ります」と告げ、すぐにおばさんに手土産を渡し、挨拶しはじめる。

　継母は、縁戚である房子おばさんと少し似ていて、よく言えば、a竹を割ったような、悪く言えば、少し強引なところがある人だった。亡くなった母とは正反対の継母に、正直言うと、苦手意識を持っている。

「伯母様、お久し振りで御座います。息子がお世話になりっぱなしで、きちんとした挨拶もできず申し訳御座いません」

「たいしたことしてないよ。それより和ちゃんも元気そうだね」

「伯母様もお元気そうでなによりです」

　継母の名前は和江という。おばさんと会うのは、僕がこっちに来て以来だから、およそ半年振りだろうか。しかし、実家からここまで、汽車で二時間ほどかかるのに、なぜ、来たのか。C心当たりがあるとすれば、一つしかなかった。

「急に来てご迷惑だと思ったんですが、手紙だとごまかされるだけですから」

　そう言って継母は僕に視線を向ける。

　継母は夏に帰らない僕を咎《とが》めにきたに違いなかった。何度も手紙でその日を聞かれていたが、アルマのことがあり、お盆も帰らないと手紙を送ったのが、先週のこと。もちろん、勉学が忙しく、などと適当なウソを並べていた。

　おばさんが気をつかい、席を外すと、継母は言った。

「伯母様からの手紙で事情は伺っています。立派なシェパードらしいですね」

「え?」

「なぜ、隠してたんですか?」

　おばさんの口を恨む。告げ口も甚だしい。

「お父様は何て言ってると思いますか?」

……言葉が出なかった。座布団の耳をいじりながら、ずっと下を向いていた。「やはり家を出すんじゃなかった」、「学校なんて今すぐやめさせろ」、想像するのは容易だった。D家族という重いクサリを、どうやったら外せるのか、そのクサリがうっとうしくてたまらない。

　継母が父の言葉を伝える。

「太一の好きにさせればいい。そう言っていました」

「　1　」

「伯母様の手紙であなたが何をやっているのか、だいたいのことは知っています。学校をサボり気味なことも、イヌのエサのために働いていることも。それでも私たちが黙っていたのは、伯母様にb釘《くぎ》を刺されていたからです」

　言っていることがよくわからなかった。すると、継母はカバンから房子おばさんから来た葉書を出し、

「ご覧なさい」

拝啓

　　2　。

　さて、ご子息のこと、心配の想い、お察しいたします。確かに、世間様は男子が犬畜生に精を出すなど笑止千万と言うかもしれません。しかし、阿呆《あほう》な息子ほど可愛いと申しますか、懸命に何かに打ち込む息子を、応援しない親がどこにいましょうか。

　私がお預かりしている以上、太一は私の息子も同然で御座いま

今日のアルマを見て気に入らないはずがないと思った。しかし、慎太郎さんは表情一つ変えず僕の話を聞いたのち、

「断る」

「え？」

「泣くほどの想いがあるなら、B もっとやることはあるはずだ」

「けど……」

「秋にこの公園で軍用犬の適性検査がある。アルマの月齢では、それにはあてはまらないが、優秀な犬なら軍も認めてくれるはずだ。合格すれば、その犬の食糧として軍から肉が支給される。僕が協会に口を利いてやろう」

「でも」

「気にするな。僕は君とアルマがどこまでやれるのか、見てみたい」

「え？」

すると、慎太郎さんは少し笑い、鼻の頭をかいた。

「実は、今日、僕らは君たちに意地悪をしたんだ。最初に跳んだ板壁。あの高さを跳び越えられる犬は、ここにはいない。内緒にしてたけど、君たちを試した。でも、アルマは軽々と跳んだ。なぜだと思う？」

「資質でしょうか」

「違うよ」

「じゃあ……」

「アルマは君が喜ぶ姿を見たいんだ」

「……」

「君が求めるなら、アルマはどこまでも力を発揮する」

そう言われ、アルマと目が合った。瞳の真ん中に僕が映っている。

「君は＊犬一なんだろ？だったら、犬の世界で一等賞になればいい。それにはアルマが必要じゃないのか？」

「……はい」

僕はうなずいた。

正直言うと、慎太郎さんは僕を高く評価し過ぎだと思う。僕はただの犬好きの兄ちゃんだ。シェパード愛好家の間で名誉と言われる軍用犬を育てるなんて、別世界のことだと思っていたし、考えたこともない。

でも、もし、それが実現できるなら、肉屋のおじさんの所で肉を購入しよう。軍から支給されたお金なら、おじさんは堂々と受け取ってくれるし、房子おばさんだって助かるに違いない。子どもたちもそう。勇ましく戦う軍犬の紙芝居がみんな大好きだ。

そして何より……。

（僕の力を試したい）

下腹のあたりからグツグツと熱いものが込み上げてくるようなこんな感覚は、今まで味わったことがないものだった。

その日の夕方——。

意外な人物が僕を訪ねてきた。房子おばさんから事前に、「大事なお客さんが来るから出かけるな」と念を押されていたが、おばさんがそう言う時は、だいたい、たいしたことはない。気にしないでいると、「ごめんください」と、訪ねてきたのは、継母だったのである。

「ど、どうして？」

突然の訪問に、あ然としてしまう。

訪問着姿でやってきた継母は、僕と顔を合わすなり、「明日の朝には帰

問九　――線Ｇ「鳥」と、Ｈ「『元人類』」の共通点として正しいものを、次のア～エより一つ選び、記号で答えなさい。

ア　共に前の時代から進化した種であるという点。

イ　共に環境の変化に応じて進化した種であるという点。

ウ　共に進化前では生物の主役として活動していた点。

エ　共に進化前から能力が衰えた主であるという点。

問十　本文の内容と一致するものを、次のア～エより一つ選び、記号で答えなさい。

ア　生物が絶滅していくことは悪いことばかりではないので、今後も人間は変わらず開発を続けていくべきである。

イ　生物が大量絶滅している今だからこそ、人類全体で今後の人類の進むべき道を考え足並みそろえるべきである。

ウ　人類の活動により生物が絶滅し環境が元に戻らなくなると、生物の関係性・秩序が変化していく可能性がある。

エ　人類の活動により生物が絶滅した結果、生物の繁殖の仕方が変わり、別の種が地球の主役となる可能性がある。

二

主人公の朝比奈太一は、＊大学予科に通うために継母の親戚の房子おばさんの家で下宿をしている。そんな時、主人が戦争に招集されて飼えなくなった犬を、残された家族から引き取ることになり、シェパードのアルマと運命の出会いを果たすことになる。太一は学校にも行かず一日中アルマに芸をしこむなど、すぐにアルマに夢中になる。時は昭和16年、日中戦争の最中であり、日々の食糧が手に入りにくく、当然、アルマのエサ代にも頭を悩ませるようになり、太一は日当のよい仕事をしてエサ代を稼ぐようになった。以上のことを踏まえて、次の文章を読んで、後の問いに答えなさい。

そして、一通りの訓練をやらせてもらったあと、僕はアルマを連れて、

「少し相談があるんですけど……」

と、慎太郎さんを呼び出した。

「何かな？」

「アルマを、アルマを……預かってもらえませんか？」

この日、ここに来たのはそれを伝えるためだった。慎太郎さんは急に真顔になり、

「なぜ？」

「光塚さんが飼ったほうがアルマは幸せです。＊川上さんも最初、そのつもりだったし、それに……僕にはお金がありません……」

最初から決めていた言葉だったのに、目から熱いものが込み上げる。

「アルマはいい犬です…本当にいい犬です……だからお願いします。可愛がってやってください……お願いします」

Ａ頭を下げると、我慢していた涙がポロポロとこぼれてきた。

情けない。どうして僕はこんなにも弱いんだ。

お盆が近づくと、仕事の声をかけてくれる人は減っていた。夏休みが終われば、そうそう学校もサボれない。僕のわがままでこれ以上、房子おばさんに迷惑はかけられない。＊チッチのお母さんもそうだったように、アルマのことを真剣に考えるなら、慎太郎さんに預かってもらうのが一番いいと思った。子どもたちには悪いけど、それが飼い主である犬兄ちゃんの限界だ。

問三　――線B「そうです」、――線C「ばかり」と同じ意味・用法のものを、次のア～エよりそれぞれ一つ選び、記号で答えなさい。

B「そうです」

ア　彼は見るからに強そうです。

イ　母はもうそろそろ着くそうだ。

ウ　そうだ、京都へ行こう。

エ　もうそろそろ雨が降りそうです。

C「ばかり」

ア　学生ばかりが遊びに来ている。

イ　あと五分ばかりで到着だ。

ウ　さっき着いたばかりだ。

エ　半分ばかり余っている。

問四　[1]・[2]に当てはまる言葉の組み合わせを、次のア～エより一つ選び、記号で答えなさい。

ア　1　海の墓場　　2　天然の浄水器

イ　1　海のゆりかご　　2　海洋の草原

ウ　1　海の墓場　　2　海洋の森林

エ　1　海のゆりかご　　2　天然の浄化槽

問五　――線D「あまりにも無責任」とありますが、どのようなことが無責任になるのか、30字以内で答えなさい。

問六　――線E「大量絶滅の場合は話がかなり違ってきます」とありますが、その理由としてふさわしいものを、次のア～エより一つ選び、記号で答えなさい。

ア　多少の絶滅であれば似たようなニッチを持つ生物が生態系を補うが、大量絶滅の場合は似たようなニッチを持つ動物をも絶滅させてしまうから。

イ　多少の絶滅であれば他の環境から移り住む生物がいるが、大量絶滅の場合は他の環境からの移動が物理的に不可能になる可能性が大いにあるから。

ウ　普通の絶滅であれば生態系のバランスを保つバッファー効果により影響はそれほどないが、大量絶滅の場合は普通ではなくバランスを保てないから。

エ　普通の絶滅であれば似たようなニッチの生物が補完するが、人間が関与している絶滅の場合はバッファー効果が働くことなく破綻してしまうから。

問七　――線F「手遅れ」とありますが、現在の大量絶滅時代において「手遅れ」とはどのような状況ですか。本文中の言葉を参考にして30字以内で答えなさい。

問八　[3]には、次のア～エの文が入ります。正しく並べ替えなさい。

ア　また中生代白亜紀に爬虫類から進化した鳥類は、食料の探索能力が高かったため、やはり生き残りました。

イ　例えば爬虫類でもトカゲのような小型のものは、食料不足に比較的強く、さらに小型化して生き残りました。

ウ　つまり小型の生き物は、大型の爬虫類がいなくなり、気候が安定したあとには逆に生きやすくなったのです。

エ　専門用語で「適応放散」と言いますが、恐竜などに占められていた生活場所（ニッチ）に、別の生き物が時間をかけて適応・進化してその場所で生活できるようになります。

れています。恐竜も絶滅したのでご存じの方も多いと思います。当時のことを、あくまでも推定ですが、少し詳しく見て参考にしてみましょう。

大絶滅の原因は、メキシコ、ユカタン半島に落ちた巨大隕石と言われています。そのときの様子は、このように考えられています。

衝突の影響で大規模な津波や火災が発生。急激に地球の環境が変化しました。粉塵《じん》や有毒ガスが大量に発生し、数ヵ月から数年にわたって黒い雲が空を覆いました。気温も下がりました。降り注ぐ雨は酸性化し、川に海に大地に容赦なく降り注ぐ――その結果、まず植物が減り、大量の食料を必要とする大型の恐竜や昆虫などが死んでいきました。そして次に温暖化が進み、さらに多くの種が絶滅に追いやられたのです。

生き延びたのは小型の生物です。彼らは恐竜の死体などからも栄養を得て、体が小さい利点を生かし、穴の中などで寒さ暑さをしのいでいました。その中には私たちの祖先である小型の哺乳類もいました。彼らに新たな進化のチャンスが訪れ、新生代、つまり現代の幕が開きました。

3

恐竜の時代にはひっそり暮らしていた小さな哺乳動物も、気候の変化に比較的強く、生き残ることができました。さらに、恐竜という天敵がいなくなったことで、新天地で多様化・大型化が急速に進みました。

あとで詳しくお話ししますが、人類の祖先も、この頃に誕生したネズミに似た夜行性の生き物だったと考えられています。ただ、樹上生活をしていたので、枝に摑《つか》まるためにネズミよりは手が大きかったようです。

哺乳類は爆発的に増えたのち、やがてその中で競争が起こり、さらに適したものが生き残って増える「変化と選択」により、ｄ瞬く間に多種多様な哺乳動物が現れました。サルの仲間である霊長類も現れました。つまり、恐竜をはじめ多くの生き物が死んでくれたおかげで、次のステージ、哺乳類の時代へと移ることができたのです。絶滅による進化が、新しい生き物を作ったというわけです。

こうした流れから考えると、このときの大量絶滅は人類にとっては決して悪いことではなかったと考えられます。隕石様様ですね。現在進行中の絶滅の時代も、同様に新しい地球環境に適応した新種が現れて、地球の新しい秩序ができ上がっていくのでしょう。ただこれは数百万年もかかる変化で、私たちの子孫がそこにいるかどうかも、わかりません。絶滅した恐竜のように、そのときにはいないかもしれませんし、恐竜から進化したＧ鳥が生き残ったように、主役から脇役に変化したＨ「元人類」が別の生き物としてひっそりと生き残っているのかもしれません。そして何よりも、絶滅のｅレンサが進行していく過程はかなり悲惨です。私達の子孫の行く末は心配です。

（小林武彦『生物はなぜ死ぬのか』より・一部改変）

問一　＝＝線ａ～ｅについて、カタカナは漢字に直し、漢字はその読みをひらがなで書きなさい。

問二　――線Ａ「少なくとも１００万種は数十年以内に絶滅の可能性がある」とありますが、これは何がどの程度の影響を持っている結果ですか。その説明がされている29字の文を本文中より探し、最初の５字を抜き出しなさい。

などに強いと考えられます。たとえば、A種が絶滅したとしても、それと似た生活スタイル（専門用語で「ニッチ」と言います）を持つ生物が代わりをするので、大きな問題は起こりません。絶滅で生じるロス（C喪失）が生態系に吸収されたわけです。健全な生態系のバッファー効果（緩衝作用）と言ってもいいかもしれません。

しかし、E大量絶滅の場合は話がかなり違ってきます。たとえばヒトの活動の影響で生き物の10％が絶滅したとします。これは、ＩＰＢＥＳの報告の数十年以内に起こりうる数値の上限です。これだけ多量に、しかも急激にいなくなると、似たようなニッチの生き物が抜けた穴を補うことがもはやできなくなります。そうすると、それら絶滅した生き物に依存して生きていた生き物も絶滅するかもしれません。さらに、それらに依存していた生き物も絶滅します。このようにドミノ倒し的に、あっという間に多くの生物が地球から消えてしまいます。すでにダメージを受けて種数が減少しているバッファー効果の弱い生態系では、ほんの数％がいなくなっただけでも、このドミノ倒しが起こると想像できます。

植物も然《しか》りです。植物の受粉に関わる昆虫がいなくなると、大打撃を受けます。動植物が減少すると、その死骸を栄養にして土の中に生きている分解者である微生物も減少します。人類ももちろん例外ではありません。人類は「知恵」を使って生き延び、絶滅することはないかもしれませんが、深刻な食糧不足は避けられないでしょう。逆に「知恵」の使い方を間違うと、不足している食料を巡って戦争が起こるかもしれません。そうしたら一巻の終わりですね。いずれにせよ、多様性の低下は悲惨なことになるのは間違いないようです。

もちろん私は生物学者としても、一人の地球市民としても、人類の活動の結果引き起こされる多様性の低下、さらにそこから引き起こされる大量絶滅は、絶対に避けるべきだと考えています。大量絶滅は、人類にとっても地球にとっても、不幸以外の何ものでもありません。人類の叡智《えいち》に期待しながら、私自身も最善を尽くそうと思っています。

とは言っても、F手遅れになるまで気がつかない可能性もあり、先に述べたような最悪の大量絶滅後のシナリオも考えておくべきでしょう。実際に、環境学の研究者の中には、すでに手遅れであり、環境破壊をいますぐやめても自然に元には戻れないレベルまできていると諦めている方もいます。しかし、これはもうダメだと諦めるのではなく、積極的に元に戻す努力が必要だと思います。技術革新にも期待しつつなんとか環境破壊を食い止める努力はするとして、では次に最悪のシナリオとして、仮にこのまま大量絶滅が起こった場合、その後に地球に一体何が起きるのか――ここでは、生物学的見地に立って少し考えてみましょう。そこに死の意味を考えるヒントが隠されているのかもしれません。

先ほどお話ししたように、地球に多細胞生物が誕生した10億年前から、5回の大量絶滅が起こったとされています。大量絶滅が起こると、その後に生物相が大幅に変化するため、「●●代」という地球史の年代名（地質年代）が変わります。例えば、種の約95％が絶滅した2億５１００万年前の古生代末期ペルム紀の大絶滅の後には、大型爬《は》虫類の恐竜が誕生し、「中生代」が始まりました。中生代には小型の哺乳類、鳥類も誕生して、現存する生物の基本型がこの時期に揃《そろ》いました。

また先に触れたとおり、もっとも最近に起こった大絶滅は６６５０万年前、中生代末期白亜紀です。生物種の約70％が地球上から消えたとさ

【国　語】（五〇分）〈満点：一〇〇点〉

【注意】　字数制限のある場合、「」や句読点なども字数に含む。

一　次の文章を読んで、後の問いに答えなさい。

実は現在、地球は生物の大量絶滅時代に突入しています。私たち人間も含まれる哺乳類だけ見ても、ここ数百年で80種が絶滅しています。２０１９年の5月に生物多様性と生態系の現状を科学的に評価する国際aソシキＩＰＢＥＳ（「イプベス」と読みます）が、今後の予測を報告書にまとめました。それによると、地球に存在する推定８００万種の動植物のうち、A少なくとも１００万種は数十年以内に絶滅の可能性があるBそうです。そのペースは、これまでの地球史上最高レベルです。

過去、地球には5回の生物の大量絶滅がありました。もっとも最近の大量絶滅は、約６６５０万年前、中生代白亜紀末期の大絶滅です。恐竜など生物種の約7割が地球から消え去りました。さらに遡って古生代末期（2億５１００万年前）には、なんと生物の約95%が絶滅したと言われています。これらはいずれも、隕《いん》石の落下や火山のbフンカなどの天変地異が原因と考えられています。現在進行中の大絶滅は、申し訳ないことに人類の活動が原因で引き起こされています。隕石の落下級以上のダメージを人間が地球に与えているのです。

例えば、森林や干潟の破壊。よく知られているものにインドシナ半島の例があります。インドシナ半島では20世紀の終わりに森林面積が半分以下に減少しました。農地や木材の利用によるものです。干潟は、ご存じのように日本でも多くが埋め立てられており、特に高度成長期の沿岸部の埋め立て事業によって約40%減少しました。干潟を含めた沿岸部は、生物種の特に多い場所で、「　1　」と言われ、生態系のバランスを保つ上で重要な場所です。干潟の減少は、海に棲《す》む生き物Cばかりでなく、鳥や魚を食べる生き物など多くに影響を与えます。

また干潟の土中生物は、ヒトが排出するものも含めて生物の糞《ふん》や死骸などの有機物を分解し、農作物に肥料として与える窒素やリン、栄養塩類や二酸化炭素も吸収し、代わりに酸素を供給するなど「　2　」としても重要です。これら干潟などの環境の改変が生物の生存に影響を与えるのは当然のことなのです。地球規模では、二酸化炭素による温暖化などの環境の悪化も然りです。

この辺まではよく耳にする話です。ただ、生物の多様性が減少するとどうなるのか、あるいはどのくらいまで減少しても問題ないのか、ということについてはあまりよく知られていません。理由は簡単で、このような大量絶滅を私たち人類がこれまで経験したことがなく、研究者でさえも何が起こるかよくわからないからです。そのため各国の政治家や企業の経営者はどのくらいの危機感を持てばいいのかわからず、政策や企業の方針に大きな影響を与えることができないのです。

しかし、「これから先はどうなるかわかりません」では、私たちの子孫に対しても、そして私たちを育んできた地球に対してもDあまりにも無責任なので、できる限り想像力を働かせて考えてみましょう。

先ほど、多様性の意義として、生物が他の生物の居場所を作り食料も供給するという話をしました。さまざまな種が存在して生態系が複雑であればあるほど、ますますいろんな生物が生きられる、正のスパイラルがここでも働いています。そしてこのような複雑な生態系は、環境変動

2023年度

横浜富士見丘学園高等学校入試問題（オープン）

【数　学】（50分）　＜満点：100点＞

1　次の計算をせよ。

(1)　$12-(-3)$

(2)　$6+4\div(-2)$

(3)　$\frac{1}{6}+\left(-\frac{1}{2}\right)^2$

(4)　$4xy^2\div(-3x^2)\times 6x$

(5)　$\frac{a-b}{2}-\frac{2a-3b}{5}$

(6)　$\sqrt{48}-\sqrt{24}\div\sqrt{8}$

(7)　$(x+2)(x-2)-(x-1)^2$

2　次の問いに答えよ。

(1)　$(a+2)^2-16$ を因数分解せよ。

(2)　二次方程式 $x^2-3x-18=0$ を解け。

(3)　連立方程式 $\begin{cases} 2x-3y=-5 \\ -6x+4y=5 \end{cases}$ を解け。

(4)　$a=\sqrt{2}+1$，$b=\sqrt{2}-1$ のとき，$(a+b)^2-4ab$ の値を求めよ。

(5)　右の図のように，AB＝ACの二等辺三角形ABCがあり，∠ABCの二等分線と辺ACとの交点をDとする。
BC＝BDのとき，∠BDCの大きさを求めよ。

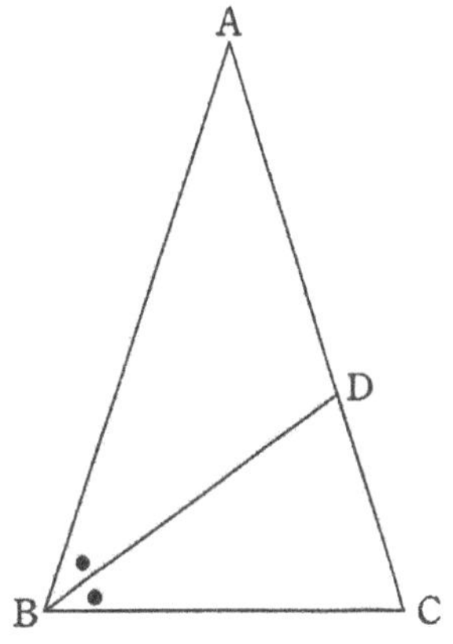

3　次のページの図で，曲線①は関数 $y=ax^2$ のグラフである。
2点A，Bはともに曲線①上の点で，点Bの座標は (2, 2) であり，線分ABは x 軸と平行である。

また，点Cは線分ABと y 軸との交点である。さらに，原点をOとするとき，点DはOD＝2OCを満たす x 軸上の点で，その x 座標は正である。

このとき，以下の問いに答えよ。

⑴　曲線①の式 $y = ax^2$ の a の値を求めよ。

⑵　直線CDの式を $y = mx + n$ とするとき，m，n の値を求めよ。

⑶　２直線OA，CDの交点Eの座標を求めよ。

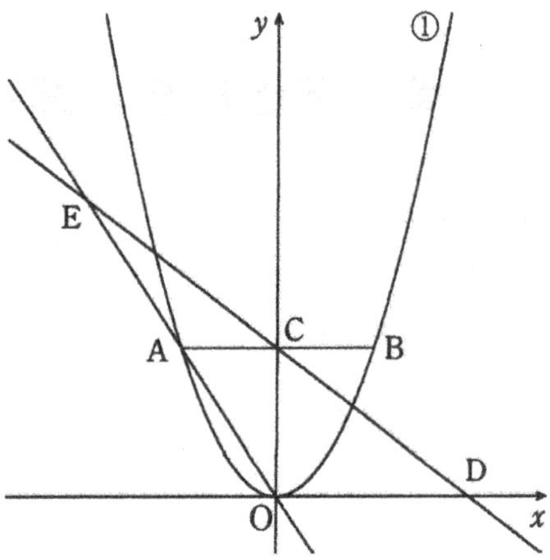

4　玉が10個入っている１つの箱がある。

大小２つのさいころを同時に１回投げ，出た目の数によって，次の①，②の操作を順に行うことにする。

①　大きいさいころの出た目の数だけ，箱に玉を入れる。

②　小さいさいころの出た目の数だけ，箱から玉を取り出す。

以下の問いに答えよ。

⑴　箱の中の玉の個数が，14個になる確率を求めよ。

⑵　箱の中の玉の個数が，９個になる確率を求めよ。

5　縦，横の長さが異なる長方形の紙から，次のような作業①，作業②の順で正方形の紙を切り取ることにする。

【切り取る方法】

作業①：長方形の短いほうの辺を１辺とする正方形を，端からできるだけ多く切り取る。

作業②：作業①により，長方形が残った場合には，残った長方形の短いほうの辺を１辺とする正方形を，端からできるだけ多く切り取る。

(例)

縦が５㎝，横が12㎝の長方形の場合には，右の図のように，作業①により，１辺が５㎝の正方形を２枚切り取ることができ，残った長方形から作業②により，１辺２㎝の正方形を２枚切り取ることができる。

その結果，２辺が２㎝と１㎝の長方形が残る。

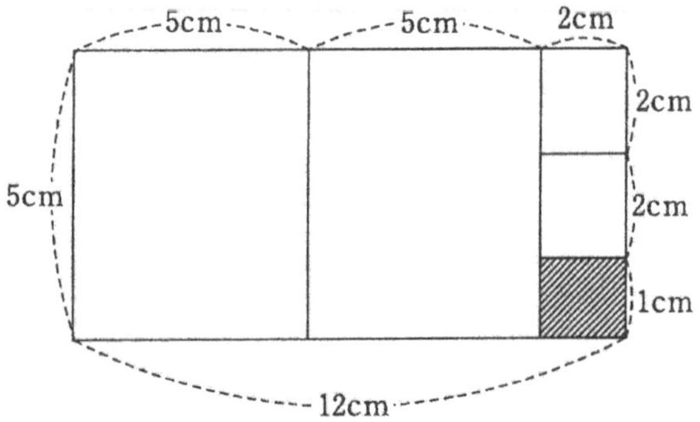

以下の問いに答えよ。

⑴　縦が７㎝，横が23㎝の長方形の紙から，作業①，作業②により，大，小，２種類の正方形を切り取るとき，残る長方形の面積を求めよ。

⑵　横が60㎝の長方形の紙から，作業①，作業②により，大きい正方形が３枚，小さい正方形が３枚でき，長方形が残らなかった。
もとの長方形の縦の長さを求めよ。

⑶　縦が８㎝，横が縦より長い長方形の紙について，作業①，作業②を行った結果，大きい正方形が２枚，小さい正方形が２枚でき，残った長方形の面積が６㎠となった。
もとの長方形の横の長さを求めよ。

6　右の図は，AB＝７㎝，AD＝９㎝，AE＝12㎝の直方体である。
３点，P，Q，Rは，それぞれ辺ＡＥ，ＣＧ，ＤＨ上の点でありEP：PA＝CQ：QG＝DR：RH＝２：１である。
このとき，以下の問いに答えよ。

⑴　２点Ｐ，Q間の距離を求めよ。

⑵　３点Ｐ，Ｑ，Ｒを通る平面で，この直方体を切り，2つの立体に分けるとき，頂点Ａを含むほうの立体の体積を求めよ。

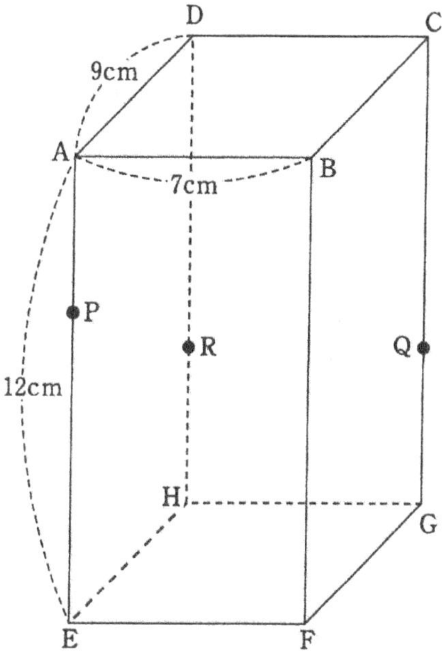

7　下の図のように，AD∥BC，2AD＝BCの台形ABCDがある。
対角線ACとBDの交点をＥ，辺BCの中点をＦとし，線分AFと対角線BDとの交点をＧとする。
このとき，次の問いに答えよ。

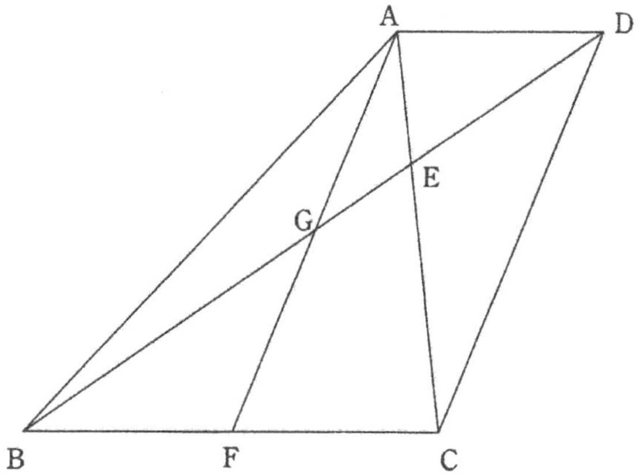

⑴　△AGEと△CDEが相似であることを証明せよ。

⑵　△GBFの面積が８㎠のとき，台形ABCDの面積を求めよ。

【英　語】（50分）　<満点：100点>

1　(A)・(B)それぞれの問いに答えなさい。

(A)　次の各語の中で，アクセントの位置が他と異なるものを(a)～(d)より１つ選び，記号を書きなさい。

１．(a) dam-age　(b) re-ceive　(c) ma-chine　(d) for-get

２．(a) hon-est　(b) wel-come　(c) pass-port　(d) per-cent

３．(a) cap-i-tal　(b) hap-pi-ly　(c) dis-cov-er　(d) cam-er-a

(B)　次の各語の中で，下線部の発音が他と異なるものを(a)～(d)より１つ選び，記号を書きなさい。

１．(a) race　(b) straight　(c) break　(d) please

２．(a) blood　(b) custom　(c) unhappy　(d) pool

2　次の１～５が表している英語を書きなさい。なお，（例）のように＜　＞内の文字は最初のアルファベットを表し，数字は文字の数を表します。

（例）　問題：a tall animal that has a long neck　＜ g, 7 ＞

　　　　解答：giraffe

１．a sudden shaking of the Earth's surface that often causes a lot of damage　＜ e, 10＞

２．a room or building containing books that can be looked at or borrowed　＜ l, 7＞

３．the second month of the year, between January and March　＜ F, 8 ＞

４．a set of pages that show the days, weeks, and months of a particular year, that you usually hang on a wall　＜ c, 8 ＞

５．someone whose job is to design or build roads, bridges, machines　＜ e, 8 ＞

3　次の１～10のそれぞれの問いに答えなさい。

１．次の英文の（　）に入る最も適切な語(句)を(a)～(d)より１つ選び，記号で答えなさい。

My father drives (　　　) than before.

(a) carefullier　(b) more careful　(c) the most carefully　(d) more carefully

２．次の２つの英文がほぼ同じ意味になるように，（　　）に入る語を書きなさい。

George can't play soccer as well as Michael.

Michael can play soccer (　　　)(　　　) George.

３．次の各組の英文の（　　）に共通して入る語を書きなさい。

The most popular restaurant in this town is (　　　) front of the museum.

My sister is very interested (　　　) taking pictures.

４．次の英文の中で文法的な誤りのあるものを(a)～(d)より１つ選び，記号で答えなさい。

(a) We spent our holidays in Hokkaido and enjoyed skiing there.

(b) A lot of stars can be seeing here at night.

(c) *Kinkakuji* is one of the most famous temples in Kyoto.

(d) May I ask you where Ken went?

5．次の英文の下線部には文法的に誤っている箇所が１つあります。その番号を指摘した上で，誤っている箇所を正しい形に直しなさい。

①Finish this work before it ②will rain, ③and you ④will be able to take on ⑤the next task.

6．次の下線部の中で省略できるものを(a)～(d)より１つ選び，記号で答えなさい。

(a) I helped my little brother to do his homework yesterday.

(b) Please introduce yourself to them.

(c) He thinks his son wants to be a doctor.

(d) I will study abroad next year to get a special license.

7．次の英文の下線部と同じ用法を含むものを(a)～(d)より１つ選び，記号で答えなさい。

I saw the rising sun from the window.

(a) The baby smiling in her mother's arms was so pretty.

(b) He is studying math for the test these days.

(c) Are you going to go on a trip this summer?

(d) I am afraid of losing my friends.

8．次の対話文の（　）に入る英文として最も適切なものを(a)～(d)より１つ選び，記号で答えなさい。

Girl 1 : Wow!　Look at her backpack.　It is amazing.

Girl 2 : Oh!　That's really cool.

Girl 1 : I really love it.　Do you have any idea how to get the same one?

Girl 2 : Well, (　　　　　)

(a) they could make it.　　(b) I know she has a backache.

(c) her idea sounds great.　　(d) we might find it online.

9．次の日本語に合うように［　］内の語句を並べかえなさい。
ただし，文頭に来るべき語も小文字になっています。

彼は長い間ずっと病院で働いています。

[long time / working / in / has / a / been / he / the hospital / for / .]

10．次の２つの英文がほぼ同じ意味になるように，（　）に入る語を書きなさい。

The dictionary was so expensive that I couldn't buy it.

The dictionary was (　　　)(　　　) for me (　　　) buy.

4　次のページのグラフを見て，１～５の質問に対する答えとして最も適切なものを，それぞれ(a)～(d)より１つ選び，記号で答えなさい。

1．Which month did you study the most in 2022?

(a) January.　(b) November.　(c) March.　(d) February.

2．What subject was the worst for Friend A?

(a) Japanese.　(b) Social Studies.　(c) Science.　(d) Math.

3．What does graph【A】show?

(a) Average score.　　(b) Time for study.

(c) Results of the exam.　　(d) The change of the scores.

4．In what subject did the students get the highest score?
(a) Japanese.　(b) Social Studies.　(c) English.　(d) Math.

5．Who needed to study more for the exam?
(a) You did.　(b) Friend A did.　(c) Friend B did.　(d) Friend C did.

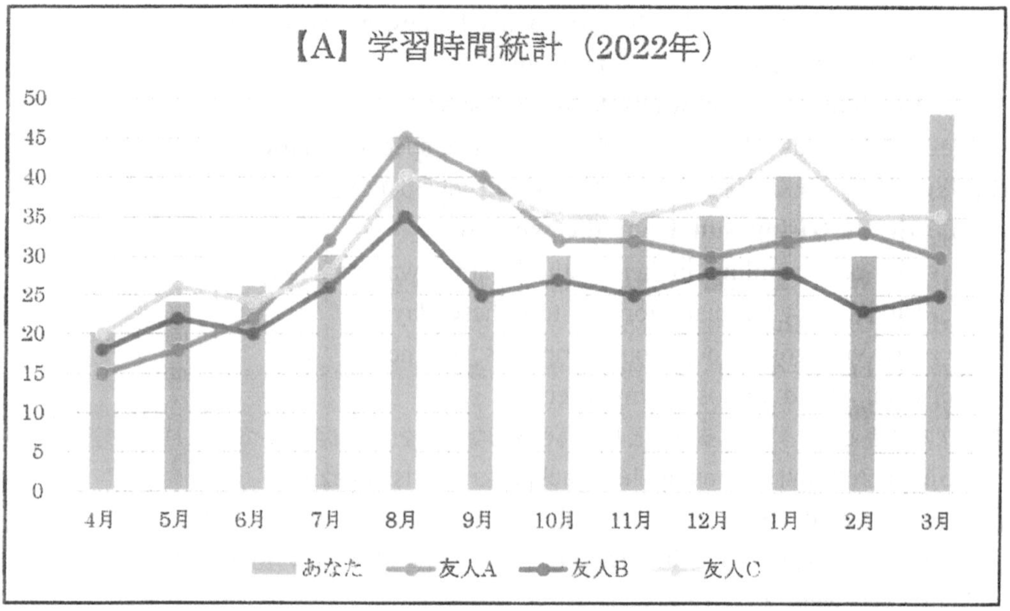

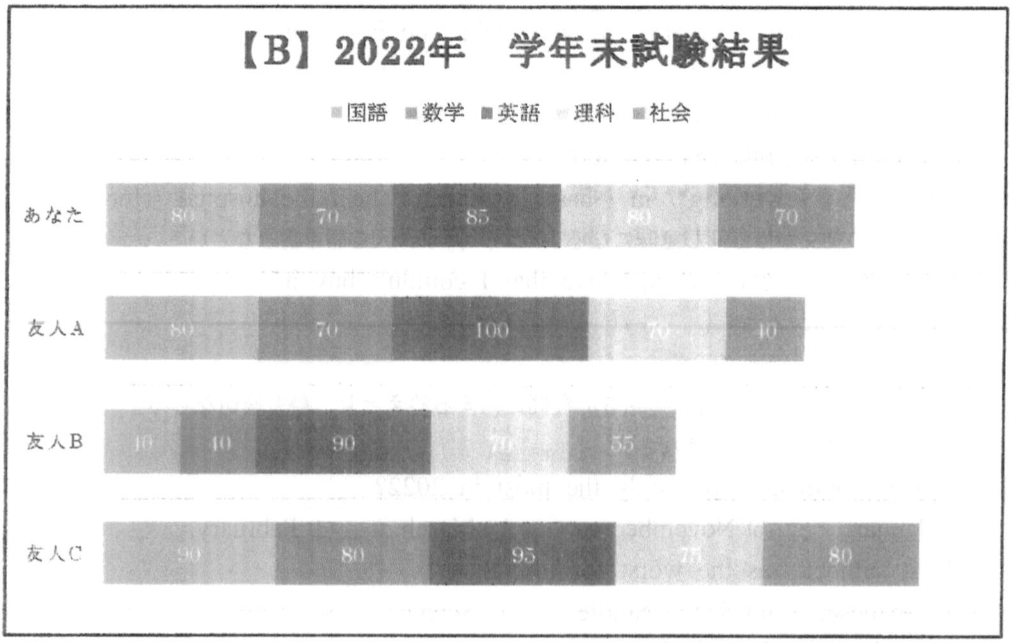

5 次の英文を読み，後の問いに答えなさい，

Have you ever enjoyed cold drinks at a fast food restaurant? Some surprising news was reported all over the world in summer 2018. Starbucks has decided to stop plastic straws in all its stores around the world by 2020. 【A】 McDonald's has also said that it will start to use paper straws in the UK. And it will change all plastic packages to recyclable ones by 2025. ①Why have these two big companies made these decisions?

This movement began with a sea turtle found in Costa Rica in 2015. The turtle was caught because it looked sick. People worried about it. Then, a woman found that something was stuck in its nose. When she tried to pull the thing out, the turtle closed its eyes and shook its head. Blood was dripping from its nose. 【B】 Finally, a plastic straw came out. It was about 10cm long. These pictures spread all over the world through the Internet. This made people sad, and a lot of people started a movement to stop using plastic straws. Since then, more and more people have started to think about pollution of the sea.

Of course, a plastic straw is just one example of pollution of the sea. There are many other types of plastic garbage that pollute oceans. If you walk along the beach, you can see a lot of plastic bottles, bags, and ropes, too. When they get into the sea, they are carried long distances. They never disappear naturally by themselves. These things kill many types of sea life. 【C】 They can't untie the ropes. Sea turtles eat plastic bags because they look like their favorite food, jellyfish. They can't get the bags out of their bodies. (②), they die. Plastic garbage is very dangerous to sea life.

Also, ③plastic garbage can be dangerous to humans. It breaks into pieces in the sea after several years. Some of them get shorter than 5mm. They are called "microplastics." They easily mix with dangerous chemicals. 【D】 Small fish eat them, and bigger fish eat the small fish, and so on. In this way, we might eat unhealthy seafood dishes without knowing it. Microplastics have a bad effect on human health, too.

Some scientists report that there will be a larger amount of plastic garbage than fish in the sea by 2050. 【E】 Surprisingly, half of plastic products are thrown away after just one use. Stopping plastic straws is just the beginning of saving the sea environment. Each of us has to change our attitude to plastic products. We should choose eco-friendly products. Let's start to make better choices for our earth and for our future.

[出典：Patricia Ackert, Ann L. Nebel, "A Reader for Students of English as a Second Language"]

1．下線部①について，その理由を日本語で答えなさい。

2．次のページの英文が入る位置として最も適切なものを文中の【A】～【E】より1つ選び，記号で答えなさい。

For example, sea lions are caught by plastic ropes when they are swimming.

3．本文中（②）に当てはまるものとして最も適切なものを(a)～(d)より１つ選び，記号で答えなさい。

(a) However　(b) As a result　(c) By the way　(d) In the past

4．下線部③の具体例を本文から読み取り，日本語で答えなさい。

5．本文の内容と一致しないものを(a)～(d)より１つ選び，記号で答えなさい。

(a) 長さ５ミリ以下のプラスチックの破片を，マイクロプラスチックと呼ぶ。

(b) 2050年までに海中のプラスチックごみの量が魚より多くなると言われている。

(c) 2025年までに全ての企業がプラスチック容器をリサイクル可能なものに変える予定だ。

(d) ウミガメはビニール袋をクラゲと間違えて食べてしまう。

6　次の英文を読み，後の問いに答えなさい。

Clive worked hard but he was not clever at school-work and usually just passed or just failed tests and exams. What is more, ①he always thought life was unfair as he was not good at sport either. He looked across the classroom at Jack Cummings who was good at everything, was rich and even looked good. Mum told him that some people just had to try harder but that was lucky for them. He did not understand this but it was her strong belief.

One day, when he was sixteen, something bad happened. Dad lost his job and then just sat about watching television all day. Mum continued to work part-time at the D.I.Y (Do-It-Yourself) store but it was clear that there was not enough money when meat became rarer at meal-times and Dad stopped driving their car because he could not pay the road tax.

'PART-TIME EVENING SALES VACANCY.APPLY WITHIN,' the card in the supermarket window read.

Clive *hesitated. He was a slow learner and was worried that he might not be a good worker. On the other hand, his family needed more money and he would feel better if he could help them. Earning money might *compensate a little for doing so badly at school too.

He started work the following evening and was given three evenings a week. To his surprise his parents were not pleased about his job as they worried about his school homework. On the other hand, ②they did not try to stop him working.

The work was easy. He had to make sure the shelves were always full and help customers find things in the huge store. He carefully noted where all the different products were and even tried to remember brands. He was always watchful for customers who looked lost or confused and chatted to them as he led them to the curry powder, electrical goods, shoe polish, coffee or whatever they wanted. He became so knowledgeable about the store that the cashiers began to call for him if there was a price *discrepancy at the cash desk. Even the manager asked his opinion sometimes. Similarly customers began to look for him and would ask for 'that smart, pleasant young man.' Clive loved ③his job and looked forward to his evening work.

At the same time, ④something very strange began to happen at school. *Despit fewer hours being spent on homework, he began to find his school work easier and his marks improved. He felt cleverer because he knew he was good at his shop-work and so started to answer more of his teachers' questions. When they began to notice him, he felt even more confident.

［出典：Juliet Smith, "Success breeds success"］

*hesitate 「ためらう」　*compensate 「埋め合わせをする」　*discrepancy 「不一致」

*despite 「～にもかかわらず」

1．下線部①について，Cliveがそのように考える理由を日本語で答えなさい。

2．下線部②について，Cliveの両親がそうしなかった理由を本文から読み取り，日本語で答えなさい。

3．下線部③の内容について，本文中に書かれていないものを(a)～(d)より１つ選び，記号で答えなさい。

(a)商品棚の在庫を確認し，商品を補充する。

(b)商品の発注をかける。

(c)目的の商品売り場まで客を案内する。

(d)商品の値段を確認する。

4．下線部④とはどのようなことですか。日本語で答えなさい。

5．本文の内容と一致するものを(a)～(d)より１つ選び，記号で答えなさい。

(a) CliveとJackは仲の良い友達である。

(b) Cliveの母親は努力することは幸運だと考えている。

(c) Cliveは１週間に４日アルバイトをしている。

(d) Cliveは他人と話すことが苦手である。

問三　――線B「問へども」の主語を、次のア～エより一つ選び、記号で答えなさい。

ア　俗　イ　妻　ウ　父母　エ　医者

問四　――線C「とぶらふ」の意味を、次のア～エより一つ選び、記号で答えなさい。

ア　ばかにする　イ　用心する　ウ　見舞う　エ　警戒する

問五　妻が心中で思ったことが表現されている部分はどこですか。本文中より過不足なく抜き出しなさい。

問六　本文内容と合っているものはどれですか。次のア～エより一つ選び、記号で答えなさい。

ア　俗は婿に行った先で出されたごちそうが気に入らず、一口も食べなかった。

イ　俗は盗み食いをして気がひけたので、妻の問いかけに答えることが出来なかった。

ウ　俗の頬が赤くなったのを知って、妻や父母どころか隣人までも騒ぎ出した。

エ　俗の口中に米が入っていることに気づいた医師は、火針でつついて出してやった。

問七　『沙石集』は鎌倉時代の作品です。同じ時代に成立した作品を、次のア～エより一つ選び、記号で答えなさい。

ア　おくのほそ道　イ　平家物語　ウ　竹取物語　エ　枕草子

問五 [1] には、ケン兄のセリフである次のア～エが入ります。正しく並べ替えなさい。ただし、3番目にはウが入ります。

ア 腰に差した刀を見て、人はそういうことを想像する。
イ 今のケイシには、腰に差した刀が見えない。
ウ おいそれと手出しができない。
エ 武士は刀をぬいて相手を斬る。

問六 ――線D「納得はしたけど……」の「……」に省略されている内容を、20字以内で答えなさい。

問七 ――線E「ぼくは目線をそらし、サダのシャツの胸ポケットを見た」とありますが、その理由を30字前後で答えなさい。

問八 ――線F「これで十分だった」と述べている理由を、20字以内で答えなさい。

問九 ――線G「ナイフの先っぽは、威嚇を通りこして、サダの胸を刺してしまった」とはどういう意味か、10字以内で答えなさい。

問十 ――線H「きちんと目を合わせればよかった」と述べている理由としてふさわしいものを、次のア～エより一つ選び、記号で答えなさい。

ア サダが何も言い返せなくなっていたから。
イ サダが学校を金曜まで休んでしまったから。
ウ サダが目を合わそうとしなかったから。
エ サダに気持ちを直接言うべきだったから。

三

次の文章を読んで、後の問いに答えなさい。

昔、おろかなる*俗ありて、人の婿《むこ》になりて往《ゆ》きぬ。さまざまもてなしけれども、*なまこざかしくよしばみて、いと物も食はで、飢ゑて覚えけるままに、妻があからさまに立ち出でたるひまに、米を一頬《ひとほほ》*うちくくみ食はんとするところに、妻帰りたりければ、恥づかしさに顔をうち赤らめてaゐたり。頬のAはれて見えければ、「いかに」とB問へども声もせず、いよいよ顔赤みければ、はれものの大事にて物も言はぬにやとて、驚きて、父母に「*かく」と言へば、父母来たりて見て、「いかにいかに」と言ふ。いよいよ色も赤くなるを見、隣の者集まりて、「婿殿のはれもの、大事に*bおはすなる、*あさまし」とてCとぶらふ。*さるほどに、医師《くすし》を呼ぶべきにて、藪《やぶ》医師の、近々にありけるを呼びて見すれば、「ゆゆしき御大事のものなり。*とくとく療治《れうぢ》し参らせん」とて、火針《くわしん》を赤く焼きて、頬を通したれば、米のほろほろとこぼれてけり。

（『沙石集』より）

*俗――僧や出家した人に対して、世間一般の普通の人
*なまこざかしくよしばみて――小生意気にもったいぶって
*うちくくみ――口に含み
*かく――こうこうだ
*おはすなる――いらっしゃるそうだが
*あさまし――驚いたことだ
*さるほどに――そうするうちに
*とくとく――大急ぎで

問一 ==線a「ゐたり」、b「おはす」を現代仮名遣いに直しなさい。

問二 ――線A「はれて」を漢字に直すとどれがふさわしいですか。次のア～エより一つ選び、記号で答えなさい。

ア 晴れて イ 張れて ウ 貼れて エ 腫れて

るんなら、仕返しするぞ、ってね」と言った。ケン兄の作戦が図に当たり、ぼくも調子に乗っていたんだ。

それで、いじめは終わった。隆太も話しかけてくるようになった。

月曜日、サダは登校してきた。ぼくとは目を合わそうとはしなかった。

卒業してからサダとは会っていない。それぞれ別の中学へ行ったから。ちなみに隆太はサダと同じ中学だ。

ときどきぼくは……あれで良かったのかなって思うことがある。

正当防衛だとケン兄は言っだけど、ぼくは言葉のナイフを突きつけてしまったんじゃないか。残酷なナイフだ。そしてそのGナイフの先っぽは、威嚇を通りこして、サダの胸を刺してしまったんじゃないか。

もっとちがった方法があったんじゃないか。小細工するんじゃなく、もっと正直に気持ちをぶつけるべきだったんじゃないか。

竹刀を急所に打ちこむことができずに、ただ身体《からだ》をぶつけていった、父さんとの稽古のように。

「なんで無視するんだよ。ツラくてたまらないよ。もうやめてくれよ」ってHきちんと目を合わせればよかった。胸が焦げそうになったところで、家に着いた。

軒先で夕刊を読んでいたとなりの棟のおじいさんから「おかえり」と声をかけられた。ぼくは自転車から降りてお辞儀をした。

（須藤靖貴『3年7組食物調理科』より）

＊ショクチョウ――「食物調理科」のこと。ぼくは現在、食物調理科の高校の3年生である。

問一 ――線a・bの意味としてふさわしいものを、それぞれ後のア～エより一つ選び、記号で答えなさい。

a 「困惑して」

ア 自分の中の気持ちに怖気づき、ぐずぐずして。
イ 気持ちを上手く言葉にできず、悲しくなって。
ウ 周りの空気が読めず、孤立しがちになって。
エ 自分がどうしていいかわからず、迷って。

b 「高揚して」

ア 行ったことによって気持ちが高まって。
イ 言われたとおりにしたことで納得して。
ウ 体温の上昇に伴って気持ちも上昇して。
エ 深い悲しみを安心感に切り替えられて。

問二 ――線A「人を生かすはずの心づくしの食事で、おかしなことになったこともあった」とほぼ同じ内容を表す部分を、この後の本文中より17字で抜き出して答えなさい。

問三 ――線B「ケン兄は怖い顔をしてテーブルをたたいた」とありますが、その理由を50字以内で説明しなさい。

問四 ――線C「サダはちっとも美味しそうじゃなく、授業を受けているときのようなうんざりとした様子だった」とありますが、その理由としてふさわしいものを、次のア～エより一つ選び、記号で答えなさい。

ア ハンバーガーを外食することに慣れているから。
イ ハンバーガーの味がそもそも好きではないから。
ウ 一人で外食をすることはよくあることだから。
エ 「ぼく」を誘ったことを後悔しているから。

心は嫉妬に燃える。たぶん、本人もそういう理屈に気づいてない。ただただ、ケイシがうらやましくてムカつくんだろう」

　だからこう言え、とケン兄はぼくをにらんだ。

「おまえはぼくの家庭がうらやましかったんだ。うちの夕食には金では買えない温かさがあるから。いじめをやめないと、おまえのそういうところを攻撃するぞ。おまえの家は金はあっても心が貧しいってな」

「それを、言うの？」

「言え」

「言えないよ」

「じゃあ、おれが言う。今すぐ、そいつの家に行こう」

　ぼくは目をつぶって頭をふった。

　サダはただのいじめ野郎じゃない。いいヤツだったんだ。サダの心のメモリを白と黒に色分けしたとすれば、95パーセントが白で、残りの5パーセントが黒だ。でもその黒い心に、ぼくは強烈に苦しんでいる。だから、相談に乗ってもらうのはいいとしても、実際にケン兄を担ぎ出すのはイヤだった。

「まあでも、言えないよな。じゃあ……言うぞ、って言え。言ってないけど言ってる」

「ちょっと、わかんない」

「武士の刀といっしょだ。［　1　］だからサダに、『ぼくは刀を持ってる。いざとなったらぬくぞ』ってメッセージを送るんだ」

「……サダだけを傷つける刀ってこと？」

「そう。傷つけられたくなかったら、こっちの心も傷つけるなってこと」

　いじめが嫉妬心からくるという指摘はよくわかった。

　きちんと立ち向かうことを約束すると、ケン兄は怖い顔をしたままで帰っていった。

　D納得はしたけど……。

　浅い眠りから覚めて、いつものように竹刀《しない》の素振りをしていたとき、遠くの空が鳴った。ぼくは力一杯竹刀をふり、水を浴びて登校した。

　教室の前で待ち構えてサダの目の前に立った。サダは息をのみこむようにして、ぼくを見下ろした。Eぼくは目線をそらし、サダのシャツの胸ポケットを見た。

「無視なんてくだらない真似《まね》はやめろ。ぼくの家にも招待したんだから、サダのうちにも呼んでくれ。料理は宅配ピザでいい。それだけじゃさみしいだろうから、うちの母さん特製の天ぷらを土産《みやげ》に持っていってやる」

　考えてきた文言を――ぼくは一息に言った。持って回った言い回しじゃなくてもっと直接的に行け、とケン兄に言われたけれど、これで十分だと思った。

　Fこれで十分だった。

　サダの顔色が見る間に真っ赤になり、鼻の穴が拡がった。サダはなにも言い返さず、自分の席に座って、机に伏してしまった。

　その日はみなから無視され続けたけど、やることをやったことでb高揚して過ぎた。

　翌日、サダが学校を休んだ。そして金曜日まで登校しなかった。

　首謀者がいないと、追従者は不安になるらしい。「サダに、なにを言ったんだ？」などと久しぶりに話しかけられた。ぼくはとっさに、「無視す

い髪が似合っていた。
「サダって、どんなヤツ？」
　いいヤツだってことを話した。だから a困惑してる。
「無視するなんて、いいヤツなんかじゃない。いいか、方法はふたつだ。援軍を呼ぶ方法と、自分が戦う方法」
　ケン兄は冷えたシェイクを吸いこみ、そう切り出した。
「まずは援軍だ。担任と校長に話して、それから市役所に行くんだ。教育委員会だよ。そこで言うんだ。『耐えられません。3日以内になんとかしてくれなければ、親戚の新聞記者にチクります』って」
「新聞記者？」
「ハッタリさ。大問題になるって脅すんだ」
「そんなことできないよ。担任の先生はヤル気ないし。校長も全然たよりない」
「あっちは集団でいじめてるんだ。こっちも援軍を増やさなきゃ」
「そういうのは、ちょっと……」
　教育委員会に乗りこむなんて。とてもできそうにない。
「じゃあ、もうひとつの方法。サダの、痛いところをつけ」
「痛いところって？」
「弱点だよ。おまえの弱点ってなんだ。背が低いことか？　お父さんがいないことか？　そういうことをイジられるとキツいよな。そいつの、そういう弱点をつくんだ」
「そういうのは……。卑怯《きょう》じゃない？」
　Bケン兄は怖い顔をしてテーブルをたたいた。
「友達を集団で無視するほうがよっぽど卑怯だ。正当防衛なんだ。やらなきゃ、やられちゃうんだぞ。……弱点はなんだ」
「幼稚園のときにお母さんが死んで……父子家庭だけど」
「友達をいじめるのは、母親の愛情を知らないからだって言え」
　ぼくは激しく首を横にふった。
　そんなひどいこと、言えるわけがない。
　ついこないだまで仲が良かったんだ。うどんパに呼ぶまでは。
　サダは家のことはあまりしゃべらなかったけど、お母さんがいないさみしさをぼくもなんとなく感じていた。いつだったか、サダにハンバーガーをおごってもらったことがある。家に帰ってもだれもいないから付き合ってくれと。外食しないぼくは美味い美味いとハンバーガーを頬張ったけど、Cサダはちっとも美味しそうじゃなく、授業を受けているときのようなうんざりとした様子だった。
「いい子ぶってる場合じゃないぞ。みんなに無視されて、このままだと学校は地獄だ。放っとけないよ。ケイシができないならおれがやる。そいつの家に突撃しようか」
　ぼくはサダの眉のつりあがった表情を思いうかべて、黙ってシェイクを飲んだ。
「おまえは優しいから、そういうことは言えそうもないよな。母子家庭だから、そういう大変さも知ってるわけだし。でも、ケイシみたいなヤツがいじめ殺されるんだぜ。じゃあ、とっておきの方法を教えてやる。そいつのゆがんだ気持ちを言葉にしろ」
　目をあげると、ケン兄がぼくを射るように見て2度うなずいた。
「嫉妬だよ。いじめの原因は。おまえの家庭がうらやましかったんだ。叔母さん、すげえ優しいし。うどんが美味ければ美味いほど、そいつの

になったんだ。

3人でうどんをすすった。天ぷらはにんじんのかき揚げ（千切りのにんじんを揚げる）とまいたけ天、そしてねぎのかき揚げだった。にんじんのかき揚げは塩をふると甘さが引き立つ。サダも「甘いね！」って声をあげた。自信作のねぎのかき揚げの美味しさにもおどろいていた。

サダの手土産のショートケーキがデザートで、母さんはとっておきの紅茶をいれた。

楽しいうどんパだった。

でも……明けた月曜日から様子があやしくなった。

サダの態度がおかしい。よそよそしくなった。

中休みにグラウンドの隅で手打ち野球をやるときの組分けでは、サダとクラス委員の富永がジャンケンをしてメンバーを取り合うんだけど、いつもならサダに指名されるのに無視された。隆太も同じクラスで、丸々と太っていたから、こういう遊びのときには売れ残る。その隆太よりもぼくのほうが後になった。「あ、ケイシがいたか。小さくて見えなかった」などとサダは意地悪く言った。

サダはどんな言い合いにも負けなかったから、その言葉のキツさには慣れていた。でもイヤミを言うようなヤツじゃない。だからとまどったけど、特に気にしなかった。

だけど、それからサダはぼくに冷たくなり、ついには無視されるようになった。

サダはクラスの番長みたいなところがあったから、ぼくはクラス中の男子から無視されるようになってしまった。

話しかけてもだれも返事をしてくれない。隆太もそうだ。目を合わそうとしない。

いじめだ。

サダを家に呼んだ翌々日から様子がおかしくなったから、必死で理由を考えた。でもいくら考えてもわからない。隆太のぶよぶよした腹の肉をつねって、「なんで無視するんだ」とせまると、隆太は苦しそうな顔をして、「サダがさ……」とだけ言った。それ以上はなにを聞いても答えてくれなかった。

そのうち風向きも変わるだろうと思ったけど、1週間してもクラスの連中はぼくのことを無視する。学校に行きたくなくなった。行かなければいいのに、無視されるとわかっているのに、登校せずにはいられない。自分の気持ちが引きさかれるようで、無視されることもツラかったけど、自分の気持ちに説明がつかないこともツラかった。

担任や母さんには決して相談できない。そういうことを、話す気にはなれないんだ。

でもどうにかしなけりゃいけないから、従兄のケン兄に電話した。

神奈川に住む父さんの姉の次男で、中学2年生だった。金曜日の夜に電話すると、次の日の午前中にこっちまできてくれた。

駅近くのハンバーガーショップに、ケン兄はこわい顔をしてあらわれた。

「なんとかしないとさ。早くしないと」

早く早く、とケン兄は言った。従兄の中でいちばんの仲良しで、親戚が集まるとよく遊んだ。やせて背が高く、バスケット部でがんばっている。その日は練習を休んで素っ飛んできてくれたんだ。成績優秀らしいけど、どこか不良っぽい雰囲気があって、ぼくはケン兄が大好きだ。短

の延長線上にある、ということはあり得ない。まさに、根本的に違うものになるだろう。それがどのような形をとるか筆者にもわからないのである。

二 次の文章を読んで、後の問いに答えなさい。

帰り道、学校から家まで真っすぐに北上する。

左に夕陽が落ちるのを見ながら、すいすいと自転車が進む。雨が降るとちょっとやっかいだけど、下校のこの時間がいちばん好きだ。

ペダルをこぎながら、作文の続きを考えていた。

「料理は、人を生かしもするし、殺しもする」

＊ショクチョウに入って、小梅先生から何度も聞かされた話だ。殺す、というのは物騒な表現だけど、「悪い料理は、人の気持ちを殺してしまう」ということだと思う。

でも、A人を生かすはずの心づくしの食事で、おかしなことになったこともあった。

我が家のごちそうは、なんといってもうどんだ。

市内に評判の製麺屋があり、地元の小麦粉で打つ極太のうどんが美味しい。複雑に縮れていて、色も灰色に近い。冷たいざるうどんが最高で、薄めの汁にくぐらせてすすると小麦の風味が口いっぱいに広がる。適度な歯ごたえがあって、かめばかむほど甘くなった。

父さんが夕食の卓に座れる土日のどっちかは手打ちうどんだった。ゆでて冷水でしめた手打ちうどんの大皿がテーブルの真ん中にあって、周囲に母さんの揚げた地元野菜の天ぷらや油揚げの煮物、玉子の出汁巻き、すりしょうがやいりごまや刻みねぎなどの薬味が並んだ。ぼくは焼きのりを細く切った。

うどんパーティ（うどんパと呼んだ）は毎週やるから、ぼくの役割はしだいに拡大していった。

ごまをすり、ねぎを小口切りにする。母さんはねぎの小口切りの見本を示してから、果物ナイフをぼくの右手ににぎらせた。「できるだけ薄くね」と母さんは言った。それまではねぎを汁に入れなかったけど、がんばって切ったから食べてみると甘くて美味かった。

ちなみに母さんが作る天ぷらの最高傑作は「ねぎのかき揚げ」だ。ざくざくと長めの輪切りにした長ねぎを天日で2、3時間乾す。水分がぬけて甘味が凝縮される。それをあさりやほたてや桜えびなどといっしょに揚げる。あなごやえびの天ぷらよりも美味しかった。ねぎを切って縁側に乾すのはぼくの役目だ。父さんの好物はごぼう天だった。

父さんが亡くなって、うどんの日が減った。父さんは、まずビールやお酒を飲みながらたっぷりと天ぷらを食べたから、母さんも作りがいがあったんだろう。みんなで準備して「さあ、食べよう」というのが楽しいんだ。

楽しいうどんパで妙なことになった。

小学5年の5月のことだ。

土曜日の夕方、クラスメートの島崎定男を家に呼んだ。男子のリーダー格のサダだ。低学年のころにも同じクラスで仲が良かった。

サダは幼稚園のときにお母さんを亡くし、父親とふたり暮らしだった。だから夕食はスーパーの弁当か外食がほとんどだと言った。それを母さんに話したら、「連れてらっしゃい。うどんパしましょう」ってこと

問三　――線A「彼自身の思想としては」という表現が伝えようとしている意味はどのようなものですか。次のア～エより一つ選び、記号で答えなさい。

ア　彼の本来の思想は、当時の人々が理解していた「彼の思想」とは違う。

イ　彼の本来の思想は、現代の人々が理解している「彼の思想」とは違う。

ウ　彼の本来の思想は、彼の支持者が理解している「彼の思想」とは違う。

エ　彼の本来の思想は、彼の批判者が理解している「彼の思想」とは違う。

問四　――線B「自然人」とありますが、ルソーにとって「自然人」の対義語にあたるものは何ですか。次のア～エより一つ選び、記号で答えなさい。

ア　家族　　イ　個人　　ウ　強者　　エ　市民

問五　――線C「自由主義的市民の理想は～見方は不可能ではないでしょう」とありますが、筆者は、この主張の根拠をどこに置いていますか。次のア～エより一つ選び、記号で答えなさい。

ア　市民性と自由主義社会とは、実は両立可能であること。

イ　ルソーの思想が悲観的で、受け入れ難いものであること。

ウ　トックヴィルやミルのような思想家が、少なくないこと。

エ　西洋近代史上の大事件として、フランス革命があったこと。

問六　――線D「一種の称号のようなものであれば」とありますが、筆者は、この一節を含んだ一文で、どのようなことを述べようとしていますか。次の文中の（　）に本文中の5字の語をうめて説明しなさい。

> 横浜市民が宇宙ステーションに住んだら宇宙市民、というレベルの話なら、その場合の「宇宙市民」たちは、横浜に住んでいたときと同じく、ルソーの言う「（　　　）」としてふるまうように心がければ、それで済むのだろう。

問七　――線E「そのためにも」を削除し、同じ位置に接続詞を入れた場合、文章の意味が通るものはどれですか。次のア～エより一つ選び、記号で答えなさい。

ア　ところで　　イ　ただし　　ウ　なぜなら　　エ　したがって

問八　～～線F「感情的連帯感」によって成立する共同体は、どのような状態であると、ルソーは述べていますか。本文前半より13字で抜き出しなさい。

問九　筆者の主張を踏まえて、次の文章中の（　）を本文中の語でうめなさい。ただし、(1)は9字、(2)・(3)は4字の語が、また、同じ番号には同じ語が入ります。

> インターネットが普及した当時、さまざまな「ネット論」が書かれた。その中には、インターネットの普及によって人々の（　1　）のありかたが根本的に変わる、と論じたものが少なくなかった。しかし、パソコンにせよ、スマホにせよ、それを使う人間は、従来の（　2　）に身を置いている。これに対して、（　3　）とは、宇宙に身を置く人々のことである。地球の前提が通用しない。したがって、そこでの（　1　）が、地球の（　2　）

ようなものになるのかが、いまだまったく不明であるという問題があります。宇宙市民という名称が、たんなる個々の宇宙ステーションの内部での、小規模な都市住民に付与される、D一種の称号のようなものであれば、そこに未来の小規模共同体の世界と、その内部の道徳的・倫理的行為にかんする規範的反省があっても不思議ではないでしょう。

　しかしながら、より一般的な＊パースペクティヴに立って、地球外における知性的存在者にかんして、その共同体的存在の様式を考えるとすれば、「宇宙時代の人間学」は私たち自身の「市民性」を無批判的に讃《たた》えるような思想的前提を捨てる必要に迫られる可能性があります。少なくとも、ＳＦ小説にしばしば見受けられるような、ルソーのいう「都会の住民」としての宇宙市民の想定は、宇宙時代の人間の共同体的生存の条件と規範とを考えるべき、新しい道徳哲学にとっては、無益である以上に有害なモデルである可能性があります。Eそのためにも、われわれはルソーとともに、人間をもう一度、宇宙という新しい「自然」の中で生きる野生の思考の主体として、考え直してみることが大事なのではないでしょうか。

　ルソーの思想が宇宙市民の可能性を考えるためのヒントとなるもう一つの理由は、この理論が、人間が自然状態から社会的存在へと移行するための重要な契機として、音楽や言葉によるコミュニケーションの役割に注目していることです。私たちが本当に宇宙時代に突入して、地球以外の世界で生活を営むようになれば、その世界での共同体にとって、どのような形で意思疎通が図られるようになるのか、ということは大きな問題です。ルソーは学芸や技術の共有より以前に、音楽やe舞踏などを通じたF感情的連帯感が、共同体の成立にとって非常に大きな役割を果たすということを強調しました。おそらく、このことは宇宙空間という新しい自然環境においても、重要な問題として問われるはずです。私たちは宇宙のようなきわめて広大な世界において、これまでの人類社会のような人びとが密集した場所ではない世界で、どのようにして共感や反感などの精神における感情的働きを伝え合うことができるのでしょうか。

　この問題はもちろん、感情の次元にとどまるわけではありません。われわれは知識のレベルでも、思想のレベルでも、広大な宇宙空間においてコミュニケーションを図ろうとすることでしょう。その場合、いかなる手段によって人びとはつながり合うことができるのでしょうか。

（伊藤邦武『宇宙はなぜ哲学の問題になるのか』より・一部改変）

＊啓蒙主義――カトリックを批判し、科学を重んじ、理性を至上とする立場。

＊恣意――論理でなく、思いつきによる、自分勝手な考え。

＊専制――支配する者が、支配される者の関与を許可しない状態。

＊パースペクティヴ――視点。ここでは「将来の予想」を含む。

問一　‖線a～eについて、カタカナは漢字に直し、漢字はその読みをひらがなで書きなさい。

問二　1 ～ 3 にあてはまる言葉の組み合わせとして、ふさわしいものを、次のア～エより一つ選び、記号で答えなさい。

ア　1　しかし　2　さらには　3　つまり
イ　1　しかし　2　つまり　3　さらには
ウ　1　つまり　2　さらには　3　しかし
エ　1　さらには　2　しかし　3　つまり

【国　語】（五〇分）〈満点：一〇〇点〉

【注意】　字数制限のある場合、「」や句読点なども字数に含む。

一　次の文章を読んで、後の問いに答えなさい。

ルソーは高校の倫理の教科書などでは、フランス革命を準備した＊啓蒙《もう》主義の思想家の一人として教えられることが多いのですが、A彼自身の思想としては、科学文明の発達によって人類の進歩が保証されるという考えには、一貫して反対していました。（中略）

ルソーにとっては、人間は本来、野生の状態では社会性をもたず、それぞれが単独でa**コドク**な生を生きており、あくまでも「野生の思考」に従って生活を組み立てている。自然の内なる人間は、住居も家族も言語もない状態で森の中をさまよい、同胞を必要としないので、いかなる社会関係もなく、個人間に相互依存関係がない以上、そこにはいかなる従属も不平もありえなかった。これこそが「自然状態」にある人間、つまりB「自然人」の本来の姿である、というのがルソーの根本的な信念です。このような反啓蒙の主張は、『社会契約論』に先行する『人間不平等起源論』でストレートに主張されています。

ルソーによれば、自然状態を脱した人間は「自然の障害」をのりこえるために、さまざまな生活の技術を習得するとともに、家族や地域の共同体を形成し、言語を共有するようになります。［ 1 ］、このような社会化のプロセスにおいて、人間にとって最善である状態は、人びとが歌や踊りで結びついた萌《ほう》芽的な社会の段階だけであって、その後に発展する所有関係の社会化を通じて法が生まれたり、父権が確立し、［ 2 ］国民と為政者との間の社会契約が生じたりすると、その先にあるのは合法的な権力が＊恣意的な権力へと変質する過程だけであり、その最後の段階が＊専制である。［ 3 ］、法とは強者による掟《おきて》の別名であり、政治的システムの下で制定されたさまざまな法律にもとづいて運営されている社会とは、不平等を許す社会以外の何物でもない、というのです。

ルソーはこのように、人間の市民性という本性が、自由主義的社会とは相いれないものであると語った思想家でした。もちろんこれはかなりb**キョクタン**な主張ですから、ルソーの後で、こうした悲観的思想に反対して、市民であることと自由主義、民主主義の社会とは両立可能であることを強く訴えようとした思想家も、少なくありません（その代表はフランスのトックヴィルやイギリスのJ・S・ミルなどです。）そのために、フランス革命などの西洋近代史上の大事件において大きな役割を果たしたルソー自身が、いかに反啓蒙の立場に固執していたとしても、C自由主義的市民の理想は、文明化され都会化された高度資本主義の世界においても達成可能であると見る見方は不可能ではないでしょう。

とはいえ、自然状態を一つの理想として設定し、それからのc**逸脱**という視線の下で、市民社会を次善の世界と評価するルソーの独自な考えが、宇宙時代にあるわれわれにとっても、一定の重みのある思想であるということは、やはり留意されるべきであろうと思われます。その理由は二つあります。

まず、人間が宇宙ステーションのような一種の人工都市を超えて、実際に地球外のd**惑星**等に暮らすということになれば、地球外というあまりにもキョクタンな環境において、人間にとっての「自然状態」がどの

MEMO

大切なことはメモしておこうネ！

一般

2023年度

解　答　と　解　説

《2023年度の配点は解答欄に掲載してあります。》

＜数学解答＞

1　(1)　-9　(2)　4　(3)　$-\frac{1}{12}$　(4)　$-\frac{2x}{y^2}$　(5)　$\frac{3x-14}{20}$　(6)　$\frac{9\sqrt{2}}{4}$
(7)　$6x-19$

2　(1)　$3x(y+4)(y-4)$　(2)　$x=-4,\ 7$　(3)　$x=2,\ y=1$　(4)　$a=4$
(5)　$\angle x=49^\circ$

3　(1)　A(2, 4)　(2)　$\mathrm{A}\left(\frac{4}{3},\ \frac{16}{9}\right)$　(3)　$\frac{112}{9}$

4　(1)　$\frac{2}{9}$　(2)　$\frac{13}{27}$

5　(1)　35625円　(2)　$(3x+270)$個　(3)　110円

6　(1)　$75\pi\,\mathrm{cm}^3$　(2)　$\frac{288}{125}\pi\,\mathrm{cm}^3$

7　(1)　証明　解説参照　(2)　$\frac{16}{3}$cm

○配点○

1　各3点×7　2　各4点×5　3～6　各5点×10　7　(1)　5点　(2)　4点
計100点

＜数学解説＞

基本　1　(数・式の計算，平方根の計算)

(1)　$-4+(-5)=-(4+5)=-9$

(2)　$3\times(-4)\div(2-5)=-12\div(-3)=4$

(3)　$-\frac{5}{6}-\left(-\frac{3}{4}\right)=-\frac{10}{12}+\frac{9}{12}=-\frac{1}{12}$

(4)　$-x^2y\div(-2xy^2)^2\times8xy=-x^2y\times\frac{1}{4x^2y^4}\times8xy=-\frac{2x}{y^2}$

(5)　$\frac{2x-1}{5}-\frac{x+2}{4}=\frac{4(2x-1)-5(x+2)}{20}=\frac{8x-4-5x-10}{20}=\frac{3x-14}{20}$

(6)　$\frac{3}{\sqrt{2}}+\frac{\sqrt{18}}{4}=\frac{3\sqrt{2}}{2}+\frac{3\sqrt{2}}{4}=\frac{6\sqrt{2}+3\sqrt{2}}{4}=\frac{9\sqrt{2}}{4}$

(7)　$(x+5)(x-3)-(x-2)^2=x^2+2x-15-(x^2-4x+4)=x^2+2x-15-x^2+4x-4=6x-19$

基本　2　(因数分解，二次方程式，連立方程式，二乗に比例する関数の変化の割合，角度)

(1)　$3xy^2-48x=3x(y^2-16)=3x(y+4)(y-4)$

(2)　$x^2-3x-28=0$　$(x+4)(x-7)=0$　$x=-4,\ 7$

(3)　$5x-3y=7$…①　$2x+5y=9$…②　①×5＋②×3から，$31x=62$　$x=2$　②に$x=2$を代入して，$2\times2+5y=9$　$5y=5$　$y=1$

(4)　$\frac{a\times5^2-a\times(-3)^2}{5-(-3)}=8$から，$\frac{25a-9a}{8}=8$　$16a=64$　$a=4$

(5)　直線BAとCDの交点をE，直線CBとDAの交点をFとする。円に内接する四角形の定理から，$\angle\mathrm{DAE}=\angle\mathrm{BCD}=\angle x$　△FCDにおいて内角と外角の関係から，$\angle\mathrm{FDE}=39^\circ+\angle x$　△ADE

の内角の和から，$\angle x+39^\circ+\angle x+43^\circ=180^\circ$　$2\angle x=98^\circ$　$\angle x=49^\circ$

3 (図形と関数・グラフの融合問題)

(1) 点Aのx座標をaとすると，A$(a,\ a^2)$　点Bのy座標はa^2になるから，②に$y=a^2$を代入すると，$a^2=\frac{1}{4}x^2$　$x^2=4a^2$　$x>0$から，$x=2a$　B$(2a,\ a^2)$　点Bのx座標は点Dのx座標と同じだから，$2a=4$　$a=2$　$2^2=4$　よって，A$(2,\ 4)$

重要 (2) 点Cのx座標と点Aのx座標は同じだから，②に$x=a$を代入すると，$y=\frac{1}{4}a^2$　C$\left(a,\ \frac{1}{4}a^2\right)$
AC＝ABのとき，長方形ACDBは正方形になるから，$a^2-\frac{1}{4}a^2=2a-a$　$\frac{3}{4}a^2=a$　$3a^2=4a$
$3a^2-4a=0$　$a(3a-4)=0$　$a\neq0$から，$3a-4=0$　$a=\frac{4}{3}$　$\left(\frac{4}{3}\right)^2=\frac{16}{9}$　よって，A$\left(\frac{4}{3},\ \frac{16}{9}\right)$

重要 (3) A$(a,\ a^2)$，D$\left(2a,\ \frac{1}{4}a^2\right)$　直線ADの傾きが-2から，$\left(\frac{1}{4}a^2-a^2\right)\div(2a-a)=-2$
$\left(-\frac{3}{4}a^2\right)\div a=-2$　$-\frac{3}{4}a=-2$　$a=-2\times\left(-\frac{4}{3}\right)=\frac{8}{3}$　$\left(\frac{8}{3}\right)^2=\frac{64}{9}$　A$\left(\frac{8}{3},\ \frac{64}{9}\right)$
$y=-2x+n$に点Aの座標を代入して，$\frac{64}{9}=-2\times\frac{8}{3}+n=-\frac{16}{3}+n$　$n=\frac{64}{9}+\frac{16}{3}=\frac{64}{9}+\frac{48}{9}=\frac{112}{9}$

4 (確率)

(1) 4人の手の出し方は全部で，$3\times3\times3\times3=81$(通り)　そのうち，2人が勝ち2人が負けるのは，たとえば2人がパーを出し2人がグーを出す場合は，(A，B，C，D)＝(パ，パ，グ，グ)，(パ，グ，パ，グ)，(パ，グ，グ，パ)，(グ，パ，パ，グ)，(グ，パ，グ，パ)，(グ，グ，パ，パ)の6通りある。2人がパーを出し2人がチョキを出す場合と2人がグーを出し2人がチョキを出す場合も同様に6通りずつある。よって，求める確率は，$\frac{6\times3}{81}=\frac{2}{9}$

重要 (2) 1人だけ勝つ場合は，$3\times4=12$(通り)　2人だけ勝つ場合は，(1)から18通り　3人が勝つ場合は，1人だけ負ける場合だから，$3\times4=12$(通り)　よって，あいこになる場合は，$81-(12+18+12)=39$(通り)　よって，求める確率は，$\frac{39}{81}=\frac{13}{27}$

5 (方程式の応用問題)

基本 (1) $130-125=5$　$125\times(270+3\times5)=125\times285=35625$(円)

基本 (2) $270+3\times x=3x+270$(個)

重要 (3) 1個の値段をx円値下げしたときの売れる金額は，$(130-x)(3x+270)$円
$(-x+130)(3x+270)-130\times270=1200$から，$-3x^2+120x+130\times270-130\times270-1200=0$
$-3x^2+120x-1200=0$　$x^2-40x+400=0$　$(x-20)^2=0$　$x=20$　よって，求める1個の値段は，$130-20=110$(円)

6 (空間図形の計量問題－三平方の定理，三角形の相似，体積)

(1) $\angle\mathrm{APO}=90^\circ$　△APOにおいて三平方の定理を用いると，$\mathrm{AO}=\sqrt{(2\sqrt{10})^2+3^2}=\sqrt{49}=7$
円錐の底面と球との接点をQ，APと底面との交点をRとする。AQ＝AO＋OQ＝$7+3=10$
2組の角がそれぞれ等しいことから，△APO∽△AQR　よって，AP：AQ＝PO：QR
$2\sqrt{10}：10=3：\mathrm{QR}$　$\mathrm{QR}=\frac{10\times3}{2\sqrt{10}}=\frac{15}{\sqrt{10}}$　したがって，求める円錐の体積は，$\frac{1}{3}\times\pi\times\left(\frac{15}{\sqrt{10}}\right)^2\times10=75\pi$(cm³)

重要 (2) 球O'と直線APとの交点をS，球O'の半径をrとする。O'O＝$r+3$，AO'＝$7-(r+3)=4-r$
△ASO'∽△APOから，AO'：AO＝SO'：PO　$(4-r)：7=r：3$，$7r=3(4-r)$，$7r=12-3r$，
$10r=12$，$r=\frac{6}{5}$　よって，球O'の体積は，$\frac{4}{3}\pi\times\left(\frac{6}{5}\right)^3=\frac{288}{125}\pi$(cm³)

7 (平面図形の問題－三角形の相似の証明，円の性質)

(1) (証明) △ABDと△CADにおいて，共通な角なので，∠ADB＝∠CDA…① OA，OCを結ぶと，共に円の半径になる。点Aは円Oと直線ADの接点であるから，OA⊥AD，∠CAD＝90°－∠OAC…② △OACは二等辺三角形から，∠OAC＝∠OCA ∠AOC＝180°－2×∠OAC，円周角の定理から，$\angle ABD=\frac{1}{2}\times\angle AOC=90^\circ-\angle OAC$…③ ②，③から，∠ABD＝∠CAD…④ ①，④から，2組の角がそれぞれ等しいので，△ABD∽△CAD

注)∠ABD＝∠CADについては，接弦定理を用いてもよい。

重要 (2) BC＝$x$cmとすると，BD＝$x+3$(cm) △ABD∽△CADから，AD：CD＝BD：AD 5：3＝$(x+3)$：5 $3(x+3)=25$ $x+3=\frac{25}{3}$ $x=\frac{25}{3}-3=\frac{25}{3}-\frac{9}{3}=\frac{16}{3}$(cm)

★ワンポイントアドバイス★

7(2)で，方べきの定理を利用すると，$DC\times DB=DA^2$ から，$3(x+3)=5^2$，$x+3=\frac{25}{3}$，$x=\frac{16}{3}$

＜英語解答＞

1 (A) 1 (a) 2 (a) 3 (d) (B) 1 (c) 2 (b)

2 1 storm 2 stadium 3 October 4 textbook 5 doctor

3 1 (c) 2 or 3 to 4 (b) 5 位置 ④ 形 used 6 (c) 7 (b) 8 (c) 9 Go to bed as early as you can. 10 wish, had

4 1 (a) 2 (d) 3 (c) 4 (c) 5 (b)

5 1 【C】 2 extinct 3 (d) 4 cannot always protect animals from nature, but we can protect them 5 (b)

6 1 船は一度に1つしか運べないので，2つのものを置いていかなければならないが，オオカミとヤギを残すとオオカミがヤギを食べてしまい，ヤギとキャベツを残すとヤギがキャベツを食べてしまうこと。 2 (c) 3 cabbages 4 (a) 5 【C】 6 まずヤギを向こう岸に運び，次にキャベツを運んだ。その後ヤギを船に乗せて元の岸に戻り，ヤギを残してオオカミを運び，最後にヤギを連れて渡った。

○配点○

1・2 各2点×10 3 各3点×10(5完答) 4・5 各3点×10

6 1・6 各4点×2 他 各3点×4 計100点

＜英語解説＞

基本 1 (アクセント・発音)

(A) 1 (a)は第2音節，他は第1音節を強く読む。 2 (a)は第3音節，他は第1音節。 3 (d)は第1音節，他は第2音節。

(B) 1 (c)は [au]，他は [ou]。 2 (b)は [s]，他は [z]。

2 (単語)

1 「雨や雪が多く，強風，稲光もよく起きる，悪天候の期間」→ storm「嵐」

2 「特にスポーツ，大規模なロックコンサートなど，公共のイベントのための建物」→ stadium「スタジアム」

3 「1年の10番目の月で，9月と11月の間」→ October「10月」

4 「特に学校において人々が学ぶ教科に関する情報を有する本」→ textbook「教科書」

5 「病気の人を扱うよう訓練された人」→ doctor「医師」

3 **(語句補充・選択，比較，言い換え・書き換え，接続詞，共通語，不定詞，前置詞，正誤問題，分詞，関係代名詞，不定詞，対話文完成，語句整序，仮定法)**

1 「私は英語より理科のほうが得意だ」 be good at ～「～が得意だ」 ここでは than ～「～よりも」があるので比較級 better にする。

2 「もし急がなければ，あなたは電車に乗り遅れるでしょう」「急ぎなさい，さもないと電車に乗り遅れるでしょう」 ＜命令文, or …＞「～しなさい，さもないと…」

3 「私は眠すぎて勉強できなかった」「タカシは高齢男性に話しかけられた」 ＜too ＋形容詞＋to ＋動詞の原形＞「…すぎて～できない」 speak to ～「～に話しかける」の受動態は be spoken to「話しかけられる」 by ～「～によって」

やや難 4 (b)「私の周りの人は全員歌を歌うことが得意だ」 everyone「みんな，全員」は単数扱いなので，動詞は are ではなく is が正しい。

5 use を used「中古の，使用済みの」にして④に入れ，used stamps「使用済み切手」とする。「シホは約2000枚の使用済み切手を集めた」

6 目的格の関係代名詞は省略することができ，(c)の whom が該当する。(a)(d)は主格の関係代名詞，(b)は所有格の関係代名詞で，いずれも省略できない。

7 「私は大阪を訪れる機会がなかった」 下線部 to visitは直前の名詞を修飾する形容詞的用法の不定詞。(b)「私に何か温かい飲み物をください」が同じ用法。to drink は「飲むための」を表し，something を修飾する。

8 A：あなたは昨日，コンサートに行ったよね？ 楽しい時間を過ごした？／B：うん。あなたも私たちと一緒に来るだろうと思っていたわ。どうしたの？／A：母が病気で寝込んでいたの。／B：それはお気の毒に。今は良くなった？／A：うん，今は良くなっているわ。ありがとう。What's the matter with you? は「どうしましたか？」という決まった言い方。

9 命令文なので動詞の原形で始める。go to bed「寝る」 as … as you can「できるだけ…」

10 「私は十分なお金を持っていなくて残念だ」「十分なお金を持っていたらいいのに」 I wish I ＋動詞の過去形＞「～ならいいのに」は現在の事実に反する願望を述べる仮定法過去の文。

4 **(資料読解問題：内容吟味)**

1 「ほとんどの人は空気清浄機を機能で選ぶ」 図1のグラフ参照。function「機能」を重視して選んだ人が最も多い(35%)。

2 「空気清浄機を選ぶ時，メーカーについてはあまり気にしない」 図1のグラフ参照。maker「メーカー」を重視して選んだ人は「その他」を選んだ人を除いて最も少ない(7%)。

3 「FG-1は2台のうちでより人気の高い商品だ」 図2のグラフ参照。棒グラフが売上台数を表している。of the two「2つの中で」

4 「彼らは商品を6月に最もたくさん売る」 図2のグラフ参照。総売上高を示す線グラフより，6月が一番売上高が大きい。

5 「FGプロはFG-1より値段が高い」 図2のグラフの6月を参照する。棒グラフより，6月はFGプロとFG-1が同じ台数を売り上げているが，線グラフより，売上高はFGプロのほうが高い。よってFGプロのほうが値段が高い。2者の比較なので，比較級 more expensive とする。

5 （長文読解・紹介文：脱文補充，言い換え・書き換え，内容吟味，語句整序，助動詞，熟語，内容一致）

（全訳） 1900年，世界中で10万頭のトラがいた。現在はおよそ6,000頭だ。インドでは約3万頭いたが，その数は今や2,000である。当時，様々な国に8種類のトラがいた。今は5種類しかない。①私たちはその残りの3つを二度と見ることができない。

トラはネコ科の最大の動物で，シベリアトラは320キロになることもある。彼らは森，水，エサとして他の動物を必要とする。彼らはふつう日中に歩き回り，狩りをしている時は非常に長い距離を移動する。

トラは美しい動物だが，絶滅の危機に瀕している。なぜトラは消えつつあるのか。そしてなぜ他の種も私たちの世界から消えつつあるのか。

数百万年以上前には，300種以上の恐竜がいた。そして，6500万年前に何かが起き，今は恐竜はいない。ほぼ同時期に世界のすべての種の70％が絶滅した。海中の種のほとんどは，それより前，2億5000万年前に消えた。科学者たちは，過去に5回ほど大きな絶滅があったと考えている。たくさんの種が絶滅し，いくつかの異なる種が初めて出現した。

これらは大きな絶滅だったが，動物たちは常に自然界の変化による危機に直面している。時には何年も雨がほとんどなく，のどの乾いた動物たちは水を見つけられずに死んでしまう。大型動物が全ての小型動物を殺して食べてしまい，その後，大型動物はそれ以上エサがないため死んでしまう。自然界は変化するが，動物たちがそれと共に必ずしも変化できるわけではない。

しかし②今日，動物の種はより速く消えている。【C】これは6番目の大きな絶滅で，今は人間が動物たちにとって最大の危険である。もう一度トラについて考えよう。人間は彼らを恐れて殺す。彼らの美しい毛皮や薬のために殺す者もいる。大型動物を狩るのが好きだから彼らを殺すという者もいる。または人間が小型動物を全て殺してしまい，トラがエサを全く見つけられなくなる。人間が木を切り倒し，彼らの生息地も奪う。これら全ての方法で，トラは人間からの危険に直面している。

しかし問題はトラについてだけではない。世界の動物の約1%が，人間が殺しているせいで毎年絶滅している。③私たちは必ずしも自然から動物を守ることはできないが，私たちから彼らを守ることはできる。

重要 1 全訳下線部参照。空所【C】を含む段落は人間が動物を殺している現状について述べている。

重要 2 「その残りの3つは絶滅した」 第4段落第3文に became extinct「絶滅した」とある。

3 同段落では人間が動物に危害を加えていることを述べている。

4 not always ～「必ずしも～ない」 protect A from B「BからAを守る」

5 第2段落参照。シベリアトラは狩りをする時には遠くまで移動するので，(b)が誤り。

6 （長文読解・物語文：語句解釈，語句補充・選択，指示語，脱文補充，内容吟味）

（全訳） 昔，人や物を川の向こうへ運んで生計を立てている男がいた。しかし彼の船はとても小さかったので，1度に1人もしくは1つしか運べなかった。

ある日，その男は川を渡るべきもの3つを渡された。1匹のオオカミ，1匹のヤギ，キャベツの入った大きなカゴである。彼は1度に 1つしか運べなかったので，2つのものを残していき，それを取りに戻らなくてはならなかった。そして①それが問題だった！

「もし私がキャベツを持っていって，オオカミとヤギを残せば，オオカミはヤギを食べてしまうだろう！」と彼は思った。「そして私がオオカミを連れていって，キャベツと一緒にヤギを残せば，ヤギはキャベツを食べてしまうだろう！」

もちろん，彼にとって②最初にヤギを連れて渡り，オオカミと一緒にキャベツを残すことは可能だった。オオカミは③それらを食べないだろう。しかし，そうしたらどうなる？ 彼は2回目の移動でオオカミ④かキャベツのどちらかを連れて川を渡ることはできるが，そうすると彼が最後のものを取りに戻った間に，何かが食べられてしまうと思った。

「3つのものを川の反対側に渡す方法があるに違いない。1回に1つ，オオカミとヤギを一緒にしないで，ヤギとキャベツも一緒にしないで」と彼は独り言を言った。しばらくして，彼は答えを得た！

彼はオオカミがヤギを食べないよう，オオカミを縄で縛ったりしなかった。ヤギが③それらを食べないよう，キャベツのカゴを木に吊り下げたりもしなかった。【C】では，彼はどうしたのか？

②まず，男はヤギを連れて川を渡った。そして，彼は戻り，キャベツの入った大きなカゴを持って渡った。しかし彼はキャベツを置いた時，ヤギを船に乗せて川を渡って戻った。

川のこちら側に着いた時，男はオオカミを船に乗せてヤギを残した。そして彼はオオカミを連れて渡り，それをキャベツと一緒に残した。最後に，彼は戻ってヤギを連れて再び渡った。

やや難 1 that「そのこと」は下線部①の直前の2文の内容を指す。trouble「問題，厄介ごと」の具体的内容は，下線部①の直後の段落で述べられている。

2 全訳下線部参照。first「最初に，まず」

3 them は複数の名詞を指す代名詞なので，文章中の複数名詞を解答することがポイント。ここでは cabbages「キャベツ」(複数形)を指す。

4 either A or B「AかBのどちらか」

5 全訳下線部参照。then「それなら，そうしたら」

6 文章の最後の2段落の内容をまとめる。

★ワンポイントアドバイス★

6の長文読解問題は「川渡り問題」と呼ばれる，有名な論理パズルからの出題である。

<国語解答>

一 問一 a 組織 b 噴火 c そうしつ d またた e 連鎖 問二 隕石の落下 問三 B イ C ア 問四 エ 問五 (例) 人間の活動によって起きた環境問題について考えないこと。 問六 ア 問七 (例) 人間が環境破壊をやめても自然に元には戻らない状況。 問八 エ→イ→ア→ウ 問九 ウ 問十 ウ

二 問一 a ウ b ア 問二 ウ 問三 (例) 軍用犬の適性検査を受けて，アルマを合格させること。 問四 1 イ 3 ア 4 エ 問五 ① 夏に帰らない僕を咎めにきた ② 息子のウソを咎める 問六 結局，僕は 問七 ウ 問八 イ 問九 ア 問十 ウ

三 問一 a いぬい b うかがい 問二 ウ 問三 触る 問四 ① エ ② ウ 問五 たぬき 問六 ウ

○配点○

一 問一・問三 各2点×7 問五・問七 各4点×2 他 各3点×6

二 問一・問四・問五・問七 各2点×8 問二 3点 問三 5点 他 各4点×4

三 問一・問三・問六 各2点×4 他 各3点×4 計100点

＜国語解説＞

一 **(論説文―大意・要旨，内容吟味，文脈把握，段落・文章構成，脱文・脱語補充，漢字の読み書き，品詞・用法)**

問一　a　特定の役割をもつ人々で構成された秩序ある集団。　b　火口から溶岩や火山ガスが噴き出すこと。　c　失うこと。「喪」の訓読みは「も」。　d　音読みは「シュン」で，「瞬時」などの熟語がある。　e　物事が互いにつながっていること。「鎖」の訓読みは「くさり」。

問二　直後の段落で，過去に起こった生物の大量絶滅について説明している。直後の段落の最後で「現在進行中の大絶滅」について，「人間の活動が原因で引き起こされています。隕石の落下級以上のダメージを人間が地球に与えているのです。」とあり，ここから適当な一文を探す。

問三　――線Bは伝聞の意味を表す助動詞で，同じ意味・用法のものはイ。アとエは様態の意味を表す助動詞。ウは代名詞と断定の意味を表す助動詞。――線Cは限定の意味を表す副助詞で，同じ意味・用法のものはア。イとエは程度，ウは完了して間がない，という意味を表す副助詞。

問四　1　直前の「生物種の特に多い場所」から，生物を育てるという意味の「ゆりかご」が当てはまる。　2　前の「有機物を分解」「窒素やリン，栄養塩類や二酸化炭素も吸収」「酸素を供給」から，排水などを浄化するという意味の「浄化槽」が当てはまる。

問五　同じ文の「これから先はどうなるかわかりません」は，何に対してわからないとしているのか。これより前で，人間の活動によって環境問題が起きていることを述べており，この問題を考えずに「わからない」としていることを「あまりにも無責任」としている。

問六　直後の文と一つ後の文で例を挙げた後，「これだけ多量に，しかも急激にいなくなると，似たようなニッチの生き物が抜けた穴を補うことがもはやできなくなります」と理由を述べている。イの「他の環境からの移動」や，ウの「バランス」については述べていない。エの「バッファー効果が働く」かどうかは，「人間が関与している絶滅」であることに関係していない。

問七　直後の文に「手遅れ」とあり，その後に「環境破壊をいますぐやめても自然に元には戻れないレベルまできている」と具体的に説明している。この内容を「～状況」につなげてまとめる。

やや難　問八　新しい「適応放散」という語を提示しているエが最初に入る。エの「別の生き物が……適応・進化してその場所で生活できる例」としてイの「爬虫類」と，さらにアの「鳥類」を挙げている。最後に「爬虫類」と「鳥類」を「小型の生き物」として，言い換えているウが入る。

問九　同じ文の「恐竜から進化した鳥が生き残ったように，主役から脇役に変化した『元人類』」という文脈から，「鳥」と「元人類」の共通点を読み取る。進化前は主役だった点とあるウが正しい。他の選択肢は，この文脈に合わない。

重要　問十　最終段落の「現在進行中の絶滅の時代も，同様に新しい地球環境に適応した新種が現れて，地球の新しい秩序ができ上がっていく」を，「生物の関係性・秩序が変化していく」と言い換えているウが一致する。ア「開発を続けていくべき」，イ「人類全体で今後の人類の進むべき道を考え足並みそろえるべき」，エ「生物の繁殖の仕方」に通じる叙述はない。

二 **(小説―主題・表題，情景・心情，内容吟味，文脈把握，脱文・脱語補充，語句の意味)**

問一　a　竹がまっすぐに割れることからできた。　b　釘を打って固定することからできた。

基本　問二　直後の段落に「アルマのことを真剣に考えるなら，慎太郎さんに預かってもらうのが一番いいと思った」とあることから，「不安になったから」とあるウがふさわしくない。――線Aの直後「情けない」にアが，設問の説明にイが，前の「川上さんも最初，そのつもりだったし，それに……僕にはお金がありません……」という「僕」の言葉にエはふさわしい。

やや難　問三　後の「秋にこの公園で軍用犬の適性検査がある……優秀な犬なら認めてくれるはずだ。合格すれば，その犬の食糧として軍から肉が支給される」という慎太郎さんの言葉に着目する。この内容を「アルマ」という言葉を用いて簡潔にまとめ,「～こと。」で結ぶ。

問四　1 「僕」は「やはり家を出すんじゃなかった」「学校なんて今すぐやめさせろ」という言葉を想像していたが,継母が伝えた父の言葉は「太一の好きにさせればいい」というものである。驚いて聞き返す様子を表す会話文が入る。　3　前の「私が今日来たのは,それでもあなたがウソの手紙を送ってくるからです。母としてこんな情けないこと,ありますか?」という継母に対して,「僕」が謝る会話文が入る。　4　前の「覚えていますか?」に対する答えなので,「はい」か「いいえ」が入る。

問五　継母が来た理由を述べている部分に着目する。少し後の「継母は夏に帰らない僕を咎めに来たに違いなかった」から,(　1　)に入る内容を探す。「実際」の理由を述べている部分を探すと,「継母の愛は」で始まる段落で「この人は,息子のウソを咎めるために,わざわざ汽車に乗ってやってくる」とある。ここから,(　2　)に入る内容を読み取る。

問六　――線Dは,家族に対する不満を述べるものである。継母が来て「伯母様の手紙」を見せながら話した後,「僕」は「……申し訳,御座いませんでした」と反省している。その後で「結局,僕は家族に甘えていただけなのだろう。」と,「僕」の家族に対する受け止め方が変化している。

やや難 問七　手紙の末尾「暑さ厳しき折」という表現や,前に「お盆の準備」とあるので,八月のお盆の前の挨拶を選ぶ。アは初夏の五月頃,イは秋,エは八月のお盆以降の季節の挨拶。

問八　直前の「私が今日来たのは,それでもあなたがウソの手紙を送ってくるからです」や,後の「男子なら自分の進むべき道を自分で決めるべきだ」という継母の言葉から,「僕」が犬を世話していることを隠すためにうそをついていたことを「情けない」と思ったとわかる。この内容を述べているイを選ぶ。継母が「情けない」としているのは「ウソの手紙」に対してで,ア「犬の世話に明け暮れている」やウ「仕送りのお金を……犬のエサ代として使っている」ことに対してではない。「僕」は,エの「犬が心配だから」とは手紙に書いていない。

問九 「継母と初めて食事をした時」以来,継母はなすを「僕の好物と思い込み,僕もそれを否定できないで今に至っている」という描写から,「僕」が継母を「おふくろ」として愛情を感じていることが読み取れる。この内容を述べているアを選ぶ。イの「故郷を思い出す」やエの「常識はずれな性格」を表すものではない。継母は厳しい言葉であるが「僕」に対する愛情を注いでいるので,ウの「唯一自分に愛情を示してくれるもの」は合わない。

重要 問十　本文は,「僕」を取り巻く大人たちが,さまざまな形で「僕」に対する愛情を注ぐ姿を描写している。周囲の大人たちは「やさしき人々」であると「僕」が気づくという主題にふさわしい副題を選ぶ。

三 (古文一内容吟味,指示語の問題,漢字の読み書き,語句の意味,仮名遣い,文学史)

〈口語訳〉 ある夜午前二時頃に,病がやや落ち着いたので,便所に行こうと思ってふらつきながら起きた。便所は奥の間の縁側を回って北西の方角の隅にある。灯火も消えてたいそう暗いので,間の襖を開けて,まず右足を一歩差し出したところ,何やらむくむくと毛が生えたものを踏み当てた。気味が悪かったので,すぐに足を引いて寄せて(様子を)うかがったが,物音もしない。不思議で恐ろしかったが,覚悟を決めて,今度は左の足で,ここだろうと思って勢いよくけった。けれども全く触れるものはない。ますます事情がわからず,ぞっとしたので,ぶるぶるとふるえながら寺の住職たちが住む所へ行って,法師や召し使いなどがぐっすり寝入っているのを起こして,かくかくしかじかと語るとみな起き出した。灯火を多く照らして奥の間に行って見ると,襖や障子はいつものように鍵がかかっていて,逃げ出す隙間もなく,当然怪しい者の影さえ見えない。みなが言う,「あなたは病に冒されて,みっともない嘘を言ったのだろう」と,怒り腹を立てながらみな寝てしまった。なまじっかありえないことを言ってしまったものだと,恥ずかしく思って自分も寝床に入った。

基本 問一　a 「ゐ」は，「い」に直す。　b 語頭以外のハ行は，現代仮名遣いではワ行に直す。

問二　古語の「あやし」には，不思議だ，身分が低い，みすぼらしいという意味がある。

問三　右足で踏んだものを確かめようと，左足で蹴った場面である。足に「さわる」と考える。

重要 問四　①　直前に「法師・下部などのいたく寝ごちたるをうちおどろかして」とあるので，「夜通し話をしていた」とあるエがふさわしくない。「おどろかす」には，起こすという意味がある。

②「怒り腹立ちつつみな臥したり」とあるのは仲間で，作者は「なかなかにあらぬこと言ひ出でけるよと，おもなくて」とある。「仲間に腹を立てて」とあるウがふさわしくない。

基本 問五　狐とともに人をだますとされた動物は，「たぬき」。

問六　アとイは鎌倉時代の作品，エは奈良時代の作品。

★ワンポイントアドバイス★

論理的文章の文の整序問題では，接続詞に注目しよう。

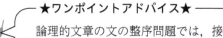

オープン

2023年度

解　答　と　解　説

《2023年度の配点は解答欄に掲載してあります。》

＜数学解答＞

1　(1)　15　(2)　4　(3)　$\frac{5}{12}$　(4)　$-8y^2$　(5)　$\frac{a+b}{10}$　(6)　$3\sqrt{3}$　(7)　$2x-5$

2　(1)　$(a+6)(a-2)$　(2)　$x=-3,\ 6$　(3)　$x=\frac{1}{2},\ y=2$　(4)　4　(5)　72°

3　(1)　$a=\frac{1}{2}$　(2)　$m=-\frac{1}{2},\ n=2$　(3)　E$(-4,\ 4)$

4　(1)　$\frac{1}{18}$　(2)　$\frac{5}{36}$

5　(1)　2cm^2　(2)　18cm　(3)　19cm

6　(1)　$\sqrt{146}$cm　(2)　378cm^3

7　(1)　証明　解説参照　(2)　48cm^2

○配点○

1　各3点×7　2　各4点×5　3～6　各5点×10　7　(1)　5点　(2)　4点

計100点

＜数学解説＞

基本　1　(数・式の計算，平方根の計算)

(1)　$12-(-3)=12+3=15$

(2)　$6+4\div(-2)=6-2=4$

(3)　$\frac{1}{6}+\left(-\frac{1}{2}\right)^2=\frac{1}{6}+\frac{1}{4}=\frac{2}{12}+\frac{3}{12}=\frac{5}{12}$

(4)　$4xy^2\div(-3x^2)\times6x=-4xy^2\times\frac{1}{3x^2}\times6x=-8y^2$

(5)　$\frac{a-b}{2}-\frac{2a-3b}{5}=\frac{5(a-b)-2(2a-3b)}{10}=\frac{5a-5b-4a+6b}{10}=\frac{a+b}{10}$

(6)　$\sqrt{48}-\sqrt{24}\div\sqrt{8}=4\sqrt{3}-\sqrt{3}=3\sqrt{3}$

(7)　$(x+2)(x-2)-(x-1)^2=x^2-4-(x^2-2x+1)=x^2-4-x^2+2x-1=2x-5$

基本　2　(因数分解，二次方程式，連立方程式，式の値，角度)

(1)　$(a+2)^2-16=(a+2)^2-4^2=(a+2+4)(a+2-4)=(a+6)(a-2)$

(2)　$x^2-3x-18=0$　$(x+3)(x-6)=0$　$x=-3,\ 6$

(3)　$2x-3y=-5$…①　$-6x+4y=5$…②　①×3＋②から，$-5y=-10$　$y=2$　①に$y=2$を代入して，$2x-3\times2=-5$　$2x=1$　$x=\frac{1}{2}$

(4)　$(a+b)^2-4ab=a^2+2ab+b^2-4ab=a^2-2ab+b^2=(a-b)^2=\{\sqrt{2}+1-(\sqrt{2}-1)\}^2=2^2=4$

(5)　∠ABD$=a$とすると，∠ABC$=2a$　△ABCは二等辺三角形だから，∠ACB＝∠ABC$=2a$　△BCDも二等辺三角形だから，∠BDC＝∠BCD$=2a$　△ABDにおいて内角と外角の関係から，∠BAD＝∠BDC－∠ABD$=2a-a=a$　△ABCの内角の和から，$a+2a+2a=180°$　$5a=180°$　$a=36°$　よって，∠BDC$=2a=2\times36°=72°$

3 (図形と関数・グラフの融合問題)

基本 (1) $y=ax^2$に点Bの座標を代入すると，$2=a\times2^2$　$4a=2$　$a=\frac{1}{2}$

(2) C(0, 2)から，$n=2$　OD=2OC=2×2=4から，D(4, 0)　$m=\frac{0-2}{4-0}=-\frac{2}{4}=-\frac{1}{2}$

(3) (2)より，直線CDの式は，$y=-\frac{1}{2}x+2$…②　点Aはy軸に関して点Bと対称な点だから，A(−2, 2)　直線OAの傾きは，$\frac{0-2}{0-(-2)}=-\frac{2}{2}=-1$　よって，直線OAの式は，$y=-x$…③　②と③からyを消去すると，$-\frac{1}{2}x+2=-x$　$\frac{1}{2}x=-2$　$x=-4$　③に$x=-4$を代入して，$y=-(-4)=4$　よって，E(−4, 4)

4 (確率)

(1) 大小2つのさいころの目の出かたは全部で，6×6=36(通り)　そのうち，箱の中の玉の個数が14個になるのは，(大, 小)=(5, 1)，(6, 2)の2通り　よって，求める確率は$\frac{2}{36}=\frac{1}{18}$

(2) 箱の中の玉の個数が9個になる場合は，(大, 小)=(1, 2)，(2, 3)，(3, 4)，(4, 5)，(5, 6)の5通り　よって，求める確率は$\frac{5}{36}$

5 (方程式の応用問題)

基本 (1) 23÷7=3あまり2から，作業①により，1辺が7cmの正方形が3枚切り取ることができ，7÷2=3あまり1から，作業②により，1辺が2cmの正方形が3枚切り取ることができる。その結果，2辺が2cmと1cmの長方形が残るので，2×1=2(cm^2)

(2) もとの長方形の縦の長さを$x$cmとすると，大きい正方形の1辺の長さはx，小さい正方形の1辺の長さは$60-3x$　長方形が残らなかったことから，$x=3(60-3x)$　$x=180-9x$　$10x=180$　$x=18$

重要 (3) もとの長方形の横の長さを$y$cmとすると，小さい正方形の1辺の長さは$y-8\times2=y-16$　残った長方形の縦の長さは$8-2(y-16)=8-2y+32=40-2y$，横の長さは$y-16$　よって，残った長方形の面積から，$(40-2y)(y-16)=6$　$40y-640-2y^2+32y=6$　$2y^2-72y+646=0$　$y^2-36y+323=0$　$(y-17)(y-19)=0$　$y=17, 19$　$y=17$のとき，17÷8=2あまり1，8÷1=8で，小さい正方形は8枚できるので適さない。$y=19$のとき，19÷8=2あまり3，8÷3=2あまり2で，残った長方形の縦の長さは2，横の長さは3，2×3=6となり適する。よって，もとの長方形の縦の長さは19cm

6 (空間図形の計量問題－三平方の定理，切断，体積)

基本 (1) $PE=12\times\frac{2}{3}=8$，$QG=12\times\frac{1}{3}=4$　点QからAEへ垂線QIをひくと，$QI=CA=\sqrt{7^2+9^2}=\sqrt{130}$，$PI=8-4=4$　△PQIにおいて三平方の定理を用いると，$PQ=\sqrt{(\sqrt{130})^2+4^2}=\sqrt{146}$(cm)

重要 (2) 点PからBFへ垂線PJ，点QからBFへ垂線QKをひくと，求める体積は，直方体ABCD－IKQRの体積から，三角柱PIR－JKQの体積をひいたものになる。よって，$9\times7\times8-\frac{1}{2}\times9\times4\times7=504-126=378$(cm^3)

7 (平面図形の問題－三角形の相似の証明，面積)

(1) (証明) △AGEと△CDEにおいて，対頂角は等しいから，∠AEG=∠CED…①　仮定から，BC=2AD…②　BC=2FC…③　②，③より，AD=FC…④　また，AD//FC…⑤　④，⑤より，1組の対辺が平行で長さが等しいので，四角形AFCDは平行四辺形である。よって，AF//DCより平行線の錯角は等しいから，∠AGE=∠CDE…⑥　①，⑥より，2組の角がそれぞれ等しいから，△AGE∽△CDE

重要 (2) GF//DCより，△GBF∽△DBC　相似比は，BF：BC=1：2　よって，面積比は，△GBF：△DBC=1^2：2^2=1：4　したがって，△DBC=4△GBF=4×8=32　△BADと△DBCのそれぞれAD，BCを底辺とすると，高さは同じだから，面積比は底辺の比と等しくなる。よって，

$\triangle BAD : \triangle DBC = AD : BC = 1 : 2$　したがって，$\triangle BAD = \frac{1}{2}\triangle DBC = \frac{1}{2} \times 32 = 16$　ゆえに，台形ABCDの面積は，$\triangle DBC + \triangle BAD = 32 + 16 = 48(cm^2)$

★ワンポイントアドバイス★

[5](3)のような文章問題では，計算で求めた答えが問題に適しているか確認することを怠らないようにしよう。

＜英語解答＞

[1] (A) 1 (a)　2 (d)　3 (c)　(B) 1 (d)　2 (d)

[2] 1 earthquake　2 library　3 February　4 calendar　5 engineer

[3] 1 (d)　2 better than　3 in　4 (b)　5 誤っている箇所 ②　正しい形 rains　6 (a)　7 (a)　8 (d)　9 He has been working in the hospital for a long time.　10 too expensive, to

[4] 1 (c)　2 (b)　3 (b)　4 (c)　5 (c)

[5] 1 2015年にコスタリカで保護されたウミガメの鼻の中にプラスチックストローが刺さっていて，その画像が世界中に広まり，心を痛めた多くの人がプラスチックストロー使用の反対運動を始めたから。　2 (c)　3 (b)　4 危険な科学物質と混ざり合ったマイクロプラスチックを小さな魚が食べ，その小さな魚をより大きな魚が食べるという連鎖の後，それらの魚を人間が知らずに食べるかもしれないから。　5 (c)

[6] 1 自分は勉強もスポーツを苦手なのに，全てにおいて優れているジャックは裕福で，容姿も整っているから。　2 父親が仕事を失い，お金に困っていたから。　3 (b)　4 宿題にかける時間が減ったのに，学校の授業が簡単に思えるようになり，成績が上がった。
5 (b)

○配点○

[1]・[2] 各2点×10　[3] 各3点×10(5完答)　[4] 各3点×5　[5] 1・4 各4点×2
他 各3点×3　[6] 1・2・4 各4点×3　他 各3点×2　計100点

＜英語解説＞

基本 [1] (アクセント・発音)

(A) 1 (a)は第1音節，他は第2音節を強く読む。　2 (d)は第2音節，他は第1音節。　3 (c)は第2音節，他は第1音節。

(B) 1 (d)は [iː]，他は [ei]。　2 (d)は [uː]，他は [ʌ]。

[2] (単語)

1 「しばしば大きな被害を引き起こす，地球表面の突然の振動」→ earthquake「地震」

2 「見たり借りたりできる本を備えた，部屋や建物」→ library「図書館」

3 「1年の2番目の月で，1月と3月の間」→ February「2月」

4 「ある特定の年の日，週，月を示すページの集まりで，ふつう壁にかける」→ calendar「カレンダー」

5 「道路，橋，機械を設計したり作ったりするのが仕事の人」→ engineer「エンジニア，技術者」

3 (語句補充・選択，比較，言い換え・書き換え，共通語，前置詞，受動態，正誤問題，時制，不定詞，分詞，対話文完成，語句整序，現在完了，進行形，熟語)

1 「父は以前よりもよく注意して車を運転する」 副詞 carefully「注意して」 ここでは than ～「～よりも」があるので比較級 more carefully にする。

2 「ジョージはマイケルほど上手にサッカーができない」「マイケルはジョージよりも上手にサッカーができる」 well「上手に」の比較級 better を入れ，better than ～「～よりも上手に」とする。

3 「この町で最も人気のあるレストランは博物館の前にある」「私の姉は写真を撮ることにとても興味がある」 in front of ～「～の前に」 be interested in ～「～に興味がある」

やや難 4 (b)「ここでは夜にたくさんの星が見られる」「～される」を表す受動態の文になるよう，seeing ではなく過去分詞 seen とする。can be seen で「見られる」となる。

5 時・条件を表す副詞節中では未来のことでも現在形で表すので，②は rains が正しい。「雨が降る前にこの仕事を終わらせなさい，そうすればあなたは次の仕事を引き受けることができる」

やや難 6 (a)「私は昨日，弟が宿題をするのを手伝った」 < help ＋人＋(to ＋)動詞の原形>「(人)が～するのを手伝う」 この to は省略可能。

7 「私は上る太陽を窓から見た」 下線部は名詞を修飾する形容詞的方法の現在分詞。(a)「お母さんの腕の中で微笑んでいる赤ちゃんはとてもかわいかった」が同じ用法。

8 少女1：彼女のリュックサックを見て。素敵ね。／少女2：わあ！ あれは本当に格好いいね。／少女1：私はとても気にいったわ。同じものを手に入れる方法がわかる？／少女2：そうねえ，ネットで見つかるかもしれないわ。 might は「～かもしれない」を表す助動詞。

9 「(現在まで)ずっと～している」は現在完了進行形 have been ～ing で表す。for a long time「長い間」

10 「その辞書はとても高かったので私は買えなかった」 < so … that ＋主語＋ can't ～>< too … for ＋人＋ to ＋動詞の原形>「…すぎて(人は)～できない」

やや難 **4** (資料読解問題：内容吟味)

1 「あなたは2022年で何月に最も勉強したか」「3月」 【A】のグラフ参照。あなたの学習時間は3月が最も多い。

2 「友人Aにとってどの教科が最も悪かったか」「社会」 【B】のグラフ参照。友人Aは社会が40点で最も悪かった。

3 「グラフ【A】は何を示しているか」「学習時間」 グラフのタイトル参照。

4 「生徒たちはどの教科で最も高い点数を取ったか」「英語」 【B】のグラフ参照。どの生徒も英語の点数が5教科中最も高い。

5 「試験のためにもっと勉強する必要があったのは誰か」「友人B」 【B】のグラフ参照。友人Bは4人の中で最も成績が悪いので，もっと勉強する必要があったと言える。

5 (長文読解・紹介文：内容吟味，脱文補充，語句整序，熟語，内容一致)

(全訳) ファーストフードレストランで冷たい飲み物を楽しんだことはありますか。2018年の夏，驚くべきニュースが世界中で報道された。スターバックスが2020年までに世界中の全ての店舗でプラスチックストローをやめることにしたのだ。マクドナルドも英国で紙ストローの使用を開始すると言った。そして2025年までに全てのプラスチック容器をリサイクル可能なものに変更する予定だ。①なぜ，この2つの大企業はこのような決定をしたのか。

この動きは，2015年にコスタリカで発見されたウミガメと共に始まった。そのウミガメは具合が悪そうだったので捕獲された。人々はそれを心配した。そして，ある女性が何かがその鼻に突き刺さっていることに気づいた。彼女がそれを引き抜こうとすると，そのウミガメは目を閉じて首を振った。血がその鼻からポタポタと垂れていた。ようやくプラスチックストローが出てきた。それは長さ10センチほどだった。これらの写真はインターネットを通じて世界中に広がった。これは人々を悲しませ，大勢の人々がプラスチックストローの使用をやめる運動を開始した。それ以来，海の汚染について考える人が増えている。

もちろん，プラスチックストローは海の汚染の一例にすぎない。海を汚染するプラスチックごみは，他に多くの種類がある。海岸沿いを歩けば，たくさんのペットボトルや，ビニール袋，ビニールロープを見かける。それらが海に入ると，長い距離を運ばれる。それらが自然に消えることは決してない。これらのものは多くの種類の海洋生物を殺す。【C】例えば，アシカは泳いでいる時にビニールロープに絡まる。彼らはロープをほどけない。ウミガメはビニール袋を食べる，なぜならそれがお気に入りのエサであるクラゲのように見えるからだ。彼らはその袋を体外に出すことができない。②結果として，彼らは死ぬ。プラスチックごみは海洋生物にとって非常に危険だ。

また，③プラスチックごみは人間にとっても危険になりうる。それは数年後，海の中で粉々になる。5ミリよりも小さくなるものもある。それらは「マイクロプラスチック」と呼ばれる。それらは危険な化学物質と容易に混ざる。小さな魚がそれらを食べ，より大きな魚がその小さな魚を食べ，どんどん続く。このようにして，私たちは知らずに健康的ではない海産物料理を食べてしまうかもしれない。マイクロプラスチックは人間の健康にも悪い影響を持つ。

2050年までに，海には魚よりたくさんの量のプラスチックごみがあるだろう，と報告する科学者たちもいる。驚くべきことに，プラスチック製品の半分はたった1回使っただけで捨てられる。プラスチックストローをやめることは海の環境を守ることの始まりにすぎない。私たち1人1人がプラスチック製品に対する態度を改めなくてはならない。私たちは環境にやさしい製品を選ぶべきだ。私たちの地球と私たちの未来のために，より良い選択を始めよう。

やや難 1 下線部①の質問に対し，直後の第2段落がその答えとなっている。

重要 2 全訳参照。【C】の直前の many types of sea life「多くの種類の海洋生物」の例として，sea lion「アシカ」について述べる。アシカはビニールロープに絡まってしまうが，そのロープをほどけない，とつながる。

3 as a result「結果として」

4 【D】の直後の2文参照。食物連鎖によって人間もマイクロプラスチックを食べる可能性がある。

5 下線部①の直前の文参照。主語 it は McDonald's を指しており，「全ての企業」ではない。よって(c)が誤り。

6 (長文読解・物語文：語句解釈，内容吟味，内容一致)

(全訳) クリーブは一生懸命勉強したが，学校の勉強ではうまくいかず，たいていテストや試験をギリギリで合格するか，ギリギリで落第した。さらに，彼はスポーツも得意ではなかったので①彼は人生は不公平だといつも思っていた。彼は教室のあちら側にいるジャック・カミングズを見た，彼は何もかも得意で，裕福で，見た目すらも良かった。母は彼に，他の人より一生懸命にやらなくてはならない人もいるけれど，それはラッキーなことなのだ，と言った。彼はこのことを理解できなかったが，それは彼女の強い信念だった。

ある日，彼が16歳の時，悪いことが起きた。父が失業し，それから1日中座ってテレビを見るだけになってしまった。母は日曜大工の店でパートタイムの仕事を続けたが，食事の時に肉がめったに出なくなり，父が道路税を払えないために車の運転をやめてしまった時，十分なお金がないことが明らかとなった。

「アルバイト　夕方の接客　募集　詳細は店内で」とスーパーの窓の張り紙に書いてあった。

クリーブはためらった。彼は覚えるのが遅く，良い従業員にはなれないかもしれないと不安に思った。他方で，彼の家族にはもっとお金が必要であり，もし彼が家族を助けられれば，気分良く感じるだろう。お金を稼ぐことは，学校の出来がひどいことも穴埋めしてくれるかもしれない。

彼は翌日の夕方から働き始め，1週間に3晩の勤務を与えられた。彼が驚いたことに，両親は彼の学校の宿題の心配をして，彼の仕事を喜ばなかった。他方で，②彼らは彼が働くのをやめさせようとはしなかった。

仕事は簡単だった。彼は棚がいつも商品で埋まっているようにして，巨大な店内で客がものを見つけるのを手伝わなくてはならなかった。彼は様々な全ての商品がどこにあるのか注意深く覚え，ブランド名すら覚えようとした。彼は場所がわからなかったり困ったりしている様子の客をいつも注意深く見ていて，彼らと会話しながら，カレー粉，電気製品，靴磨き，コーヒーなど，彼らがほしいものの場所へ連れて行った。彼はその店にとても詳しくなったので，レジ係はレジで値段の不一致があると彼を呼ぶようになった。店長さえも時々，彼の意見を求めた。同じように，客も彼のことを探すようになり，「あの頭が良くて感じのいい若者」に接客されたがった。クリーブは③自分の仕事を愛し，夕方からの勤務を心待ちにした。

同時に，④大変奇妙なことが学校で起きるようになった。宿題に費やす時間が少なくなったにも関わらず，彼は学校の授業を簡単に思うようになり，成績も良くなった。彼は店の仕事が上手にできているとわかっていたので，自分が以前より賢くなったと感じ，先生の質問にも前より多く答えるようになった。先生たちが彼に気づくと，彼はさらに自信がついた。

1　第1段落第1～3文参照。勉強もスポーツも不得意な自分と，何でも出来が良くて裕福で容姿も良いジャックを比較し，不公平だと思った。

2　第2段落参照。父親が失業してお金に困っていたため，両親はクリーブが働くのを快く思わなかったものの，やめさせようとはしなかった。

3　(b)については本文中に書かれていない。

やや難　4　下線部④の直後の文参照。Despite fewer hours being spent on homework は「より少ない時間が宿題に費やされたにも関わらず」(宿題に費やす時間が減ったにも関わらず)という意味。improve「良くなる」

5　(b)が第1段落最後から2番目の文の内容と一致する。

★ワンポイントアドバイス★

5の長文読解問題はプラスチックによる海洋汚染がテーマになっている。環境問題やSDGsに関する長文は今後も出題が予想される。

＜国語解答＞

一　問一　1　孤独　2　極端　3　いつだつ　4　わくせい　5　ぶとう　問二　ア
問三　イ　問四　エ　問五　ウ　問六　都会の住民　問七　エ
問八　人間にとって最善である状態　問九　①　コミュニケーション　②　市民社会
③　宇宙市民

二　問一　a　エ　b　ア　問二　楽しいうどんパで妙なことになった。　問三　(例)　後ろめたく思うことで，サダにやり返すという目的を達成できなくなることを心配し，奮い立たせるため。　問四　ア　問五　エ→ア→ウ→イ　問六　(例)　果たしてうまく言えるだろうか。　問七　(例)　勇気を出しても，サダの胸を見るのが精いっぱいだったから。　問八　(例)　サダをやり込めることができたから。　問九　(例)　やりすぎてしまった。
問十　エ

三　問一　a　いたり　b　おわす　問二　エ　問三　イ　問四　ウ　問五　はれものの大事にて物も言はぬにや　問六　ウ　問七　イ

○配点○

一　問一・問九　各2点×8　問五・問六・問八　各4点×3　他　各3点×4

二　問一　各2点×2　問四　3点　問三　5点　他　各4点×7

三　問一・問二・問七　各2点×4　他　各3点×4　計　100点

＜国語解説＞

一　(論説文一大意・要旨，内容吟味，文脈把握，接続語の問題，漢字の読み書き)

問一　1　「孤」を使った熟語には，他に「孤高」などがある。「独」の訓読みは「ひと(り)」。
2　普通の程度から大きく外れていること。「極」の他の音読みは「ゴク」。　3　本筋からそれること。「逸」を使った熟語には，他に「秀逸」「散逸」などがある。　4　恒星の周囲を公転する比較的大きな天体。「惑」の訓読みは「まど(う)」。　5　踊ること。「踏」の訓読みは「ふ(む)」。

問二　1　「自然状態を脱した人間は……家族や地域の共同体を形成し，言語を共有するようになります」という前に対して，後で「人間にとって最善である状態は最初だけ」と相反する内容を述べているので，逆接の意味を表す言葉が当てはまる。　2　前の「法が生まれたり，父権が確立し」に，後で「国民と為政者との間の社会契約が生じたりすると」と付け加えているので，添加の意味を表す言葉が当てはまる。　3　前の自然状態を脱した人間がいたる「社会的プロセス」について，後で「法とは強者による掟」で，法による社会は「不平等を許す社会」と言い換えているので，説明の意味を表す言葉が当てはまる。

問三　同じ文の「ルソーは高校の倫理の教科書などでは……啓蒙主義の思想家の一人として数えられることが多いですが」「彼自身の思想としては……一貫して反対していました」という文脈から判断する。「高校の倫理の教科書」を読むのは「現代の人々」なので，イを選ぶ。

問四　「自然人」について，直前の文で「いかなる社会関係もなく，個人間に相互依存関係がない」と説明している。対義語は，社会において相互に関係している人となる。

やや難　問五　直前の文の「市民であることと自由主義，民主主義の社会とは両立可能であると強く訴えようとした思想家も，少なくありません」が，——線Cの「根拠」となっている。「思想家」の具体的な名前を挙げて，少なくないこととしているウを選ぶ。

問六　——線Dの「一種の称号」は，同じ文の「宇宙市民」を意味している。「宇宙市民」という語に着目すると，直後の段落に「ルソーのいう『都会の住民』としての宇宙市民の想定」とあるのに気づく。ここから，適当な5字を抜き出してうめる。

基本 問七 「そのためにも」は，前を理由として受けて後に続くという意味なので，順接の意味を表す接続詞を選ぶ。

問八 ――線F「感情的連帯感」は，直前の「音楽や舞踏などを通じて」得られるものである。本文前半の「ルソーによれば」で始まる段落に「社会化のプロセスにおいて，人間にとって最善である状態は，人びとが歌や踊りで結びついた萌芽的な社会の段階」と同様の表現を含む部分があり，ここから共同体の状態にあたる部分を抜き出す。

やや難 問九 1 「インターネットの普及によって人々の」何の「ありかたが根本的に変わる」のか。「コミュニケーション」などの語を想定し，文中から探す。 2 「パソコン」や「スマホ」を使う人間が，「身を置いている」のはどこか。「とはいえ」で始まる段落に「市民社会」という語がある。 3 直後の「宇宙に身を置く人々」のことを，筆者は文中で「宇宙市民」としている。

二 **(小説―情景・心情，内容吟味，文脈把握，段落・文章構成，脱文・脱語補充，語句の意味)**

問一 a 「こんわく(して)」と読む。「困」り「惑」う，と考える。 b 「こうよう(して)」と読む。気持ちが「高」く「揚」がる，と考える。

基本 問二 この後で「心づくしの食事で，おかしなことになったこと」を述べると推察する。後で「小学5年の5月のこと」とあり，その前の「楽しいうどんパで妙なことになった」に着目する。

やや難 問三 「ぼく」は，サダにいじめられていることをケン兄に相談しようとしている。「サダの，痛いところをつけ」という助言に「そういうのは……。卑怯じゃない？」と答える「ぼく」に対して「怖い顔をしてテーブルをたたいた」ケン兄の心情を理由とする。後の「友達を集団で無視するほうがよっぽど卑怯だ。正当防衛なんだ。やらなきゃ，やられちゃうんだぞ。」という言葉からは，「ぼく」が後ろめたく思って，サダにやり返すという目的を達成できなくなることをケン兄が心配し奮い立たせようとしていることが読み取れる。この内容を「～ため。」などに続ける。

問四 前に「サダは……お母さんを亡くし，父親とふたり暮らし」とある。――線C「授業を受けているときのようなうんざりとした表情」からも，サダにとってハンバーガーを外食することはよくあることだと想像できる。「慣れ」とあるアを選ぶ。

問五 [1] の前の「武士の刀」は，「友達をいじめるのは，母親の愛情を知らないからだ」という言葉をたとえて言っている。いきなり提示された「武士の刀」について説明するエが1番目に入る。その「刀」から想像されることを述べたアが，2番目に入る。[1] の後に，「だからサダに，『ぼくは刀を持っている……』ってメッセージを送る」とあるので，4番目には「刀が見えない」とあるイが入る。

問六 ケン兄の解決策は，「ぼく」に対する嫉妬心からいじめをしていると，サダにメッセージを送るというものである。直前の文に「きちんと立ち向かうことを約束する」とあるが，――線Dの「……」からは，果たしてサダにうまく言えるだろうかという不安が読み取れる。

やや難 問七 直前の段落の「力一杯竹刀をふり，水を浴びて登校した」からは，「ぼく」が勇気を出してサダに立ち向かおうとする様子が読み取れる。直後の「無視なんてくだらない真似はやめろ……それだけじゃさみしいだろうから，うちの母さん特製の天ぷらを土産に持っていってやる」という言葉は，サダを傷つけるものだと「ぼく」は承知していたので，サダの目を見て言うことができず，胸のあたりを見るのが精いっぱいだったからだとわかる。

問八 ――線Fの「これ」は，「ぼく」が「考えてきた文言」を指している。直後に「サダの顔色が見る間に真っ赤になり……机に伏してしまった」とあるように，「ぼく」はサダをやり込めることができたのである。この内容を「～から。」「～ため。」に続けて理由とする。

問九　――線Gの「サダの胸を刺してしまった」は，サダを傷つけてしまったことを意味している。「ぼく」はいじめをやめるよう「威嚇」するつもりだったのが，やりすぎてしまったのである。10字以内とあるので，「やりすぎてしまった」「傷つけてしまった」などと簡潔に答える。

重要　問十　「卒業してからサダとは会っていない」とあるように，「ぼく」は，サダとの関係を修復することができなかった。前の「もっと正直に気持ちをぶつけるべきだったんじゃないか」などの描写から，「ぼく」はサダに「持って回った言い回し」ではなく，正直な気持ちを直接「目を合わせて」言うべきだったと後悔していることが読み取れる。この内容を述べているエを選ぶ。他の選択肢は，「もっと正直に気持ちをぶつけるべきだった」という「ぼく」の気持ちをふまえていない。

三　**(古文一情景・心情，内容吟味，文脈把握，語句の意味，文と文節，仮名遣い，文学史)**

〈口語訳〉　昔，愚かな俗人がいて，人の婿となって出て行った。(妻の家では，婿を)いろいろもてなしたが，小生意気にもったいぶって，あまり物も食べず，お腹がすいたと思っているうちに，妻がちょっと立ち上がって出て行ったすきに，米を頬いっぱいに口に含み食べようとしたところに，妻が帰ってきたので，恥ずかしさに顔を赤くしていた。(婿の)頬が腫れてみえたので，「どうして」と尋ねても声がしない，ますます顔が赤くなったので，腫物が(できて)大変な事になって話せないのだろうと，驚いて，両親に「こうこうだ」と言うと，両親が来て見て，「どうしたのだろうか」と言う。ますます(婿の)顔色が赤くなるのを見て，隣近所の者も集まって，「婿殿の腫れものが，大事でいらっしゃる，驚いたことだ」と見舞う。そうするうちに，医者を呼ぶべきだと，やぶ医者で，近くに住んでいたのを呼んで見せると，「恐ろしく大変なものです。大急ぎで治療いたしましょう」と，火で針を赤く焼いて，(婿の)頬に刺し通したところ，米がぼろぼろとこぼれたのだった。

基本　問一　a 「ゐ」は，「い」に直す。　b　語頭以外のハ行は，現代仮名遣いではワ行に直す。

問二　婿は頬いっぱいに米を含んでおり，他の人からは「頬」が「腫れて」いるように見える。

問三　直前の文に「妻帰りたりければ」とある。婿の頬が腫れて見えたので，「いかに」と問うたのは「妻」。

問四　前の「婿殿のはれもの，大事におはする，あさまし」から，「隣の者」は頬が腫れた婿を心配して見舞いに来たのだとわかる。

問五　妻が「『いかに』と問へども」婿は「声もせず」，ますます顔が赤くなっていくのを見た場面で，妻が「心中で思ったこと」が書かれている。引用の意味を表す「とて」の前までを抜き出す。

重要　問六　「隣の者集まりて，『婿殿のはれもの，大事におはすなる，あさまし』」とウが合っている。婿は妻に隠れて，米を頬張っているので，アは合っていない。「恥づかしさ」とあるので，イの「気がひけた」は合っていない。米が入っていると医師は気づかなかったので，エも合わない。

基本　問七　アは江戸時代，ウとエは平安時代の作品。

★ワンポイントアドバイス★

本年度から古文の「現代語訳」がなくなったが，注釈を参考にすることで十分に内容をとらえることができる。あわてずに取り組もう。

2022年度

★★★★★★★★★★★★★★★★★★★★★★★★

入　試　問　題

2022
年
度

2022年度

横浜富士見丘学園高等学校入試問題（一般）

【数　学】（50分）　＜満点：100点＞

【注意】(1)　答えに根号がふくまれるときは，根号の中は最も小さい自然数にしなさい。また，分母に根号がふくまれるときは，分母に根号をふくまない形にしなさい。

(2)　答えが分数になるとき，約分できる場合は約分しなさい。

1　次の計算をせよ。

(1)　$4-(-5)$　　(2)　$-9+(-5)\times(-2)$

(3)　$-\frac{5}{8}+\frac{5}{6}$　　(4)　$(-6a^2b^3)^2\div(-9a^3b^5)$

(5)　$\frac{2x-3}{6}-\frac{x-3}{4}$　　(6)　$\sqrt{18}-\sqrt{72}$

(7)　$(x-3)^2-x(x-4)$

2　次の問いに答えよ。

(1)　$x^2-4x+4-y^2$　を因数分解せよ。

(2)　二次方程式 $x^2+4x-21=0$　を解け。

(3)　連立方程式 $\begin{cases} 2x+3y=12 \\ 3x+4y=17 \end{cases}$　を解け。

(4)　294に自然数 a をかけて，その結果の数が，ある整数の2乗になるようにしたい。このような自然数 a のうちで，最も小さいものを求めよ。

(5)　直角三角形の各辺を直径とする半円を下の図のように描くとき，色がついた部分の面積の和を求めよ。

（円周率は π とする）

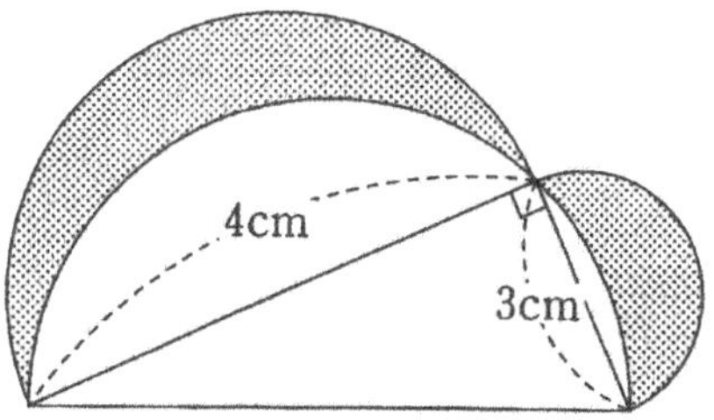

3　右の図において，曲線①は関数 $y = ax^2$ のグラフである。

3点A，B，Cはともに曲線①上の点で，点Aの座標は（－2，1），点Bの x 座標は－4で，線分BCは x 軸と平行である。

また，直線②は原点Oと点Aを通る直線であり，直線③は直線②と平行で点Cを通る直線である。

直線③と y 軸との交点をDとするとき，以下の問いに答えよ。

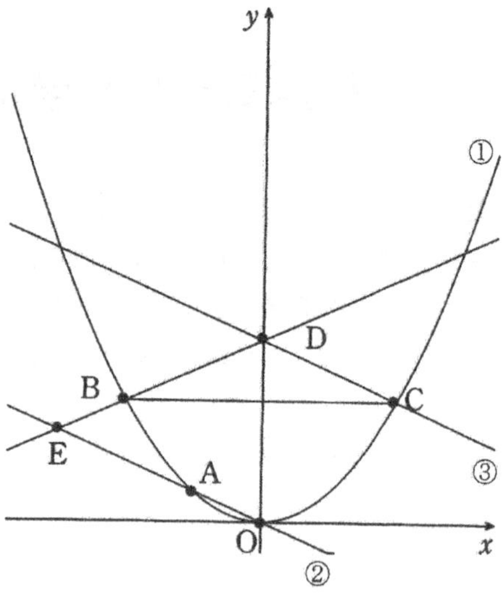

(1)　a の値を求めよ。

(2)　直線③の式を $y = mx + n$ とするとき，m，n の値を求めよ。

(3)　直線②と直線BDとの交点Eの座標を求めよ。

4　下の図のような座標平面上に，点A（6，0）と原点Oがある。

大，小2つのさいころを同時に1回投げ，出た目の数によって，次のように点Pの座標を決めることにする。

①　大きいさいころの出た目の数を x 座標とする。

②　小さいさいころの出た目の数を y 座標とする。

3点O，A，Pを結んで三角形OAPを作るとき，以下の問いに答えよ。

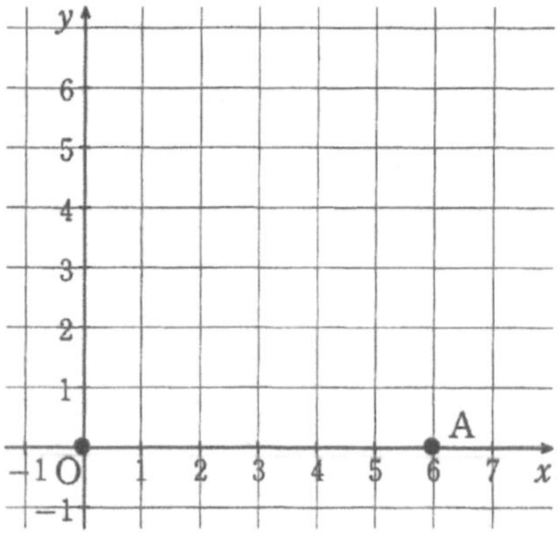

(1)　三角形OAPが二等辺三角形になる確率を求めよ。

(2)　三角形OAPが直角三角形になる確率を求めよ。

5　以下の問いに答えよ。

(1)　2次方程式 $x^2 + ax + b = 0$ の2つの解が－3，－5のとき，a，b の値を求めよ。

(2)　2次方程式 $x^2 + 4x + 2 = 0$ の2つの解を p，q とするとき，次の値を求めよ。

①　$p + q$　　　　②　$p^2 + q^2 - pq$

6　下の図は，１辺の長さが６㎝の正方形ABCDを底面とし，２辺の長さが５㎝の二等辺三角形を側面とする四角すいに，点Ｅから辺BCを通って点Ａまで糸をまきつけたところを示したものである。

まきつけた糸の長さが最も短くなるようにするとき，以下の問いに答えよ。

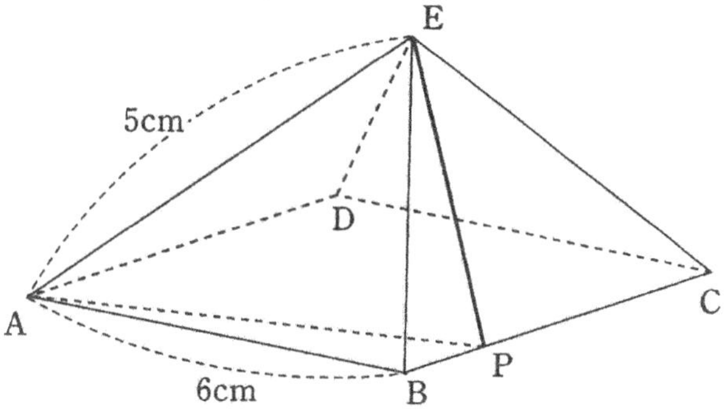

(1)　糸の長さを求めよ。

(2)　糸と辺BCとの交点をＰとするとき，線分BPの長さを求めよ。

7　右下の図のように，ABを直径とする半円Oがある。

その周上に異なる２点C，Dをとり，CとDを結ぶ。

線分ADの延長と線分BCの延長との交点をE，線分ACと線分BDとの交点をＦとすると，４点C，E，D，Ｆは同じ円周上にあるという。

このとき，以下の問いに答えよ。

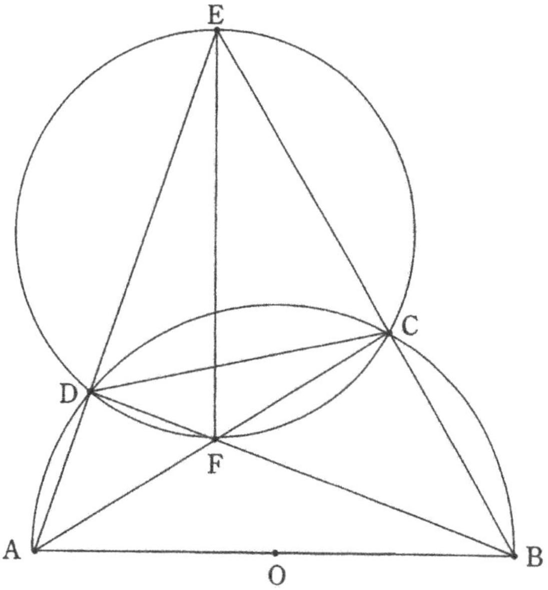

(1)　AB＝BE＝20㎝，BD＝16㎝，AE＝24㎝のとき，線分EFの長さを求めよ。

(2)　△ABDと△FEDが相似であることを証明せよ。

【英　語】（50分）　＜満点：100点＞

1　(A)・(B)それぞれの問いに答えなさい。

(A)　次の各語の中で，アクセントの位置が他と異なるものを(a)～(d)より１つ選び，記号で答えなさい。

１．(a) mes-sage　(b) u-nique　(c) per-cent　(d) des-sert

２．(a) of-fice　(b) lan-guage　(c) suc-cess　(d) dan-ger

３．(a) ex-er-cise　(b) ac-ci-dent　(c) char-ac-ter　(d) de-vel-op

(B)　次の各語の中で，下線部の発音が他と異なるものを(a)～(d)より１つ選び，記号で答えなさい。

１．(a) then　(b) worth　(c) bath　(d) thin

２．(a) cut　(b) mother　(c) color　(d) channel

2　次の１～５が表している英語を書きなさい。なお，【例】のように＜　＞内の文字は最初のアルファベットを表し，数字は文字の数を表します。

【例】 問題：This is a tall animal that has a long neck.　＜g，7＞

解答：giraffe

１．This is the first month of the year.　＜J，7＞

２．This is a small brown animal with a long tail, which uses its hands to climb trees and lives in tropical countries.　＜m，6＞

３．This is a structure built over a river or a road that allows people or vehicles to cross from one side to the other.　＜b，6＞

４．This is a man who serves food and drinks at their tables in a restaurant.　＜w，6＞

５．This is a large yellow-brown tropical fruit that has a lot of juice.　＜p，9＞

3　次の１～10のそれぞれの問いに答えなさい。

１．次の英文の（　）内に入る最も適切な語を(a)～(d)より１つ選び，記号で答えなさい。

I don’t like any vegetables, but I can eat (　　) broccoli.

(a) boil　(b) boiling　(c) boiled　(d) to boil

２．次の２つの英文がほぼ同じ意味になるように，（　）に入る語を書きなさい。

Can you tell me how to use this computer?

Can you tell me the (　　) to use this computer?

３．次の各組の英文の（　）に共通して入る語を書きなさい。

Let’s communicate (　　) your classmates.

Mt. Fuji is covered (　　) a lot of snow in winter.

４．次の英文の中で文法的な誤りのあるものを(a)～(d)より１つ選び，記号で答えなさい。

(a) These fish caught by my brother looks very beautiful.

(b) One of the most popular sports in Australia is rugby.

(c) We're looking forward to seeing you again.
(d) How long has your son been playing tennis?

5．次の英文の下線部には文法的に誤っている箇所が１つあります。
その番号を指摘した上で，誤っている箇所を正しい形に直しなさい。

It is ① raining hard, ② so I cannot observe stars. I wish it ③ will stop ④ raining.

6．次の下線部の中で省略できるものを(a)～(d)より１つ選び，記号で答えなさい。

(a) Look at that picture painted by Vincent van Gogh.
(b) The dog that is running in the park is very friendly.
(c) I'd like to buy the sunglasses that my favorite actor is wearing.
(d) The population of Yokohama is larger than that of Sagamihara.

7．次の英文の下線部と同じ用法の＜to不定詞＞を含むものを(a)～(d)より１つ選び，記号で答えなさい。

I am very glad to hear from you.

(a) I will be able to attend the meeting tomorrow.
(b) I have no time to call you back.
(c) Was the teacher satisfied to see your performance?
(d) It is dangerous to rush onto the train.

8．次の対話文の（　）内に入る英文として最も適切なものを(a)～(d)より１つ選び，記号で答えなさい。

Girl 1 : Mary seems so happy. Do you know what happened to her?
Girl 2 : She just married a man who is a photographer.
Girl 1 : (　　　　　　　　　　)
Girl 2 : For more than three years. Let's send a message card to her!

(a) When is her wedding ceremony?
(b) How old is her husband?
(c) How long have they known each other?
(d) Where will they start their new life?

9．次の日本語に合うように［　］内の語句を並べかえなさい。ただし，文頭に来るべき語も小文字になっています。

もし時間を巻き戻せるとしたら，何をしますか。

[if you / you / what / do / turn back / could / would / time / ?]

10．次の英文を＜最上級＞を用いてほぼ同じ意味の英文にする時，（　）内に入る語を書きなさい。

Yuka can sing better than any other student in this school.
→ Yuka is (　　　)(　　　)(　　　) in this school.

4　次のグラフを見て，１から５の英文の（　）内に入る語句として最も適切なものをそれぞれ(a)～(d)より１つ選び，記号で答えなさい。

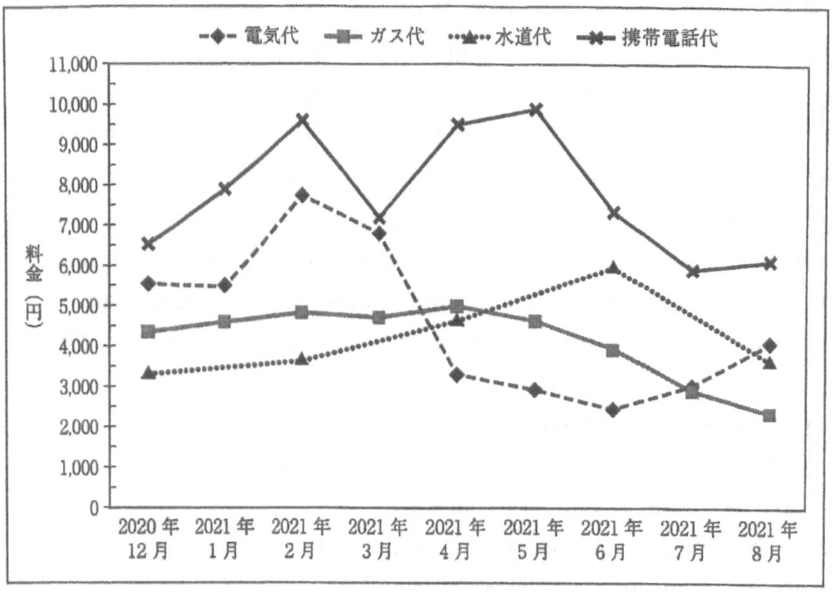

1．The cost of electricity in February is (　　　) of all the months.
　(a) more high　(b) higher　(c) the highest　(d) height

2．The cost of gas and water are almost the same in (　　　).
　(a) August　(b) April　(c) March　(d) July

3．The cost of gas is about (　　　) as high as that of cellphone in February.
　(a) half　(b) a third　(c) twice　(d) three times

4．The average cost of (　　　) comes the highest.
　(a) electricity　(b) gas　(c) water　(d) cell phone use

5．The cost of water is (　　　) from December to June.
　(a) increasing　(b) decreasing　(c) less　(d) the least

5　次の英文(I)・(II)を読み，後の問いに答えなさい。

(I)

Okinawa's Abundant Nature

The islands of Okinawa have a rich environment, with plenty of ocean, mountains and rivers, as well as untouched natural resources. 【A】 Okinawa has some of the world's clearest waters, known locally as *churaumi* (clear beautiful ocean). Many *coral *reefs exist in the area, which is said to be home to more than 200 types of coral.

On land, diverse *ecosystems can be found around mountains and rivers. One example is the Yanbaru forest that stretches across the northern part of Okinawa's main island. This special place is home to many natural ‘monuments of Japan, including the *Okinawa rail, the *Okinawa woodpecker, and the *Ryukyu spiny rat. Many creatures that live there cannot be found anywhere else. 【B】 One of the reasons for the Yanbaru forest's environment is that it was mostly able to escape damage during the war. Thanks to Okinawa's *subtropical climate, the area also receives a large amount of rain *year-round. Few places at the same *latitude (27 degrees north) have similar conditions. Over many years, a unique ecosystem was created in this rare environment.

Another place known for its precious natural environment is Iriomote Island, some 400 km south-west from Okinawa's main island. The entire island of Iriomote is a national park. Like the Yanbaru forest, this area gets a lot of rain. The Urauchi River that flows through Iriomote is the longest in Okinawa Prefecture and holds vast volumes of water. *Mangrove forests stretch across the river's lower reaches, with canoe tours popular among tourists visiting ①the island.

［出典：小林悠樹（2020）．英語で読む沖縄］

*coral 「サンゴ」　*reef 「暗礁，岩礁」　*ecosystem 「生態系」　*monument 「記念物」
*Okinawa rail 「ヤンバルクイナ」　*Okinawa woodpecker 「ノグチゲラ」
*Ryukyu spiny rat 「アマミトゲネズミ」　*subtropical 「亜熱帯の」　*year-round 「一年中」
*latitude 「緯度」　*Mangrove 「マングローブ」

(Ⅱ) **Environmental Issues in Okinawa**

While Okinawa's oceans are known for having many types of coral, *bleaching has become a recent problem. There are thought to be various causes, one of which is global warming. 【C】 Because corals are very weak against environmental change, the possibility that warming has changed their growth conditions cannot be *denied.

One cause thought to be even greater than warming is *red soil. Found in Okinawa and the Amami Islands, this reddish-brown soil has very small *grains. Okinawa receives a lot of rain; each time, the top layers of soil are washed into rivers, which carry the soil to the ocean. In the past, forests stopped red soil from being washed away, but ②the problem has grown worse as large public works and resort developments reduce the area of forests. The red soil does not actually contain anything that causes harm, but the *fine grains take a long time to sink to the bottom, *muddying the ocean. 【D】 This stops the corals from getting the sunlight they need, causing them to die from *lack of nutrients. Although rules were set up in 1994 to stop red soil, the problem is still not completely solved.

［出典：小林悠樹（2020）．英語で読む沖縄］

*bleaching 「漂白」　*denied ＞ deny 「否定する」の過去分詞　*red soil 「赤土」
*grain 「粒」　*fine 「細かい」　*muddy 「濁らせる」　*lack of nutrients 「栄養不足」

1．次の英文が入る位置として最も適当なものを文中の【A】～【D】より１つ選び，記号で答えなさい。

In the past 100 years, the waters around Japan have grown about 1.1 degrees warmer, which has changed the currents and begun to affect the weather.

2．下線部① the island が指すものを(a)～(d)より１つ選び，記号で答えなさい。

(a) Okinawa's main island　　(b) Iriomote Island

(c) Amami Islands　　(d) Japan

3．下線部② the problem の内容を日本語で説明しなさい。

4．やんばるの森についての説明として最も適切なものを(a)～(d)より１つ選び，記号で答えなさい。

(a) 第二次世界大戦中に大部分が焼かれてしまった。

(b) 同じ緯度の場所では同じような環境の森がたくさん見られる。

(c) １年中降り続ける大雨に悩まされている。

(d) やんばるの森でしか見られない動物がいる。

5．本文の内容と一致するものを(a)～(d)より１つ選び，記号で答えなさい。

(a) 沖縄の海は「美《ちゅ》ら海《うみ》」と呼ばれ，サンゴのすみかである。

(b) 地球温暖化とサンゴの白化現象に因果関係はない。

(c) 赤土に含まれる成分がサンゴに直接の害を与えている。

(d) 1944年に制定されたルールにより，サンゴの白化現象が明らかになった。

6 Oliver は Jenny との結婚を決めましたが，大学卒業後は法学校に通う予定です。次の英文を読み，後の問いに答えなさい。

My next meeting was with the Head of *Harvard Law School.

'I'll need a *scholarship for next year, sir,' I said politely.

'① A scholarship? I don't understand. ② Your father ——'

'My father *has nothing to do with it, sir. We've had a *disagreement, and he isn't supporting me any more.' The Head took off his glasses, then put them on again. I continued, 'That's why I've come here to see you, sir. I'm getting married next month. We're both going to work during the summer. Then Jenny will support us by teaching. But her teaching won't pay enough to send me to law school. ③ Sir, I need a scholarship. I have no money in the bank.'

'Mr Barrett, our scholarships are for poor people. And it's too late to ask for one. I do not wish to enter into a family disagreement, but I think you should go and talk to your father again.'

'Oh, no!' I said *angrily. 'I am not, repeat *not*, going back to my father to ask for money!'

When Jenny graduated from university that summer, all her *relations came from *Cranston to watch. We didn't tell them about our marriage plans because we wanted a quiet wedding, and didn't want to hurt their feelings. I graduated from Harvard the next day. Was *Oliver the Third there in the university hall? I don't know. I didn't look for Old *Stonyface in the crowd. I gave ④ my parents' tickets to Jenny and *Phil, but as an old Harvard man my father could sit with the Class of'26. But why should he want to? I mean, weren't the banks open that day?

The wedding was on the next Sunday. It was very quiet and very beautiful. Phil was there, of course, and my friend Ray Stratton. Jenny and I spoke about our love for each other and promised to stay together until death. Ray gave me the ring and soon Oliver Barrett the Fourth and Jennifer Cavilleri were man and wife.

We had a small party afterwards, just the four of us. Then Ray and Phil went home and Jenny and I were alone together.

'Jenny, we're really married!'

'Yes. Now I can be as terrible to you as I like!'

［出典：Erich Segal, "Love Story"］

*Harvard Law School 「ハーバード大学の法科大学院」 *scholarship 「奨学金」
*have nothing to do with ～ 「～と関係ない」 *disagreement 「意見の相違点」
*angrily 「怒って」 relations 「親戚」 *Cranston 「クランストン（地名）」
*Oliver the Third 「オリバー３世（オリバーの父親）」 *Stonyface 「無表情」
*Phil 「フィル（ジェニーの父親）」

1．下線部①について，学長はどのようなものだと説明していますか。(a)～(d)より１つ選び，記号で答えなさい。
(a) 親の同意を必要としない。
(b) 既婚者は対象外である。
(c) 抽選で選ばれた者が受け取れる。
(d) 裕福な家庭のために用意されていない。

2．下線部②と同じ人物を表しているものを，本文中の英語４語で抜き出しなさい。

3．下線部③について，奨学金を必要とする理由を(a)～(d)より１つ選び，記号で答えなさい。
(a) Oliver は家族への負担を減らしたいから。
(b) Oliver の弟にこれから学費がかかるから。
(c) Oliver の父親が学費援助してくれないから。
(d) Oliver は Jenny との結婚資金を貯めたいから。

4．Jenny は結婚後，何の仕事をして収入を得ようと考えていますか。日本語で説明しなさい。

5．下線部④とは何のためのチケットですか。日本語で答えなさい。

6．Oliver は自分の父親にどのような感情を抱いていると推測できますか。(a)～(d)より１つ選び，記号で答えなさい。
(a) 尊敬　(b) 罪悪感　(c) 嫌悪感　(d) 後悔

ていたが、朱雀大路の方に人が盛んに歩き回っていたので、人の静まるまでと思って、門の下に立って待っていたところ、南山城の方から人がたくさん来る音がしたので、「姿を見られまい」と思って、門の上の階層にそっとよじ登ったところ、見ると火をかすかに灯している。

盗人が、［A］と思って、格子窓からのぞいたところ、若い女で死んで倒れている女がいる。その枕元で火を灯して、年がたいそう老いている老婆で、白髪で（頭が）白い老婆が、その死人の枕元に座って、死人の髪の毛を手荒くつかんで抜き取るのであった。

盗人はこれを見ると、わけがわからないので、これはもしかしたら鬼であろうかと思って恐ろしいが、万が一死霊だったら大変だ、おどしてみようと思って、そっと戸を開けて、刀を抜いて、「おまえはおまえは」と言って走り寄ったところ、老婆はあわてて手をすってうろたえるので、盗人は、「これはどんな老婆がこのようにしているのか」と問うたところ、老婆は、「私の主人でいらっしゃった人がお亡くなりになったのを、（死後の）世話をする人がいないので、（私は）このように置き申し上げているのだ。その髪の毛が背丈に余って（背丈より）長いので、（私は）それを抜き取って添え髪にしようと思って抜くのだ。（私を）お助けください」と言ったので、盗人は、死人が着ている服と老婆が着ている服と、抜き取ってある髪の毛とを奪い取って、（門の方へ）走り下りて逃げていった。

さてその上の階層には死人の骸骨が多かった。死んだ人の葬式などがとてもできないものを、この門の上に置いた。このこと（今回の出来事）はその人が人に語ったのを聞き継いでこのように語り伝えたとかいうことだ。

問一　══線a「やはら」b「ゐて」を現代仮名遣いに直しなさい。

問二　──線A「あやし」の意味としてふさわしいものを、次のア～エより一つ選び、記号で答えなさい。

ア　冷淡だ　　イ　興ざめだ　　ウ　気の毒だ　　エ　不思議だ

問三　──線B「かくはしゐたる」が指示する嫗の行動を、古文中より13字で抜き出しなさい。

問四　──線C「あつかふ人のなければ」について説明した次の文の（　）に当てはまる言葉を、現代語訳中より7字で抜き出しなさい。

・当時の京都の街では疫病に加え、地震や火事、飢饉などの天災が相次いで多くの人が亡くなっていたため、（　　）ができなかった。

問五　この文章の内容の説明として適当なものを、次のア～エより一つ選び、記号で答えなさい。

ア　盗人は、山城の方から自分を追ってくる者がいることに気づいて、羅城門の上層に上った。

イ　老婆は、自分が死霊と間違われたことに気づいて、自分は人間だとあわてて訴えた。

ウ　老婆は、死人の背丈に余る長い髪の毛を抜き取って、添え髪にしようと思っていた。

エ　盗人は、死人が着ている服と老婆が着ている服を奪い取って、門の方へ走り下りて逃げていった。

問六　この文章をもとにして『羅生門』という小説を書いた人物は、『蜘蛛の糸』『トロッコ』などの作者としても知られる人物です。人物名を次のア～エより一つ選び、記号で答えなさい。

ア　夏目漱石　　イ　芥川龍之介　　ウ　宮沢賢治　　エ　太宰治

エ　勘当したという立場から、娘を思いやるような気持ちを表現することは憚《はばか》られ、どうしようか逡《しゅん》巡している気持ち。

問十一　――線G「かすれて聞き取れぬほどだった」という「ヨイの声」に表れている思いとしてふさわしいものを、次のア～エより一つ選び、記号で答えなさい。

ア　父親が自分の結婚を祝う気持ちを持ってくれていたことを知り、その事実を容易には信じられなく、驚きの気持ちを持って受け止めている。

イ　父親が不器用ながらも示してくれた自分の結婚に対する祝意を受け、反発し続けていた父親に自分から歩み寄っていこうと心に誓っている。

ウ　父親が結婚に反対していたのは、自分の幸せを何よりも望んでいた故であることを理解し、自分の思いを貫き通した幼い行動を後悔している。

エ　父親が家計をやり繰りして結婚祝いを用意してくれた苦労を察し、その父親の思いに応えられない自分を責める気持ちが大きくなっている。

三　次の文章を読んで、後の問いに答えなさい。

今は昔、＊摂津《せっつ》の国わたりより、盗みせむがために京に上りける男の、日のいまだ明《あか》かりければ、羅城門《らせいもん》の下に立ち隠れて立てりけるに、＊朱雀《しゅじゃく》の方に人しげく歩きければ、人の静まるまでと思ひて、門の下に待ち立てりけるに、＊山城の方より人共のあまた来たる音のしければ、「それに見えじ」と思ひて、門の上層に、aやはらかかづり登りたりけるに、見れば火ほのかにともしたり。

盗人、Aあやしと思ひて、連子《れんじ》よりのぞきければ、若き女の死して臥《ふ》したるあり。その枕上に火をともして、年いみじく老いたる嫗《おうな》の白髪白きが、その死人の枕上にbゐて、死人の髪をかなぐり抜き取るなりけり。

盗人これを見るに、心も得ねば、「これはもし鬼にやあらむ」と思ひて恐ろしけれども、「もし死人にてもぞある。おどして試みむ」と思ひて、やはら戸を開けて、刀を抜きて、「おのれは、おのれは」といひて、走り寄りければ、嫗、手まどひをして手をすりてまどへば、盗人、「こは何ぞの嫗のBかくはしゐたるぞ」と問ひければ、嫗、「おのれが主にておはしましつる人の失せたまへるを、Cあつかふ人のなければ、かくて置きたてまつりたるなり。その御髪《みぐし》の長《たけ》に余りて長ければ、それを抜き取りて＊鬘《かづら》にせむとて抜くなり。助けたまへ」といひければ、盗人、死人の着たる衣と、嫗の着たる衣と、抜き取りてある髪とを奪ひ取りて、下り走りて逃げて去にけり。

さて、その上の層には死人の骸骨ぞ多かりける。死にたる人の葬《はうぶり》などえせぬをば、この門の上にぞ置きける。この事は、その盗人の人に語りけるを聞き継ぎて、かく語り伝へたるとや。

（『今昔物語』より）

＊摂津……今の大阪府北部と兵庫県東部。
＊朱雀（大路）……平安京を二分して南北に通じる大路。
＊山城……都に対して、その外をいう。
＊鬘……地毛に添えて、美しく長い髪を演出するためのもの。添え髪。

（現代語訳）

今では昔のことだが、摂津の国あたりから、盗みをするために京に上ってきた男が、日がまだ明るかったので、羅城門のしたに隠れて立っ

ウ　父に結婚を反対され、勘当を言い渡されてしまったこと。
エ　勇司の人間性を軽蔑され、誤解されたままでいること。

問四　――線B「『正体不明の男』」と、父親がヨイの結婚相手（勇司）を評している理由として考えられることを、解答欄に合うような形で、本文中より15字以内で、抜き出しなさい。

問五　本文の前半には、雨が降っている中で語られる現在の時間と、「ヨイ」の思いや現在の状況についての説明が描かれています。①、②、③の段落に続く現在の時間が描かれている場面はどの段落ですか。段落番号で答えなさい。

問六　[2]・[3]に当てはまる語句としてふさわしいものを、それぞれ次のア～エより一つ選び、記号で答えなさい。
2…ア　耳を疑って　イ　歯をくいしばって
ウ　目を細めて　エ　手をこまねいて
3…ア　気が抜ける　イ　気が重くなる
ウ　気が遠くなる　エ　気が引ける

問七　――線C「ピリピリ張りつめていた気持ち」とありますが、この時「ヨイ」はどのようなことを気にかけ、どのような状態でいたのですか。解答欄に合うような形で、40字以内で説明しなさい。

問八　――線D「持って帰った通信簿の数字がどうであっても」から読み取れる父親の様子として、ふさわしいものを次のア～エより一つ選び、記号で答えなさい。
ア　娘の長所を誰よりも理解できていることを自負している様子。
イ　高齢で授かった末の娘がとにかく可愛くて仕方がない様子。
ウ　他の兄妹より末の娘には将来性があると期待している様子。
エ　自分の願いが反映された、末の娘の名前に満足している様子。

問九　――線E「危険なもの」とありますが、その理由としてふさわしいものを、次のア～エより一つ選び、記号で答えなさい。
ア　実家の付近には自分が幸せな生活を送っていたことを思い出すものが多くあり、勇司との結婚生活を捨てて実家に帰りたくなってしまうから。
イ　父から勘当を言い渡され、そのことに納得がいかない状態でいたのに、つい父のことを許してしまいそうになる気持ちが湧いてきてしまうから。
ウ　父に勘当されている立場で、実家に向かうのは用件を済ませるためだけであるのに、そう決心した自分の気持ちが揺らぐことは都合が悪いから。
エ　実家の付近で感じる空気はとても心地良く、実家に帰ったら父が自分を許してくれるに違いないと考える、自分自身の甘さが認識させられるから。

問十　――線F「短い沈黙があった」という状況から推測できる父親の気持ちとして、ふさわしいものを次のア～エより一つ選び、記号で答えなさい。
ア　勘当した状況を撤回するつもりはなく、娘に歩み寄られる前に、遠回しに拒絶していることを伝えようとする気持ち。
イ　勘当したものの、娘を許してしまいそうになる自分の弱さを認識し、恥ずかしさで赤面しそうになっている気持ち。
ウ　勘当した自分の選択は間違っていなかったと、娘に自分の正当性を示し、虚勢を張ることに意識を傾けている気持ち。

「――勘当した娘を、家に上げるわけにはいかん」

「……うん」

父は傘を娘に渡した。F短い沈黙があった。

「――お前、歩いて来たのか」

ヨイが黙って頷《うなず》くと、父は自転車のスタンドを立てた。

「これ、乗っていけ」

「え」

「車に気をつけろよ」

父はそう言うと背中を向けた。――お父さん、ちょっと待って。出かかったことばをあわてて押さえた。

遠ざかっていく焦茶のカーディガンの背中をしばらく見つめたあと、ヨイも自転車を押して反対向きに歩きはじめた。何を期待していたのだろうと思うと、たまらなく淋しくなった。

ヨイが自転車のカゴの中にあるものに気づいたのは、十分ほど歩いたあとだった。ヨイは足をとめて、カゴの中から白い封筒を手に取った。

封のされていない封筒の中からは、分厚い祝儀袋が出てきた。

「……結婚祝い……」

袋の上に書かれた墨文字をそのまま読みあげたヨイの声は、Gかすれて聞き取れぬほどだった。抱えるようにしていた黒い傘が落ちて、アスファルトの上で音を立てた。ヨイはそのまま路上にうずくまり、傘と祝儀袋を胸に抱いた。

――お父さん、ヨイは今でも、そうしてこれからもずっと、良い子でいるよ……。

心の中でそう呟《つぶや》くと、ヨイは立ちあがり、再び自転車を押して歩き出した。アパートでは、今ごろ勇司が目を覚まし、腹を空かしてヨイの帰りを待っているだろう。

（鷺《さぎ》沢 萠《めぐむ》『海の鳥・空の魚』所収「柿の木坂の雨傘」より）

＊勘当……品行の悪い子や弟子に対して、親や師匠が縁を切って追い出すこと。

問一　――線a「小糠雨」、b「冴々」の意味としてふさわしいものを、それぞれ次のア～エより一つ選び、記号で答えなさい。

a「小糠雨」

ア　季節の変わり目に降る雨。
イ　雷をともなって降る雨。
ウ　一時的に激しく降る雨。
エ　細かくしとしとと降る雨。

b「冴々」

ア　とても澄んでいて、さわやかな感じ。
イ　厳しい寒さが少し緩んできた感じ。
ウ　素晴らしく、他と比べられない感じ。
エ　柔らかな光が降り注いでくる感じ。

問二　[1] に当てはまる「ヨイ」の気持ちとしてふさわしいものを、次のア～エより一つ選び、記号で答えなさい。

ア　ささくれ立った気持ち　　イ　いきり立った気持ち
ウ　勇み立った気持ち　　エ　浮き立った気持ち

問三　――線A「雨が降るとどうしても思い出してしまうこと」としてふさわしくないものを、次のア～エより一つ選び、記号で答えなさい。

ア　半年間、家族と会えていない状況が続いていること。
イ　勇司との大切な思い出の品である、傘が手元にないこと。

雨が降るたびにヨイの心を重くしていたのは一本の傘である。決して上等なものというわけではないが、黒い細身の傘はヨイにとっては大切なものだった。はじめて勇司に会った日、帰り際に俄《にわ》か雨が降った。黒い傘はそのとき勇司が貸してくれて、そのままヨイが自分のものにしてしまったものなのである。

半年前、ヨイが最後に実家を訪れた日も雨が降っていた。二度と帰って来るなと言われ、[2]軒先の庇《ひさし》から一歩踏み出したその途端、濡《ぬ》れた舗道がヨイの目に飛びこんで来た。――傘を忘れた。そう気づいたらしゃがみこみたくなった。

結局ヨイはa小糠《ぬか》雨の中を小走りに、勇司の待つアパートに帰ったのだったが、その日から一本の傘がヨイの心を占有してしまった。柿の木坂の生まれ育った家にヨイが置き去りにして来てしまったものは、まだたくさんあるけれど、あの傘だけは「今の」自分の家に持って来なければ――なぜかそんなふうに思っていた。

三日のあいだ東京に雨を降らせた灰色の雲は嘘《うそ》のようにどこかへ消え失せてしまい、翌日はb冴々《さえざえ》と晴れわたった気持ちのよい日だった。ヨイは勇司には内緒で朝早くアパートを出た。

勇司とヨイのアパートから柿の木坂までは歩けば小一時間ほどである。ヨイは冬の朝独特の淡く白い光の中を、頼りなげな足どりで歩いた。半年ぶりで見る家族の顔を思い浮かべると、ヨイの心は期待と不安でごちゃまぜになる。

冬の朝の住宅街をゆっくり歩いていると、これと似たような思いをしたことがあることにヨイは気づいた。歩きながら長いこと考えて、やっと思い出した。これはまだ小学生の頃、終業式の日に通信簿をもらって帰るときの感じに似ている。そう思ったら何だか可笑《おか》しくなった。くすんと笑うと、Cピリピリ張りつめていた気持ちが急にほぐれた。

――ヨイは良い子だ。良い子になるように、ヨイと付けたんだぞ。

父はきまってそう言った。D持って帰った通信簿の数字がどうであっても。

歩くヨイの前に坂道が見えてきた。柿の木坂という町の名が示すように、このあたりは坂が多い。目の前の坂のふもとには煙草屋がある。坂を昇りつめるともうヨイの実家はすぐである。

ヨイは煙草屋の前に立ち止まって中を覗《のぞ》いた。ヨイが小さいときからおばあちゃんだった煙草屋の女主人は、今でもやっぱりおばあちゃんで、店の奥のこたつに入って小さな背中をまるめている。喉《のど》もとまでせりあがってくる懐かしい気持ちは、今のヨイにとってはE危険なものである。ヨイは懐かしさを呑《の》みこんで、店先の赤電話に十円玉を落とした。

電話に出たのは父親だった。傘を取りに来たと用件を告げると、そうかと言って今どこにいるのかと訊《き》いた。「下の煙草屋」というヨイの答えに、そこで待っていろとだけ言って電話を切った。[3]ほどあっけなかった。

五分と経たぬうちに、父は古い自転車にまたがって坂を下って来た。脇に黒い傘を抱えている。

「ひとりで来たのか」

父は自転車から降りると、ヨイの顔から目をそらすようにして訊いた。息が白い。

「うん」

二 次の文章を読んで、後の問いに答えなさい。

①今年の冬はよく雨が降る。寒い日にはみぞれのような、半分凍ったものが音を立てて傘を叩《たた》く。

②ヨイはビニールの傘に水滴があたる音を聴きながら、灰色の空を見あげた。ビニール越しの空の雨雲は、石灰のような色をしている。小さな頃から、雨の日のこんな感じが好きだった。雲の上から飛行機の轟《ごう》音が鈍く聞こえてきたり、ひとりで歩く舗装道がいつもとは違って変に静かに思えたりするのは、なんだか自分が映画の中にいるようで、いつもヨイを［ 1 ］にさせるのだ。

③それなのに近ごろのヨイは、雨が降ると憂鬱《ゆううつ》な気分になってしまう。それは雨そのものがいけないのではなくて、A雨が降るとどうしても思い出してしまうことがヨイの胃袋の中に重くのしかかるからだった。

④ヨイが最後に父に会ったのは、もう半年も前のことになる。ヨイの父親は六十三歳。三人兄妹の末っ子のヨイは父が四十になってからの娘だったから、兄妹のなかでもいちばん可愛がられた。そんなヨイがもう半年も父に会っていないのには理由がある。ヨイは勘当*されたのだ。それはヨイが、父の言うところのB「正体不明の男」といきなり結婚したからだった。

⑤大学を途中でやめてのことだったから、周りの友人たちも驚いたけれど、ヨイはそれまでずっと、二十歳になるのを待っていたのだ。もともと成人を迎えたらすぐに勇司のところに飛びこむつもりでいた。確信犯の感がある。

⑥勇司はヨイより十一歳年上で、別に正体不明なわけではなく、写真のデザインの仕事をしている。売れっ子というわけにはいかないが、どうにかふたりで食べていける。それでも長いこと仕事がなくて、ぶらぶらしていることもある勇司だから、定年まで地方公務員を勤めあげた父にしてみれば「正体不明」と言いたくなるのも、ヨイにはわかる。けれどヨイの気持ちは止めようがなかった。それは仕方がないことだと思う。

⑦大学をやめることはないと勇司は言ったけれど、勇司に無理をさせたくなくてヨイは自分からやめた。勇司はそのことについて未だに文句を言うけれど、ヨイ自身はやめてしまってよかったと思っている。いつでも勇司のそばにいられることがヨイには嬉《うれ》しい。そんな気分は今のうちだけだと言う人もいるが、たとえ「今のうちだけ」でも、それを経験できることだけでヨイには充分だった。

⑧スーパーマーケットの袋をぶらさげて雨の中を急ぎ、アパートに戻って扉を開けると勇司の靴があった。

⑨「帰ってたの」

⑩部屋に上がりながら声をかけたが返事はなかった。暗室だな、と思ってそのまま台所へ行き、買ったものを冷蔵庫にしまいはじめた。

⑪物音に気づいた勇司が暗室から出て來て、ヨイの頭をぽんと叩く。

⑫「いつ帰った」

⑬「ついさっき」

⑭それだけで勇司はまた暗室に戻ってしまう。暗室といっても勇司が押し入れに無理矢理こさえたものだけれど、そこにはヨイは入れない。そんな淋《さび》しさも、勇司といるということだけで、ヨイには我慢できる。

柿の木坂にある実家から傘を取って来ようとヨイが決心したのは、三日間雨が降り続いた次の日だった。

が、それらの成功失敗にかかわらず幸福でいられる。自分の英語の発音が上達する喜びは外側の成功失敗と関係ない。

このような人の生きかたこそ、失敗しても後悔しない生きかたなのである。

（加藤《とう》諦《たい》三『「自分の弱さ」を出したほうが好かれる』より）

問一 〰〰線1～5のカタカナを漢字に、漢字をひらがなに直しなさい。

問二 [1]～[4]に当てはまる言葉を次のア～エより一つ選び、記号で答えなさい。ただし記号は一度しか使えません。

ア たとえば　イ また　ウ しかし　エ そして

問三 ――線A「人生にはいろいろの失敗があり、いろいろの悲劇があり、いろいろの不運がある」について、次の①②の問題に答えなさい。

① 筆者はこの原因を何が多いと考えていますか。本文中より9字で抜き出しなさい。

② 次の悲劇を避けるためにはどうすることが必要であると考えていますか。本文中より29字で探し、始めと終わりの5字を抜き出しなさい。

問四 ――線B「神経症的なあせり」を感じている人と感じていない人の違いは何ですか。次のア～エより一つ選び、記号で答えなさい。

ア 自分の行動を目標と比べ、満足する結果を得るために行動しているかしていないかの違い。

イ 自分自身のことを過大評価しているがために何でもできると思っているか思っていないかの違い。

ウ 自分自身の行動の無駄を受け入れられるか受け入れられないかの違い。

エ 自分が周囲の状況把握をきちんとしたうえで行動しているか、していないかの違い。

問五 ――線C「自分の自然」とは何ですか。14字でここより前から抜き出しなさい。

問六 ――線D「自分のしていることに興味を失う」のはなぜですか。次のア～エより一つ選び、記号で答えなさい。

ア 自分のしていることよりも、結果にばかり意識が取られてしまうから。

イ 自分がいま何をすべきか理解ができなくなってしまうから。

ウ 目先の利益を追いかけるような思考回路になっているから。

エ 自分のことをよく見せようと必死になってしまうから。

問七 ――線E「私の知っているお医者さん」と――線F「ある怠け者の日本人」の話から筆者が伝えたいことは何ですか。次のア～エより一つ選び、記号で答えなさい。

ア 努力家は最後に得をせず、怠け者が得をする。

イ 怠けても真面目に働いても結果は状況次第。

ウ 目先の利益だけを追いかけても意味がない。

エ 勤勉さと怠惰さは反比例して利益を生む。

問八 ――線G「根」とは何の比喩《ゆ》ですか。「失敗」という言葉を使って10字以内で考えて答えなさい。

問九 ――線H「他人の中に幸福を探してはいけない」とありますが、これはどういう意味ですか。「他人」という言葉を使って「～に幸福を感じること。」という言葉につながるように15字程度で答えなさい。

「不幸中の幸い」という格言がある。おそらく「幸運中の不運」ということもあるだろう。神経症的であったり、完全主義の人はたとえ幸運に恵まれたときでも「幸運中の不運」の不運にばかり注目して、嘆いていることになる。

不運は誰《だれ》にとっても耐え難い。しかしその耐え難さの程度は、その人が自分の人生に何を期待しているかによって異なる。

自分の人生に特別の幸運を要求する神経症的な人は、不運に耐えられない。また完全主義者は、「不幸中の幸い」のときには不幸に、「幸運中の不運」のときには不運に、自分の全意識を集中する。したがっていつも嘆いていなければならない。

自分の人生が自分に与えてくれるもので満足することのできる人が情緒的に成熟した人である。「あの失敗さえなければ」と思うような失敗は、誰の人生にもある。しかしやはりその失敗も自分の人生なのである。おそらく失敗のない人生とは、生きていても意味のない人生であろう。

［4］その失敗こそがその人を大きくする。神経症的傾向の強い人はG根をはやすことができない。失敗は根なのである。大きくなろうとすればきちんと根を張るより方法はない。神経症的傾向の強い人は、根を張るよりもその場その場の成果を求める。根を張って次の大きな成果を待てない。失敗は根を張ることである。

成功とはどういうことであろうか？　おそらく自分のできることをすべてしたということではなかろうか。何度も言うように、人には運不運がある。結果は自分がコントロールできるものではない。成功か失敗かはその人の責任ではない。幸運、不運にかかわらず、とにかく自分のできることは皆やった、嘆いてばかりいるというような消極的な人生は送らなかった、そういう人がほんとうの意味で成功した人生を送った人なのであろう。自分のできることをした人は自分を尊敬できる。

〝SUCCESS IS NEVER ENDING〟という本に「成功とは自分が尊敬できる人間になること」だと書いてあるが、その通りであろう。

〝Codependent No More〟という本に次のような文章があった。

「H他人の中に幸福を探してはいけない」(Stop looking for happiness in other people.) この通りである。

イソップ物語に小がらすと鳩《はと》の話がある。

鳩が小屋で美味しそうにえさを食べている。そこで小がらすが自分もそれを食べたいと思い、黒い羽を白く塗って鳩の小屋に行く。鳩ははじめは気がつかない。しかし小がらすがうっかり「カアー」と鳴いてしまう。そこで小がらすは追い出されてしまう。そこで今度はからすたちのところにもどってくるが、白い羽をしているのでここでも追い出されてしまう。

ことに人は自分が失敗しているときにはどうしても他人の成功をうらやましく思う。しかし他人の幸運をうらやんでいては、自分が惨めになるだけである。大切なのは、自分の中に成功失敗にかかわらず幸福を味わえる能力を開発することである。

たとえば自分の能力を向上させるということにおいては失敗はない。絵の好きな人は絵を描いていれば上達する。5テンランカイに出展できるかできないかにかかわらず、自分の好きなことをしていることは幸福につながる。

英語の発音を練習している限り英語の試験に合格しようが落第しよう

る。人には眠れないこともある。しかしそれが人の自然なのである。神経症的になると眠れないことから生じるさまざまな損失に耐えられなくなる。神経症者は欲張りである。

[2] 明日重要な人に会うとする。そこで失敗すると大変信用を落とす、となると疲れている前夜は2ジュクスイしなければと思う。しかしそのような信用をなくすこともまた、その人の実力なのである。信頼を失うまいと必死になるのは、自然が与えてくれたこと以上のことを望んでいるのである。

神経症的になればなるほど人はC自分の自然から離れてしまう。離れれば離れるほどあせりはひどくなる。さらにD自分のしていることに興味を失う。興味を失えば失うほど結果が大切になる。良い結果を出さなければとあせる。無駄が許せなくなる。それが神経症的完全主義である。

完全主義の人とは自然が与えてくれるもの以上のことを望んで、あせっている人である。長い人生を生きていくうちにはやることなすことうまくいかないということもある。不運につぐ不運ということもある。

掘り出しものと思って買ったものが、まったく使いものにならなくて、大金を溝に捨てるなどということもある。E私の知っているお医者さんは極めて真面目な人で、勤勉に働きつづけた。しかし彼はいわゆる投資というようなことをしなかった。その当時の東京だと、いくら真面目に働いても、土地に投資した人にはかなわない。その当時は土地に投資して成功した人がお金持ちになった。

彼はいままで真面目に働いて得たお金をみな土地に投資した。そのとたん、土地が値下がりした。彼が一生働いて貯めたお金は、あっというまに価値が下がった。

[3] あるとき、カナダである日本人に会った。彼は若い頃《ころ》、志を立ててカナダに来た。日本が第二次世界大戦の敗北から、まだ経済的に立ち直れない頃である。

そのときにはカナダは豊かな国で、日本は貧しい国であった。彼は大学を卒業しないで自動車の修理を学び、カナダに渡り、働きに働いた。ところが家を買い、年をとり、日本に帰ろうとしたときには日本は経済的に栄え、円は高くなり、彼がカナダで蓄えた財産は日本円にすると価値はなくなってしまった。日本とカナダとはまったく逆の関係になってしまっていた。

またFある怠け者の日本人は、戦後自分の土地を売ってお金をつくろうとしたが売れなかった。怠け者だから売るために努力をしない。しかし売れなかった彼の土地はやがて値上がりして、彼に3巨万の財産をもたらした。

働き者が損をし、怠け者が得をする。4ボンジンには予測しがたい変化は、一生にはいくらでもある。それにいちいち腹を立てていたら、気の休まるときがない。不運なときには、自分はこの不運から何を学べるかを考えるのである。

よく我々は仕事などで失敗したときに、「高い授業料を払った」というようなことを言う。その損失を授業料にするか、溝に捨てたことにするかは本人次第である。仕事でも結婚でも、日常の小さなことでも、一生のうちには不運に次ぐ不運ということもある。そんなときに自分の人生には特別の幸運が待っているべきであると思っている神経症的な人は耐えられなくなる。

【国　語】（五〇分）〈満点：一〇〇点〉

【注意】字数制限のある場合、「」、句読点も字数に含みます。

一　次の文章を読んで、後の問いに答えなさい。

A人生にはいろいろの失敗があり、いろいろの悲劇があり、いろいろの不運がある。後から考えれば「なんであのときにあんなことをしたのだろう？」と悔しく思う。[1]それが人生である。この人生に失敗がないなどということはない。挑戦的に生きていればいるほど失敗も多いかもしれない。積極的に生きていればこそ未知なことに挑戦するからである。失敗の可能性は多くなる。

しかしその悲劇や不運から学ぶ人もいるし、その悲劇や不運を嘆いて人を恨んでばかりいる人もいる。悲劇や不運から学ぶ人というのは、その小さな悲劇や不運があったことで、より大きな悲劇や不運を避けられる人である。

たとえば仕事で失敗する、あるいは結婚で失敗するなど、いろいろな失敗があり、その結果、さまざまな悲劇がある。しかし悲劇や不運の中にも、避けられない悲劇や不運と、避けようとすれば避けられたはずの悲劇や不運がある。なぜその悲劇や不運に1遭遇したか、それは自分が人を見る眼がなかったからということもある。相手の卑劣さを見抜けていたら、こんなにひどい眼にあわなかったということもある。

そのときにその人の正体を見抜けなかったのは、自分の情緒的未成熟が原因であることも多い。人は情緒的に成熟していればしているほど相手を見抜けるものである。心理学を勉強したから相手の心の底が見えるわけではない。人を見抜けるか見抜けないかは知識の問題ではない。

人にだまされて、相手の正体を見抜けなかった自分の情緒的未熟さを反省する人もいる。そのような反省が、次のさらに大きな悲劇を避けさせることもある。したがって、悲劇の体験をしたときには、悲劇を嘆いているよりも次の大きな悲劇を避けるために、自分はこの悲劇から何を学ばなければならないかを反省することである。

仕事上で悲劇的な破滅をしたときに、自分の器量以上の仕事をしようとしたことがこの悲劇の真の原因なのか、単純に不運なのか、そこら辺のところをしっかりと反省することである。自分が世の中を甘く見たことがこの悲劇の原因なのか、自分の能力を過大に評価したことが悲劇の原因なのか、そこら辺の反省が次の悲劇を避けさせるのである。

自然が自分に与えてくれたもの以上のことを望むのは、そもそも間違いなのである。B神経症的なあせりを感じている人は、たいてい自然が与えてくれるもの以上のものを自分の人生に望んでいる。自分の体力から始まって、自然が自分に与えてくれたものに満足している人は、あせりに苦しまないし、完全主義に悩まされない。

自分にはできないこともある。どんなに効率的に仕事をやろうと思っても、やることには無駄もある。すべて効率よくことが運ぶわけではない。あの店であれを買えばこんな無駄なことはなかったのに、あの人に先に会えばこんな無駄な時間を使わなくてよかったのに、あそこであれを忘れなければこんな無駄なエネルギーを使わなくてすんだのに、あのことを先にしていればこんなに消耗しなかったのに、数え上げれば切りがないほどの無駄を、私たちはしている。

神経症になると、この無駄に耐えられないで、あせりに苦しめられる。不眠症とは眠れないことではなくて、眠れないことに苦しむことであ

MEMO

大切なことはメモしておこうネ！

T.G

2022年度

横浜富士見丘学園高等学校入試問題（オープン）

【数　学】（50分）　＜満点：100点＞

【注意】(1)　答えに根号がふくまれるときは，根号の中は最も小さい自然数にしなさい。また，分母に根号がふくまれるときは，分母に根号をふくまない形にしなさい。

(2)　答えが分数になるとき，約分できる場合は約分しなさい。

1　次の計算をせよ。

(1)　$-5-(-9)$

(2)　$(-4)^2\div(-2^2)$

(3)　$\frac{2}{7}-\frac{5}{11}$

(4)　$\frac{2}{3}a^3b\div 6b^2\times(-3ab^2)$

(5)　$\frac{4x+7}{3}-\frac{2x+9}{5}$

(6)　$\sqrt{45}-\frac{2\sqrt{5}}{3}$

(7)　$(x+3)(x+4)-(x+2)(x-2)$

2　次の問いに答えよ。

(1)　x^2y-36y を因数分解せよ。

(2)　二次方程式 $(x-2)(x+4)=7$ を解け。

(3)　連立方程式 $\begin{cases} x+2y=-3 \\ y=-x-1 \end{cases}$ を解け。

(4)　関数 $y=ax^2$ において，x の変域が $-3\leqq x\leqq 2$ のとき，y の変域は $0\leqq y\leqq 18$ である。このとき，a の値を求めよ。

(5)　右の図において，AD∥EF∥BCのとき，EFの長さを求めよ。

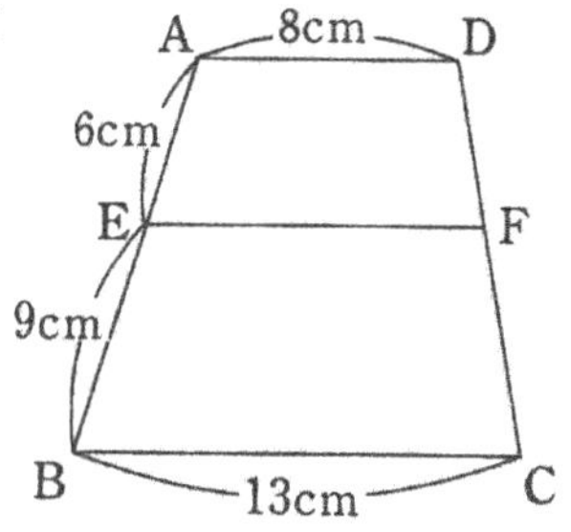

3　右の図のように，放物線 $y=ax^2$ 上に２点A，Bがあり，線分ABは x 軸に平行である。四角形AOCBが平行四辺形となるように x 軸の正の部分に点Cをとる。

また，y 軸上に y 座標が10である点Pをとる。

点Aの座標が（-4，8）のとき，以下の問いに答えよ。

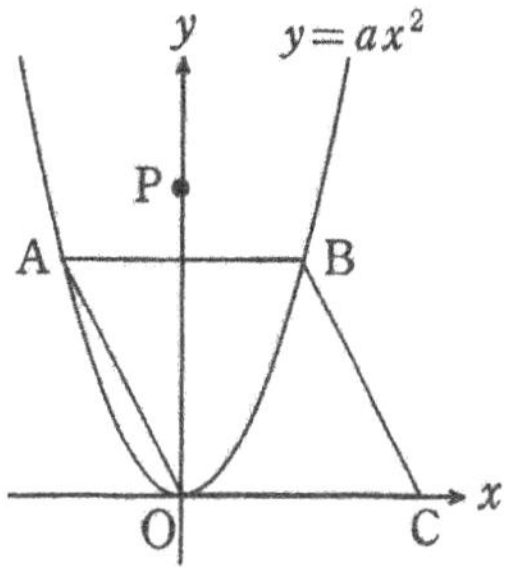

(1)　a の値を求めよ。

(2)　点Cの座標を求めよ。

(3)　点Pを通り，平行四辺形AOCBの面積を２等分する直線の式を求めよ。

4 右の図のように，円周を６等分する点に①から⑥までの番号をつける。
１つのさいころを何回か投げて，出た目と同じ数字が書かれた点を結ぶ。
このときにできる図形について考える。

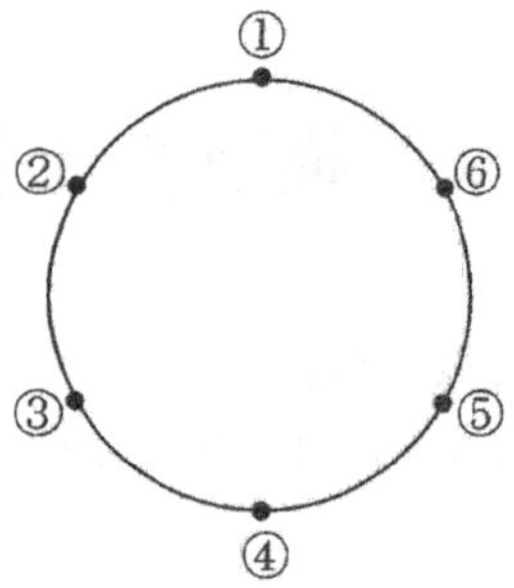

【例１】
さいころを２回投げ，１回目に出た目が５，２回目に出た目が２のとき，できる図形は⑤と②を結んだ「線分」である。

【例２】
さいころを２回投げ，１回目に出た目が５，２回目に出た目も５のとき，できる図形は⑤の「点」である。

【例３】
さいころを３回投げ，１回目に出た目が５，２回目に出た目が２，３回目に出た目が５のとき，できる図形は⑤と②を結んだ「線分」である。

以下の問いに答えよ。

(1) さいころを２回投げたとき，できる図形が線分となる確率を求めよ。
(2) さいころを３回投げたとき，できる図形が三角形となる確率を求めよ。
(3) さいころを３回投げたとき，できる図形が線分となる確率を求めよ。

5 右の図のように，ある規則に従って１段目，２段目，３段目……と数を並べた。
以下の問いに答えよ。

(1) ７段目に並ぶ数の和を求めよ。
(2) n 段目に並ぶ数の和が1024となるとき，n の値を求めよ。

1段目					1				
2段目				1		1			
3段目			1		2		1		
4段目		1		3		3		1	
5段目	1		4		6		4		1

6 図１のような，１辺の長さが10cmの正方形の厚紙があり，２点M，Nはそれぞれ辺AB，ADの中点である。
ここで，線分MN，MC，CNを折り目として同じ側に折り曲げ，図２のような立体を作る。
以下の問いに答えよ。

(1) この立体の体積を求めよ。
(2) △CMNを底面とするとき，この立体の高さを求めよ。

図１

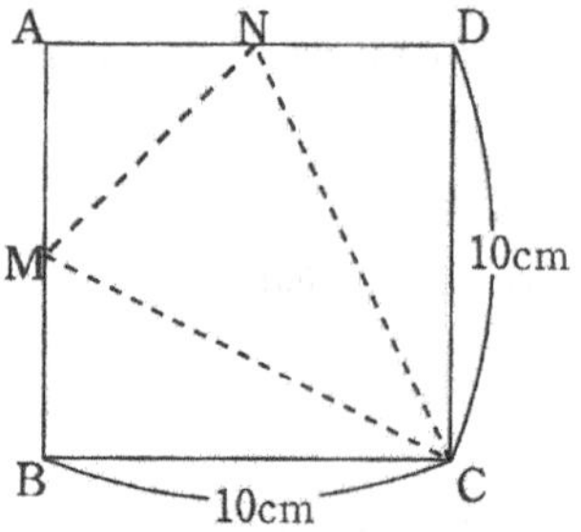

図２

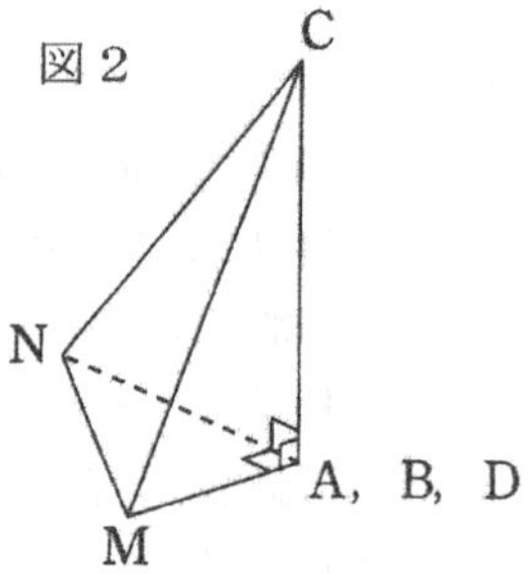

7　右の図のように，正方形ABCDの頂点Dが正方形EFGHの対角線の交点と重なっている。
ADとEFの交点をP，CDとFGの交点をQとするとき，以下の問いに答えよ。

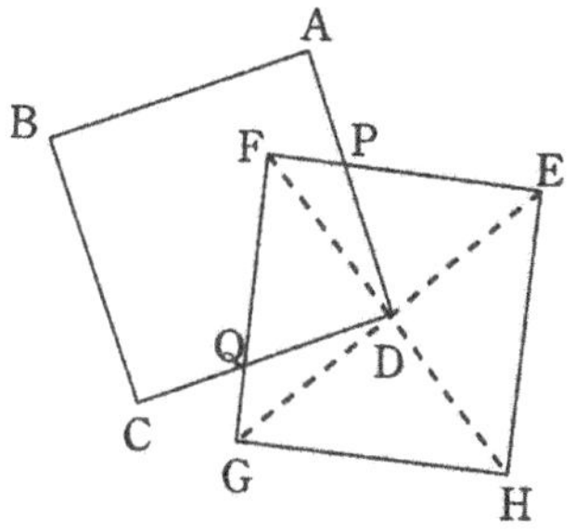

(1)　△PFD≡△QGDを証明せよ。

(2)　EF＝12㎝のとき，四角形PFQDの面積を求めよ。

【英　語】（50分）　＜満点：100点＞

1　(A)・(B)それぞれの問いに答えなさい。

(A)　次の各語の中で，アクセントの位置が他と異なるものを(a)～(d)より１つ選び，記号を書きなさい。

1．(a) ad-vice　(b) thou-sand　(c) hus-band　(d) doc-tor

2．(a) mu-se-um　(b) care-ful-ly　(c) choc-o-late　(d) gov-ern-ment

(B)　次の各語の中で，下線部の発音が他と異なるものを(a)～(d)より１つ選び，記号を書きなさい。

1．(a) machine　(b) cheer　(c) choose　(d) change

2．(a) breakfast　(b) great　(c) weather　(d) head

3．(a) son　(b) sun　(c) won　(d) aunt

2　次の１～５が表している英語を書きなさい。なお，【例】のように＜　＞内の文字は最初のアルファベットを表し，数字は文字の数を表します。

【例】　問題：This is a tall animal that has a long neck.　＜g，7＞
　　　解答：giraffe

1．This is the eleventh month of the year, between October and December.　＜N，8＞

2．This is a very intelligent sea animal like a fish with a long grey pointed nose.　＜d，7＞

3．This is a very large shop that sells food, drinks, and things that people need regularly in their homes.　＜s，11＞

4．This is someone who bakes bread and cakes, especially in order to sell them in a shop.　＜b，5＞

5．This is a small round red or black fruit with a long thin stem and a seed inside.　＜c，6＞

3　次の１～10のそれぞれの問いに答えなさい。

1．次の英文の（　）内に入る最も適切な語を(a)～(d)より１つ選び，記号で答えなさい。

This song is very popular (　　　) the students in my school.

(a) under　(b) between　(c) among　(d) below

2．次の２つの英文がほぼ同じ意味になるように，（　）に入る語を書きなさい。

Our class teacher says to us “Don’t speak loudly in the library”.

Our class teacher tells us we (　　　) speak loudly in the library.

3．次の各組の英文の（　）に共通して入る語を書きなさい。

I want to play baseball, (　　　) I don’t have enough time.

Not only the students (　　　) also the teachers felt sad about the news.

4．次の英文の中で文法的な誤りのあるものを(a)～(d)より１つ選び，記号で答えなさい。

(a) If I were you, I can buy a new computer to play a game.

(b) My father came home to find that the window was broken.
(c) The girl that I met at the party is an actress.
(d) My mother told us to eat more vegetables.

5．次の英文の下線部には文法的に誤っている箇所が１つあります。その番号を指摘した上で，誤っている箇所を正しい形に直しなさい。

① Be gentle ② to others ③ is something I ④ learned from my grandfather.

6．次の下線部の中で省略できないものを(a)~(d)より１つ選び，記号で答えなさい。

(a) These are the students that the teacher taught last year.
(b) There is only one thing that I can do for you.
(c) That party was wonderful but this one will be even better.
(d) The simple emotion that we discover in the human mind is anger.

7．次の英文の下線部と同じ用法の＜to不定詞＞を含むものを(a)~(d)より１つ選び，記号で答えなさい。

He has a plan to climb Mt. Fuji next winter.

(a) She was the first student to answer the question.
(b) He went to the park to meet his friends.
(c) It was very kind of him to carry my bag.
(d) When you are sick, you need to see a doctor.

8．次の対話文の（ ）内に入る英文として最も適切なものを(a)~(d)より１つ選び，記号で答えなさい。

Man 1 : Thank you for attending. Shall we start the meeting?
Man 2 : Sure. The purpose of this meeting is to discuss the new project. Do you have any ideas?
Man 1 : (   )
Man 2 : Sounds nice! Let's do that.

(a) What do you think I should do to solve the problem?
(b) Could you say that again more slowly, please?
(c) How about starting an online campaign for customers?
(d) Should I have him call you back?

9．次の日本語に合うように［ ］内の語を並べかえなさい。ただし，文頭に来るべき語も小文字になっています。

私は父親とよくこの川へ釣りに行ったものだ。

[river / fishing / often / I / my / this / father / would / with / at / go / .]

10. 次の英文を＜現在完了形＞を用いてほぼ同じ意味の英文にする時，（ ）内に入る語を書きなさい。

Sarah went to America last year. She is still traveling there.

→ Sarah (   )(   ) traveling in America (   ) last year.

4　次の表を見て，１から５の質問に対する答えとして最も適切なものを，それぞれ(a)～(d)より１つ選び，記号で答えなさい。

YFG LAND

2021年　月間来場者数【7月】

日	月	火	水	木	金	土	週平均
				1 570人	2 493人	3 852人	638人
4 983人	5 閉園	6 540人	7 466人	8 538人	9 667人	10 771人	661人
11 954人	12 閉園	13 598人	14 445人	15 557人	16 641人	17 866人	677人
18 978人	19 閉園	20 659人	21 1,153人	22 1,202人	23 1,280人	24 1,326人	1,100人
25 1,578人	26 1,634人	27 1,975人	28 2,108人	29 2,251人	30 2,274人	31 2,311人	2,019人

1．What day is the park usually closed?
(a) On Sundays.　　(b) On Mondays.
(c) On Wednesdays.　　(d) On Saturdays.

2．What day of the second week did the park have the most visitors?
(a) On Sunday.　　(b) On Monday.
(c) On Wednesday.　　(d) On Saturday.

3．Since when did the number of visitors begin to increase in the month?
(a) July 1st.　　(b) July 11th.　　(c) July 21st.　　(d) July 31st.

4．Which week has the highest average of visitors?
(a) The second week.　　(b) The third week.
(c) The fourth week.　　(d) The fifth week.

5．Which statement is true?
(a) Around 600 people visited this park every week in July.
(b) More than 500 people visited on Wednesday of the third week.
(c) The largest number of people visited the park on July 31st.
(d) July 5th is the tenth anniversary of the park.

5 次の英文を読み，後の問いに答えなさい。

Business Spotlight

The 100/400, ①[over / even if / can / a marker pen / has been off / that / 24 hours, / its / write / for / cap] *was launched by Pilot Corporation in 2017. Ready to write *no matter what, the 100/400 is a symbol of what has made Pilot a leading pen maker for more than 100 years.

In 1909, mechanical engineer Ryosuke Namiki *patented his first *fountain pen. Nine years later, with the *aid of Masao Wada, he created Namiki Manufacturing Co. Ltd. This company *manufactured and sold the first fountain pens made entirely in Japan.

In 1925, Namiki developed fountain pens with *lacquerware *barrels decorated using *maki-e*. They were quickly prized for their fine *craftsmanship, and Namiki started selling *maki-e* pens overseas in 1926. A year later, it also started selling and manufacturing *mechanical pencils.

Namiki Manufacturing became The Pilot Pen Co. Ltd in 1938. 【A】 Over the next few *decades, it created various companies to handle its different lines, such as The Pilot Ink Co. Ltd in 1950 for ink and The Pilot Kiko Co. Ltd in 1960 for mechanical pencils.

【B】 These included, to name just a few, the world's first *retractable fountain pen in 1963, the world's first 0.5-millimeter ballpoint pen in 1965, and in 1977 the world's first three-in-one combo — a black ballpoint pen, a red ballpoint pen and a mechanical pencil in the same barrel. 【C】 For the Japanese market, Pilot also released the Custom series of fountain pens in 1971, with *finer nibs specially designed for Japanese *script.

【D】 Pilot moved beyond *stationery in the 1970s and '80s, *branching into jewelry, toys and business supplies. 【E】 To fit this new *broader image, the company changed its name to Pilot Corporation in 1989. 【F】

Pilot has continued to develop ② original products. In the past few decades, these have included the Dr. Grip range of pens, designed to reduce muscle *strain. However, its most famous product of recent years has been the FriXion ballpoint pen, which contains erasable ink and an eraser at the top. The FriXion Ball wasn't the first erasable pen, but it *was lauded for its ability to erase ink without *significant damage to the paper.

Pilot is now Japan's largest pen producer and its products are found all over the world.

Chances are you've got one on your desk right now.

[出典：Hayward, J 2021, “alpha”, Pilot, vol.71, no.31 p.18]

*was launched 「販売が開始された」　*no matter what 「どんなことがあっても」
*patented 「～の特許権を取得した」　* fountain pen 「万年筆」　*aid 「手助け」
*manufacture 「製造」　* lacquerware 「漆細工の」　*barrels 「軸」　*craftsmanship 「職人技」
* mechanical pencil 「シャープペンシル」　*decade 「10年間」
* retractable 「(ノック式でペン先を）収納できる」　* finer nibs 「細かいペン先」　*script 「書体」
*stationery 「文房具」　*branching into 「分岐して～になる」　*broader 「幅の広い」
* strain 「負荷」　*was lauded 「高評価を得た」

1．下線部①が「24時間以上キャップがなくても書くことができるマーカーペン」という意味になるように，［　］内の語句を並べかえなさい。

2．本文中の □ で囲まれた部分の内容に合うように，次の(a)～(d)の記号を正しい順に並べなさい。

(a) シャープペンシルの販売を始める。　(b) 万年筆の特許を取得する。
(c) 海外に万年筆の販売を始める。　(d) 並木製作所を設立する。

3．次の英文が入る位置として適切なものを【A】～【F】より１つ選び，記号で答えなさい。

Pilot created many innovations in stationery in the mid-20th century.

4．下線部②の説明として最も正しいものを(a)～(d)より１つ選び，記号で答えなさい。

(a) 数十年をかけて FriXion Ball を開発した。
(b) インクの消耗を抑える Dr.Grip が開発された。
(c) 海外では FriXion Ball はとても称賛された。
(d) FriXion Ball はパイロットで有名な製品である。

5．本文の内容と一致するものを(a)～(d)より１つ選び，記号で答えなさい。

(a) 100/400は海外で発売され，パイロットを大手ペンメーカーにした象徴である。
(b) 1970年代に特別に設計された細かいペン先を備えたペンが開発された。
(c) 1918年に会社を設立してから会社の名前は変更されていない。
(d) パイロットは2019年に世界で最も大きな企業として称賛された。

6　Louis（ルイ）はパリ王立盲学校に通う少年です。次の英文を読み，後の問いに答えなさい。

Louis was home in *Coupvray when he finished his alphabet. He could hardly wait to get back to school and show it to the other boys. What would they say? Would they like it? They just had to!

Louis wasn't (　①　). The boys loved his alphabet from first touch.

"It's so simple!"

"So easy to feel."

"And so small — so much fits right under my *fingertips."

"We can write! We can write letters to each other!"

"We can take notes in class ..."

"And keep diaries!"

"And read them back later!"

"And books," Louis said quietly. "Don't forget about books. Soon we will have all sorts — just for us to read."

News of the alphabet spread quickly through the school. Soon the director of *the Institute sent for Louis.

"Tell me," *Dr. Pignier said. "What is this ... this alphabet of dots I've been hearing so much about?"

"Please, sir," answered Louis *eagerly. "If you will read something aloud, I'll show you."

So Dr. Pignier picked up a book and began to read — slowly.

"You can go faster, sir," said Louis. Soon Louis's hand was flying across the paper — punching words into dots. ② <u>When the director stopped reading, Louis turned the paper over.</u> He brushed his fingers lightly over the lines of raised dots. Then quickly, easily — without a single mistake — he read back every word.

"Amazing," Dr. Pignier kept *murmuring. "Amazing .... How old are you, my boy?"

"Fifteen," Louis answered.

"Fifteen! *To think that men (③) for just such an alphabet for hundreds of years — and one of *my* boys has found it instead. Fifteen. Amazing!"

Louis glowed with pride. Now was the time to ask the most important question of all. "Sir, when can we start making books?"

④ <u>Dr. Pignier was silent for a long time.</u> What was wrong? Finally he spoke. "You are young, Louis," he said.

Louis *frowned. What kind of an answer was this? Dr. Pignier tried to explain. The Institute was a charity school — it had no money of its own. Some of the money it needed came from the government, some from rich friends. But there was no money left over to make books.

"Sir," Louis said. "Will you write to these men — these men who have money? Will you tell them how my alphabet works? Will you tell them how cheaply it can be made into books?"

"I will," said Dr. Pignier. "But Louis, don't get your hopes up too high. Some things take time — a great deal of time."

Dr. Pignier sat down and wrote letter after letter. He wrote to rich men. He wrote to important men. He wrote to men who *had spent their whole lives working for the blind. One by one their answers came back.

Some were long. Some were short. Some were written with fancy words. But they all ended up saying exactly the same thing in the end — *no*.

Some people just didn't like change of any sort. "[⑤]" they wrote.

"They've worked well enough all these years."

［出典：M. Davidson, "Louis Braille—The Boy Who Invented Books for the Blind"］

*Coupvray 「クヴレ（フランス北部の小さな村）」　*fingertips 「指先」

*the Institute （＝a school in the city of Paris called The Royal Institute of Blind Youth）

*Dr. Pignier 「ピニエ校長」　*eagerly 「熱心に」　*murmur 「つぶやく」

*To think that 「まさか～とは」　*frowned 「顔をしかめた」

*had spent A doing 「Aを～するのに費やした」

1．空欄（①）に入る語として最も適切なものを(a)～(d)より１つ選び，記号で答えなさい。

(a) exciting　(b) surprising　(c) disappointed　(d) interested

2．下線部②を the director が指す人物名を明らかにして日本語に直しなさい。

3．空欄（③）に入る語句として最も適切なものを(a)～(d)より１つ選び，記号で答えなさい。

(a) searching　(b) are searching

(c) has been searched　(d) have been searching

4．下線部④の説明として最も適切なものを(a)～(d)より１つ選び，記号で答えなさい。

(a) Dr. Pignier was making fun of Louis.

(b) Dr. Pignier was looking for the words carefully.

(c) Dr. Pignier was looking at Louis's angry face.

(d) Dr. Pignier was paying little attention to Louis.

5．空欄［⑤］に入る英文として最も適切なものを(a)～(d)より１つ選び，記号で答えなさい。

(a) What's wrong with the old ways?

(b) Please don't make sounds!

(c) Can I make up with you?

(d) I'd love to, Dr. Pignier.

6．本文の内容と一致しないものを(a)～(d)より１つ選び，記号で答えなさい。

(a) ルイの発明した点字が他の生徒に受け入れられるまでに，時間はかからなかった。

(b) ルイが発明した点字の評判は，またたく間に学校中に広まった。

(c) ルイが目の不自由な人々のための点字を発明したのは，わずか15歳の時だった。

(d) ルイの願いが叶い，点字の本を出版するための資金を調達することができた。

ださい」と、伏し拝み、手をすり合わせておっしゃるが、（竹取は）「（かぐや姫は）私が作っていない子なので、思うとおりにもならないでいる」と言って、月日を過ごす。このようなので、この人たちは、家に帰って、物思いにふけり、祈りをし、願い事をする。（しかし、かぐや姫に対する）恋心はおさまりそうにもない。「そうはいっても最後まで男と結婚させないだろうか、いやさせるだろう」と（この人たちは）思って、期待をかけた。一途な心を見せつけるようにして歩き回る。

　これを見つけて、翁がかぐや姫に言うことには、「私の大切な子よ、へんげの人と申しても、このような大きさまで養い申す愛情は、並大抵ではない。翁が申すことは、聞いてくださろうか」と言うと、かぐや姫は、「どんなことでも、おっしゃることは、お聞きしないことがありましょうか。へんげの者でございますというような身の上とも知らず、親と思い申しております」と言う。翁は、「うれしいことをおっしゃるものよ」と言う。「翁は、齢七十を過ぎてしまった。（わたしの命は）今日、明日ともわからない。この世の人は、男は女と結婚する、女は男と結婚する。その後で、一門が繁栄するのです。どうして結婚しないでおられましょう」。

問一　＝＝線a「かひなし」b「つゐに」を現代仮名遣いに直しなさい。

問二　――線A「見まほしう」の意味としてふさわしいものを、次のア～エより一つ選び、記号で答えなさい。

ア　見たい　　　イ　妻にしたい

ウ　大切にしたい　エ　遊びたい

問三　――線B「師走」とは何月のことか答えなさい。

問四　――線C「この人々」について、次の問いに答えなさい。

①　誰のことを指しますか。具体的に書かれている部分を古文中から探し、始めと終わりの3字を抜き出しなさい。

②　この人々が行ったこととして、適当でないものはどれですか。次のア～エより一つ選び、記号で答えなさい。

ア　自分の気持ちがかぐや姫に通じるように、神仏に祈った。

イ　自分の思いの強さを見せつけるように、家の周りをうろついた。

ウ　自分の恋の苦しさを訴える手紙を、かぐや姫に送った。

エ　自分の思いの強さを、食事をとらないことで訴えた。

問五　――線D「翁」と同じ人物のことを指す語を、古文中より2字で抜き出しなさい。

問六　□で囲んだ次の語の中で、かぐや姫のことを表していないものはどれですか。次のア～エより一つ選び、記号で答えなさい。

ア　娘　イ　我子の仏　ウ　変化の物　エ　女

問七　――線E「翁の申さん事」の内容として適当なものを、次のア～エより一つ選び、記号で答えなさい。

ア　この世の人でないかぐや姫をここまで育てたのは、自分の愛情である。

イ　私はすでに七十歳を超える高齢なので、今日か明日には死んでしまう。

ウ　この世の男女は結婚するのが慣例なので、かぐや姫にも結婚してほしい。

エ　一門を繁栄させるために、少しでも地位の高い貴公子と結婚してほしい。

うに、本文中より15字以内で抜き出しなさい。

問六　――線C「その暗く、どこか激しい沈黙」が反映されているものは何ですか。本文中より9字で抜き出しなさい。

問七　――線D「私は必ずしもそうとは思わない」とあるが、「私」はその友人にどう答えると思われますか。「そう思う」理由を明らかにして90字以内で答えなさい。

三　次の文章を読んで、後の問いに答えなさい。

その中に、なほ言ひけるは、色好みといはるるかぎり五人、思ひやむ時なく、夜昼来ける。その名ども、石作《つくり》の御子《みこ》・くらもちの皇子《みこ》・右大臣阿倍《あべ》のみむらじ・大納言大伴《おほとも》の御行《みゆき》・中納言石上《いそのかみ》の麻呂足《まろたり》、この人々なりけり。

世の中に多かる人をだに、すこしもかたちよしと聞きては、A見まほしうするどもなりければ、かぐや姫を見まほしうて、物もくはず思ひつつ、かの家に行きて、たたずみありきけれど、かひあるべくもあらず。文を書きてやれども、返事《かへりごと》もせず。わび歌など書きておこすれども、aかひなしと思へど、霜月《しもつき》・B師走《しはす》の降りこほり、水無月《みなづき》の照りはたたくにも、障らず来たり。Cこの人々、ある時は、竹取をよび出《いで》て、

「娘を、吾に賜《た》べ」

とふし拝み、手をすりのたまへど、

「をのが生《な》さぬ子なれば、心にも従はずなんある」

と言ひて、月日過ぐす。かかれば、この人々、家にかへりて、物を思ひ、祈りをし、願を立つ。思ひ、やむべくもあらず。「さりとも、bつゐにおとこ婚《あ》はせざらむやは」と思ひて、頼みをかけたり。あながちに、心ざしを見えありく。

これを見つけて、D翁、かぐや姫に言ふやう、

「我子の仏、変化の人と申しながら、ここら大きさまでやしなひたてまつる心ざし、をろかならず。E翁の申さん事は聞き給ひてむや」

と言へば、かぐや姫、

「なに事をか、のたまはん事は、うけたまはらざらむ。変化の物にて侍りけん身とも知らず、親とこそ思ひたてまつれ」

と言ふ。翁、

「うれしくものたまふ物かな」と言ふ。「翁、年七十にあまりぬ。今日とも明日とも知らず。この世の人は、おとこは女に婚ふことをす、女は男に婚ふ事をす。そののちなむ、門ひろくもなり侍る。いかでか、さることなくてはおはせん」

（『竹取物語』より）

（現代語訳）

その中でそれでも言い寄ったのは、色好みと言われる者ばかり五人で、恋心がおさまる時もなく夜となく昼となく来た。その名は、石作の御子・くらもちの皇子・右大臣阿倍のみむらじ・大納言大伴のみゆき・中納言石上の麻呂足、この人たちであった。（この人たちは）世間に多い（程度の女の）人さえも、少しでも容貌が美しいと聞いては、[A]とする人たちだったので、かぐや姫を[A]と思って、食べ物も食べず思い続け、この家に行って、うろつき歩きまわったが、そのかいもあるはずもない。（この五人は）恋心などを書いて送ってくるが（かぐや姫は）返事もしない。甲斐がないと思うが、[B]の雪が降り氷が張り、六月の太陽が照りつけ雷がとどろくときにも妨げられずに（かぐや姫の家に）来た。この人たちは、ある時には竹取を呼び出して、「娘を私にく

六月下旬、白夜の季節に、その街では、シベリウス祭という、お祭りがあった。世界の各国からオーケストラや合唱団などが集まって来て、コンサートホールでシベリウスの作品を演奏するのである。その国の生んだ作曲家、シベリウスに寄せるスオミの人々の愛情には、ただ音楽的な共感の範囲をこえた何かが感じられた。シベリウスの作品には、〈カレワラ〉に触発されて書かれたものが多くある。そして、彼のあの音楽に流れる情念の陰には、カレリアへの愛と、悲痛なスオミの宿命に対する重い激情が色濃く流れているのを感じ取る事が出来る。

　私たちが、音楽的なスタイルや、官能として受けとめるものの背後には、どんな場合にもそんな何かがひそんでいるのだろう。その〈何か〉とはなんだろう、と、私は小雨の降る緑のシベリウス公園の遊歩道を歩きながら考えていた。

　私はその時の感想を、〈霧のカレリア〉という作品の中に描いてみようと試みたことがある。小説としては、[2]な感慨が先に立って、いささかバランスを欠いた作品になったような気がしないでもない。だが、私にとっては、それは忘れ難い作品の一つだ。

　オーマンディの指揮するフィラデルフィア管弦楽団の〈トゥオネラの白鳥〉や、〈フィンランディア〉は、私には、いささか明快すぎるような気がする。スオミの国土と人々の持つ、あの重いどろどろしたコンプレックスが、爽やかな音の流れの中からどこか脱《ぬ》け落ちているような気がするのだ。

　シベリウスを聞くたびに、私は強国に隣接した小国の悲劇性といったようなものを感ぜずにはいられない。

　音楽をそんな風に聞くのは正しくない、純粋に芸術的な感興を音として楽しむべきだ、とある友人に言われた。しかし、D私は必ずしもそうとは思わない。

　芸術的であることが、深く人間的であるということならば、民族の運命と音楽は、必ずどこかで生の形でつながっていると思うからである。それは、私たちの国のクラシック音楽にも、ジャズにも、グループ・サウンズにも、そして、艶歌の嘆き節の中にもあるはずだ。

（五木寛之『風に吹かれて』より・一部改変）

問一　〰〰線a「含羞」、b「陰惨な」の意味としてふさわしいものを、それぞれア～エより一つ選び、記号で答えなさい。

a「含羞」

ア　悲しみ　イ　憎しみ　ウ　おかしみ　エ　恥じらい

b「陰惨な」

ア　暗くむごたらしい　イ　憐《あわ》れみを誘う

ウ　残酷に取り扱う　エ　惨めな気持ちにする

問二　[1]・[2]に入る語を、次のア～カから一つずつ選び、記号で答えなさい。

ア　先入観　イ　直観　ウ　主観的

エ　客観的　オ　運命的　カ　本質的

問三　本文全体を大きく二つに分けた場合、後半部はどこから始まるといえますか。始めの5字を答えなさい。

問四　――線A「ある本質的な一面」とは何を指しますか。後半部から13字で抜き出しなさい。

問五　――線B「ローラーをかけるように、その国の上を行ったり来たりした」とは何の比喩ですか。「～歴史」という書き方に連なるよ

の持っている独特の暗さ、重さ、そして抒《じょ》情の味とa含羞《がんしゅう》のニュアンスがあって好ましい。（中略）

スオミの首都、ヘルシンキの事を、〈北の白都〉とか、〈バルト海の宝石〉だとか言ういい方がある。それは確かに、そのようなイメージをたたえた美しい街だ。

しかし、私が数年前の夏、レニングラードからやって来た日は、その街はひどく暗く、b陰惨な感じがあった。冷たい小雨が終日降り続いて、駅にはユースホステルを追い出された渡り鳥旅行者たちが、ザックを抱えてふるえていたのを憶えている。

それは、北欧というファンタスティックな［1］とはひどく違ったものだった。

その後、スカンジナビア半島を回って、私はその時の第一印象が、ある意味ではスオミという国の、Aある本質的な一面に触れていると思うようになった。

一口に北欧という。だが、スカンジナビア半島の四ヵ国は、それぞれ驚くほど違った国と民族の集まりである。

ただ、お国柄が違っているというだけではない。それぞれの国のあり方は、むしろ一種の対立と抗争の関係にあるように思われた。

NATOに加盟している国、ソ連と条約を結んでいる国、そしてどちらにも属しようとしない国がそこにはあった。

スオミは、決して豊かな社会福祉国家ではない。それは、ノルウェーのように漁業や、海運業の伝統も持たず、スウェーデンのように巨大な地下資源と近代工業の基盤もない。また、デンマークのような合理的な近代農業国家でもなかった。それは無数の小さな湖沼と、森林からなる暗い冷たい風土であり、人々は半年の長い暗夜を耐えて生きねばならない国だった。

スオミは、つい五十年前まで、帝政ロシアと、スウェーデン王国との二つの外国に支配されて来た国である。何百年もの間、戦火と圧制が、そして強国の兵士と権力が、Bローラーをかけるように、その国の上を行ったり来たりした。

その長い冬の季節を通じて、スオミの人々は、Cその暗く、どこか激しい沈黙をかたちづくっていったものらしい。

北極に近い世界で二番目の国土の厳しい自然と、痩《や》せた土地が、スオミの人々の表情に更に深い内省と克己のひだをきざみ込んだのだろう。私がその街で見た男や、女の顔は、他の北欧人の顔つきとは全くことなっていたように思う。

スオミとソ連の国境地帯はカレリアと呼ばれる土地である。それはスオミの人間にとって、一種の魂の故郷といえる土地らしい。そこはもともとスオミの人々が、遠いアジアの果てから遠い旅を続けてやって来て、そこに定着し人間の生活を始めた。スオミ人の母なる土地だった。深い霧と、露呈した灰色の岩石と、無数の沼におおわれた暗い荒涼たる地帯である。

そのカレリアをめぐって、ロシアとの間に度々の争いが行われた。そして、第二次世界大戦にドイツと組んでソ連と戦い、それに敗れたスオミは、賠償としてカレリアの土地をソ連に割譲しなければならなかった。今でもカレリアは、スオミの人々にとって失われた土地なのである。世界的に有名な伝承詩〈カレワラ〉は、その土地からもたらされたものだった。

＊パント……日本の公園の貸ボートも、これである。
＊蓄音器……レコードプレーヤー。　＊無何有郷……ユートピア。
＊社会主義／共産主義……二十世紀を左右した思想。ソ連・中国などを生んだ。
＊曾遊……かつての訪問。
＊横浜正金銀行……政府の保護を受けて貿易を担当した銀行。多くの海外支店があった。
＊小切手……現金の代わりに用いる。受け取った者が銀行へ持参し、換金する。

問一　1～4のカタカナを漢字に直しなさい。

問二　1・2・3にあてはまる言葉の組み合わせとして、ふさわしいものを、次のア～エより一つ選び、記号で答えなさい。

ア　1　そうして　2　けれども　3　というよりは
イ　1　そうして　2　したがって　3　というよりは
ウ　1　あるいは　2　けれども　3　どころではなく
エ　1　あるいは　2　したがって　3　どころではなく

問三　――線A「(それは大抵パントの客の携えるところであるが)」という表現から、筆者は「パントの客」の「蓄音器」に対して、どのような感情を抱いていると考えられますか。次のア～エより一つ選び、記号で答えなさい。

ア　なげかわしい　イ　いまいましい
ウ　ほほえましい　エ　すがすがしい

問四　――線B「少し記憶が怪しい」のはなぜですか。理由としてふさわしい文を、本文中より24字で抜き出しなさい。(句読点を含む)

問五　――線C「こんな事」とは、どんなことを指していますか。ふさわしくないものを、次のア～エより一つ選び、記号で答えなさい。

ア　ドレッシングは出てこない　イ　ドレッシングは自分で作る
ウ　ドレッシングの作り方　エ　ドレッシングは野菜にかける

問六　4には、次のア～エが入ります。正しい順に並べかえて、記号で答えなさい。

ア　平和が二十年続いて二度目の大戦となり、
イ　それから平和が来、
ウ　再び平和が来て、
エ　戦争が七年（イギリスにとっては）続き、

問七　次の文を本文へもどした時、ふさわしいのはどこですか。本文中の【1】～【3】より一つ選び、番号で答えなさい。

●　それは私には驚くべきことであった。

問八　――線D「人が人を信用する」とありますが、イギリスの社会において、それはどのような形で表れていますか。本文中より例を一つ挙げなさい。

問九　――線E「間違い」とは、どのようなことを指していますか。次のア～エより一つ選び、記号で答えなさい。

ア　遺失　イ　盗難　ウ　汚損　エ　破損

二　次の文章を読んで、後の各問いに答えなさい。

フィンランドは、私に取って忘れ難い国である。フィンランド人は、自分たちの国を呼ぶ時に、〈スオミ〉と呼ぶ。フィンランドというよりは、スオミと書いた方が、私にもぴったり来る。――スオミとは、多くの湖の国、といった意味だと或《あ》る本に書いてあった。正確な語源については、私は知らない。だが、スオミという発音には、どことなくあの国

まだ第一次大戦の最中であった。［　　　　４　　　　］

もう七年以上になる。世界が一変したように、イギリスも変ったであろう。この頃日本に来る若いイギリス人に会って、私の見た頃のロンドンを語れば、彼らは屢々日本人の若い人々が珍しがるように、自分の国の昨日の事を珍しがることもある。けれども、ロシヤ人が何時になってもロシヤ人であり、ドイツ人がドイツ人であるように、今日のイギリス人とイギリスの社会も、結局は昨日のイギリス人やイギリス人の社会の続き以外のものではない。【1】

　青年の私は、始めてイギリスに来て、やはりこれが礼譲ある民というものだろうと思うことが多かった。人と戸口で一緒になれば、「お先きへ」といい、人の談話をさえぎらず、街上で誤って人に触れれば「失礼」といい、女中にものを頼むにも「どうぞ（プリイズ）」といい、「サンキュウ」ということが、常人3フツウの礼儀となっているというのは、やはり中々の事で、急仕込みでは出来ないと思った。一部の評論家のするように、イギリス人の俗物性や偽善性なるものを掻き立て出して指摘することは容易いだろうが、治にも乱にも、彼等が何か守るところを持して、容易く動かない国民であるとの印象は変らない。今はどうなっているか。私は青年の頃、一時大陸の文芸や学術に傾いたのであったが、それにも拘らず、何故か最初の留学地としてイギリスを選んだ。この選択は幸いであったと思っている。【2】

　私はまたイギリスに来て、D人が人を信用するのに驚いた。その例は幾つもあるが、一二をいうと、その頃*横浜正金《しょうきん》銀行の支店は、金融地区のビショップスゲエト街七番地であったが、そこに少しばかりの金を預けると、信用して、小切手帳を渡してくれた。日本を出る前は、*小切手で買物などしたことがないから、珍しくて仕方がない。町へ出て、僅かの買物をしても小切手で払う。それで、全く初めての店で買物をして、一度も断られたことも、怪しまれたこともない。名を知らず、処を知らず、銀行に幾許《いくばく》預金が残っているか知りようのない外国人の若者の小切手を、彼等はどうして疑わずに受取るのであろうか。【3】

　また汽車に乗って、手荷物を預ける。預った方は、預り証も何も寄越さない。目的の駅に着くと、人々は銘々手荷物貨車へ出かけて往って、勝手に見付けて持って来る。これと似たことは、郵便局で金を受取ったり、図書館で本を借り出したりする場合にもあった。

　それでE間違いが起らないかといえば、時には起るのであろう。それでもこの制度は動かない。それは、人は信ずべきものだという道念と、人を一々疑っているよりも、人を信じてかかる方が全体として有利だという実際的考慮と、その両方からきているであろう。しかし、いずれにしても、かかる、人々の相信ずることを4キソとする社会を築き上げたということは、大したことである。後世、歴史家が各国民の人類に対する貢献を記録するについて、イギリス人は何を為したかという場合、人民自治の制度と、広い意味での信用制度は、必ず挙げられなければならぬと思う。この二つのものは、他のいずれの国民においても、まだ英国における如《ごと》くには成功していないようである。

（小泉信三『平生《へいぜい》の心がけ』より・一部改変）

＊如《し》くものはない……及ぶものはない。
＊沙翁……シェイクスピアのこと。　＊屋形船……屋根のある船。
＊江碧ニシテ……漢詩（杜甫《とほ》の絶句）の引用。
＊不文法……明記されないが、存在する法律。伝統と慣習による。

【国　語】（五〇分）〈満点：一〇〇点〉

【注意】字数制限のある場合、「」、句読点も字数に含みます。

一　次の文章を読んで、後の問いに答えなさい。

世界の大都市には、どれにも有名な河が流れている。東京の隅田川《すみだがわ》、パリのセエヌ、ニュウヨオクのハドソン、ベルリンのスプレエ、［1］ロンドンのテムズ等々。［2］、河の景色は、五月六月のテムズの上流に*如《し》くものはないと思う。水は漫々と岸をひたして、ゆるやかに、流れる［3］往《ゆ》くといいたいように、静かに動く。これは*沙翁《さおう》の故郷のエヴォン川も、ケムブリッジを繞《めぐ》って流れるケム川も、皆な同じ趣きであるが、テムズは殊《こと》に美しい。河の岸には、屢《しば》々寝起きのできる*屋形船が繋《つな》がれ、「*江碧《コウミドリ》ニシテ鳥愈《イヨイヨ》白キ」白鳥が浮いている。その白鳥が、*不文法で、大部分国王または女皇のものであるということは、近頃始めて読んで知った。上流に行くと、処々に水門《ロック》がある。舟が水門に入ると、遡るときは、まず下の1トビラを閉して、然る後徐々に上のトビラを開く。水は注ぎ入り、水門内の船は水とともに押し上げられて、上の水面の高さになる。そして水門外に漕《こ》ぎ出《い》でる。河を下るときは、その反対にする。水門に集まる舟には、モオタア・ボオトがあり、橈《かい》で漕ぐスカルがあり、帆で走るヨットがあり、棹《さお》で押す、底の平らな*パントがあり、水の満干を待つ間には、*蓄音器A（それは大抵パントの客の携えるところであるが）や笑語の声が賑《にぎや》かである。

（中略）

沿岸の名所には、ロンドンに一番近いリッチモンドからハムプトン・コオト、キュウガアデン、メイドンヘッド等々がある。B少し記憶が怪しいが、メイドンヘッドは、たしかロドデンドロンの名所であった。ロドデンドロンといえば石楠花《しゃくなげ》で、石楠花は、日本では背の低い高山植物であるが、ロンドン郊外では、見上げる梢《こずえ》に花が咲いていたと思う。舟から上って、田舎の料理店で食事をする。生野菜《サラダ》が出て来て、かけるものがない。同行の2センパイは、卓上のスプウンをとり上げ、それに、同じく卓上の薬味架（cruet stand）から、少しばかり塩と胡椒《こしょう》とを取り、更にヴィネガア（醋《す》）とサラダ・オイルとを注ぎ、フォオクで掻《か》き廻《まわ》したのを、野菜にかけて、食べた。Cこんな事も知っている方が好いよ、と教えてくれた。ロドデンドロンを見に往《い》ったときのことだったので、一緒に憶《おも》い出した。これが調理といえるかどうか。兎《と》に角、今でも私のできる調理は、これ一つである。

後年、日本へ帰ってから、私は別の必要から、詩人で*社会主義者であったウィリアム・モリスの『ニュウス・フロム・ノオホウェヤア』（*無《む》何有郷《かゆうきょう》からの消息）を読んだ。これはイギリスに*共産主義が実現された暁の夢物語をしたユウトピア小説であって、私は社会主義思想史を書くその一資料としてそれを読んだのであるが、その中に、主人公が幾日もかかって、テムズ河を小舟で遡る叙述がある。この叙景を読んで、私は若い日の*曾遊《そう》を憶い、しばし巻を措《お》いた。今では、この小説に書かれている未来社会の社会制度よりも、いかなる時代にも変らない、イギリスの自然の美しさの方が、心に残っている。

これは自然であるが、イギリスの人と社会の方はどうか。私が最後にイギリスを見てからもう三十六年立った。私がイギリスを立ったのは、

MEMO

大切なことはメモしておこうネ！

一般

2022年度

解答と解説

《2022年度の配点は解答欄に掲載してあります。》

＜数学解答＞

1 (1) 9 (2) 1 (3) $\frac{5}{24}$ (4) $-4ab$ (5) $\frac{x+3}{12}$ (6) $-3\sqrt{2}$
(7) $-2x+9$

2 (1) $(x+y-2)(x-y-2)$ (2) $x=-7, 3$ (3) $x=3$, $y=2$ (4) 6
(5) 6cm^2

3 (1) $a=\frac{1}{4}$ (2) $m=-\frac{1}{2}$, $n=6$ (3) $(-6, 3)$

4 (1) $\frac{7}{36}$ (2) $\frac{7}{36}$

5 (1) $a=8$, $b=15$ (2) ① -4 ② 10

6 (1) $\sqrt{109}$cm (2) $\frac{9}{5}$cm

7 (1) 15cm (2) 解説参照

○配点○

1 各3点×7 2 各4点×5 3 各5点×3 4 各5点×2 5 各5点×3
6 各5点×2 7 (1) 4点 (2) 5点 計100点

＜数学解説＞

基本 1 (数・式の計算，平方根の計算)

(1) $4-(-5)=4+5=9$

(2) $-9+(-5)\times(-2)=-9+10=1$

(3) $-\frac{5}{8}+\frac{5}{6}=-\frac{15}{24}+\frac{20}{24}=\frac{5}{24}$

(4) $(-6a^2b^3)^2\div(-9a^3b^5)=-\frac{36a^4b^6}{9a^3b^5}=-4ab$

(5) $\frac{2x-3}{6}-\frac{x-3}{4}=\frac{2(2x-3)-3(x-3)}{12}=\frac{4x-6-3x+9}{12}=\frac{x+3}{12}$

(6) $\sqrt{18}-\sqrt{72}=3\sqrt{2}-6\sqrt{2}=-3\sqrt{2}$

(7) $(x-3)^2-x(x-4)=x^2-6x+9-x^2+4x=-2x+9$

2 (因数分解，二次方程式，連立方程式，平方数，面積)

(1) $x^2-4x+4-y^2=(x-2)^2-y^2=(x-2+y)(x-2-y)=(x+y-2)(x-y-2)$

(2) $x^2+4x-21=0$ $(x+7)(x-3)=0$ $x=-7, 3$

(3) $2x+3y=12$…① $3x+4y=17$…② ②×3－①×4から，$x=3$ $x=3$を①に代入すると，$2\times3+3y=12$ $3y=6$ $y=2$

(4) $294a=2\times3\times7^2\times a$ この値がある整数の2乗になる最小の自然数aは，$a=2\times3=6$

重要 (5) 直角三角形の斜辺の長さは，$\sqrt{4^2+3^2}=\sqrt{25}=5$(cm) 求める面積は，(直角三角形の面積)＋(直径4cmの半円の面積)＋(直径3cmの半円の面積)－(直径5cmの半円の面積)＝$\frac{1}{2}\times4\times3+\frac{1}{2}\pi\times2^2+\frac{1}{2}\pi\times\left(\frac{3}{2}\right)^2-\frac{1}{2}\pi\times\left(\frac{5}{2}\right)^2=6+\frac{1}{2}\pi\left(4+\frac{9}{4}-\frac{25}{4}\right)=6+\frac{1}{2}\pi\times0=6$

3 (図形と関数・グラフの融合問題)

基本 (1)　$y=ax^2$に点Aの座標を代入すると，$1=a\times(-2)^2$　$4a=1$　$a=\frac{1}{4}$

(2)　②の式を$y=px$として点Aの座標を代入すると，$1=-2p$　$p=-\frac{1}{2}$　よって，②の式は，$y=-\frac{1}{2}x$　②//③から，$m=-\frac{1}{2}$　$y=\frac{1}{4}x^2$に$x=-4$を代入すると，$y=\frac{1}{4}\times(-4)^2=4$　B$(-4,\ 4)$　点Cはy軸に関して，点Bと対称な点だから，C$(4,\ 4)$　③は点Cを通るから，$y=-\frac{1}{2}x+n$に点Cの座標を代入すると，$4=-\frac{1}{2}\times4+n$　$n=6$

重要 (3)　直線BDの式を$y=qx+6$として点Bの座標を代入すると，$4=-4q+6$　$4q=2$　$q=\frac{1}{2}$　$y=\frac{1}{2}x+6$…④　②と④からyを消去すると，$-\frac{1}{2}x=\frac{1}{2}x+6$　$x=-6$　$x=-6$を②に代入すると，$y=-\frac{1}{2}\times(-6)=3$　よって，E$(-6,\ 3)$

4 (関数・グラフと確率の融合問題)

(1)　大小2つのサイコロの目の出かたは全部で，$6\times6=36$(通り)　そのうち，三角形OAPが二等辺三角形になる場合は，(大，小)＝(3，1)，(3，2)，(3，3)，(3，4)，(3，5)，(3，6)，(6，6)の7通り　よって，求める確率は，$\frac{7}{36}$

重要 (2)　三角形OAPが直角三角形になる場合は，(大，小)＝(3，3)，(6，1)，(6，2)，(6，3)，(6，4)，(6，5)，(6，6)の7通り　よって，求める確率は，$\frac{7}{36}$

5 (2次方程式の解と係数)

基本 (1)　$x^2+ax+b=0$…①　①に$x=-3$を代入すると，$(-3)^2+a\times(-3)+b=0$　$9-3a+b=0$　$3a-b=9$…②　①に$x=-5$を代入すると，$(-5)^2+a\times(-5)+b=0$　$25-5a+b=0$　$5a-b=25$…③　③−②から，$2a=16$　$a=8$　$a=8$を②に代入すると，$3\times8-b=9$　$b=15$

(2)　$x^2+4x+2=0$　二次方程式の解の公式から，$x=\frac{-4\pm\sqrt{4^2-4\times1\times2}}{2\times1}=\frac{-4\pm\sqrt{8}}{2}=\frac{-4\pm2\sqrt{2}}{2}=-2\pm\sqrt{2}$

①　$p+q=(-2+\sqrt{2})+(-2-\sqrt{2})=-4$

重要 ②　$pq=(-2+\sqrt{2})(-2-\sqrt{2})=(-2)^2-(\sqrt{2})^2=4-2=2$　$p^2+q^2-pq=(p+q)^2-2pq-pq=(p+q)^2-3pq=(-4)^2-3\times2=16-6=10$

6 (空間図形の計量問題－最短距離，三平方の定理，平行線と線分の比の定理)

(1)　右の図のような展開図の一部を描き，点EからBCへ垂線EH，点EからABへ垂線EIを引く。
EI＝HB＝$6\div2=3$　IB＝EH＝$\sqrt{5^2-3^2}=\sqrt{16}=4$
AI＝$6+4=10$　求める長さは線分AEの長さになる。△EAIにおいて三平方の定理を用いると，
AE＝$\sqrt{10^2+3^2}=\sqrt{109}$(cm)

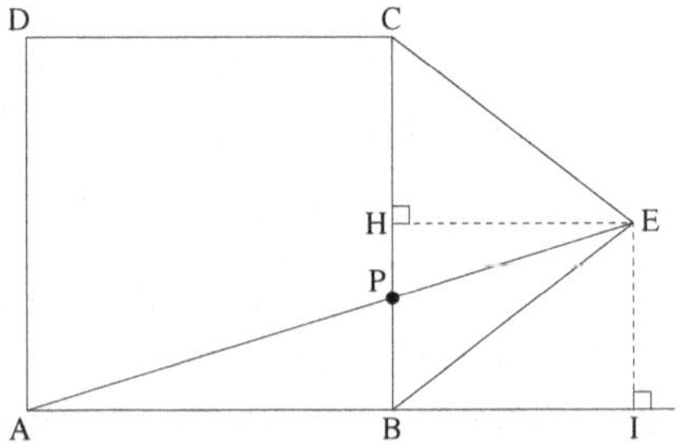

(2)　平行線と線分の比の定理から，BP：IE＝AB：AI
BP：3＝6：10　BP＝$\frac{3\times6}{10}=\frac{9}{5}$(cm)

7 (平面図形の計量問題，証明－円の性質，三平方の定理，三角形の相似の証明)

(1)　ABは円Oの直径だから，∠ADB＝90°　△ABDにおいて三平方の定理を用いると，AD＝$\sqrt{20^2-16^2}=\sqrt{144}=12$　ED＝AE－AD＝24－12＝12　△ABD∽△FED(証明は(2))より，BA：EF＝BD：ED　20：EF＝16：12　EF＝$\frac{20\times12}{16}=15$(cm)

(2)　(証明)　△ABDと△FEDにおいて，点Dは，ABを直径とする円周上にあるので，∠ADB＝90°　∠FDE＝180°－∠ADB＝90°　よって，∠ADB＝∠FDE…①　円Oの$\overset{\frown}{AD}$に対する円周角だから，∠ABD＝∠ACD…②　4点C，E，D，Fを通る円の$\overset{\frown}{DF}$に対する円周角だから，∠FCD＝∠FED…③　②，③より，∠ABD＝∠FED…④　①，④より，2組の角がそれぞれ等しいの

で，△ABD∽△FED

★ワンポイントアドバイス★

5(1)は，$x^2+ax+b=0$の2つの解がp，qのとき，$x^2+ax+b=(x-p)(x-q)=x^2-(p+q)x+pq$より，$a=-(p+q)$，$b=pq$となることを利用すると，$a=-(-3-5)=8$，$b=(-3)\times(-5)=15$

<英語解答>

1　(A)　1　(a)　2　(c)　3　(d)　(B)　1　(a)　2　(d)

2　1　January　2　monkey　3　bridge　4　waiter　5　pineapple

3　1　(c)　2　way　3　with　4　(a)　5　誤っている箇所　③　正しい形 would
6　(c)　7　(c)　8　(c)　9　What would you do if you could turn back time?
10　the best singer

4　1　(c)　2　(b)　3　(a)　4　(d)　5　(a)

5　1　【C】　2　(b)　3　(例)　赤土が海へ流出すること。　4　(d)　5　(a)

6　1　(d)　2　an old Harvard man　3　(c)　4　(例)　教師として働くことで収入を得ようと考えている。　5　(例)　ハーバード大学の卒業式に出席するためのチケット
6　(c)

○配点○

1・2　各2点×10　3　5　誤っている箇所　1点　正しい形　2点　他　各3点×9
4・5　各3点×10　6　4・5　各4点×2　他　各3点×4　計100点

<英語解説>

基本 1　(アクセント・発音)

(A)　1　(a)は第1音節，他は第2音節を強く読む。　2　(c)は第2音節，他は第1音節。　3　(d)は第2音節，他は第1音節。

(B)　1　(a)は [ð]，他は [θ]。　2　(d)は [æ]，他は [ʌ]。

2　(単語)

1　「これは1年の最初の月だ」→ January「1月」

2　「これは長い尾を持つ小型の茶色の動物で，手を使って木に登り，熱帯の国に生息する」→ monkey「サル」

3　「これは川や道路の上に建設された構造物で，人や乗り物が一方からもう一方へ渡ることを可能にする」→ bridge「橋」

4　「これはレストランのテーブルで飲食物を給仕する人だ」→ waiter「ウェイター」

5　「これはたくさんの果汁がある，黄色と茶色の大きな熱帯の果物だ」→ pineapple「パイナップル」

3　(語句補充・選択，分詞，言い換え・書き換え，不定詞，前置詞，熟語，正誤問題，関係代名詞，仮定法，時制，対話文完成，語句整序，比較)

1　「私はどの野菜も好きではないが，ゆでたブロッコリーは食べられる」「ゆでられた」という受

け身の意味になるよう，boil「～をゆでる」の過去分詞 boiled を入れる。

2 「このコンピュータの使い方を教えてくれませんか」 < how to +動詞の原形>，< the way to +動詞の原形>「～する方法」

3 「同級生とコミュニケーションを取りましょう」「富士山は冬，多くの雪で覆われる」 communicate with ～「～とコミュニケーションをとる」 be covered with ～「～で覆われている」

やや難 4 (a)「私の兄によって捕らえられたこれらの魚はとても美しく見える」 fish「魚」は同じ種類が複数の場合は，-es を付けずに fish とする。these「これらの」は複数名詞に用いるので，These fish「これらの魚」は複数を表している。よって動詞 looks は誤りで look が正しい。

5 「雨が激しく降っているので，星を観察できない。雨が止むといいのになぁ」 I wish ～「～だといいのに」に続く節の動詞は過去形になるため，③ will を would に直す。

6 目的格の関係代名詞 that は省略することができ，(c)の that が該当する。(a)は「あの」を表す指示形容詞，(b)は主格の関係代名詞，(d)は前述の名詞を指す代名詞で，いずれも省略できない。

7 「私はあなたから連絡があってとてもうれしい」 下線部 to hearは「～して」という意味で，感情の原因・理由を表す副詞的用法の不定詞。(c)「先生はあなたの演技を見て満足しましたか」が同じ用法。

8 少女1：メアリーはとても幸せそうね。彼女に何が起きたか，知っている？／少女2：彼女は写真家の男性と結婚したばかりなのよ。／少女1：彼女たちは知り合ってどのくらい？／少女2：3年以上よ。彼女にメッセージカードを送りましょう！ For more than three years.「3年以上の間」と期間を答えていることに着目し，(c)「彼らはお互いをどのくらいの期間知っているか」(知り合ってどのくらいか)という文を入れる。

やや難 9 実現不可能な仮定を表す，仮定法過去の文。助動詞が過去形になることがポイント。まず「何をしますか」の部分を What would you do?「あなたは何をしますか」とし，その後に if you could turn back time「もしあなたが時間を巻き戻すことができたら」と続ける。

10 「ユカはこの学校の他のどの生徒よりも上手に歌を歌うことができる」「ユカはこの学校で最も上手な歌手だ」 空所の前に is があることに着目し，名詞を使って the best singer「最も上手な歌手」と表す。

4 (資料読解問題：内容吟味)

1 「2月の電気代はすべての月の中で最も高い」 電気代のグラフ参照。< the +最上級>「最も…」

2 「ガス代と水道代は，4月はほぼ同じである」 ガス代と水道代のグラフ参照。

3 「2月，ガス代は携帯電話代の約半分だ」 グラフより2月のガス代は約5,000円で，携帯電話代は約10,000円である。half as … as ～「～の半分くらいの…」

4 「携帯電話代の平均費用が最も高い」 どの月も携帯電話代がすべての費用の中で最も高いので，平均費用も最も高くなる。

5 「水道代は12月から6月にかけて増えている」 水道代のグラフ参照。increase「増える」

5 (長文読解・紹介文：脱文補充，語句解釈，内容吟味，内容一致)

(Ⅰ) (全訳) 沖縄の豊かな自然

沖縄の島々には広大な海や山々や川など，豊かな環境があり，手つかずの天然資源もある。沖縄には，地元で美ら海(澄んだ美しい海)として知られる，世界で最も澄んだ水がある。多くのサンゴ礁がその地域に存在し，それは200種以上のサンゴのすみかだと言われている。

陸上では，多様な生態系が山や川の周辺で見られる。1例は，沖縄本島の北部に広がるやんばるの森だ。この特別な場所は，ヤンバルクイナ，ノグチゲラ，アマミトゲネズミを含む，多くの日本の天然記念物のすみかである。そこで生息している多くの生物は，他のどの場所でも見つけることができない。やんばるの森の環境に対する理由の1つは，それが戦争中に被害をほぼ免れることができたことである。沖縄の亜熱帯気候のおかげで，その地域は1年中，降水量もとても多い。同じ緯度の場所(北緯27度)で同じような条件を持つ場所はほとんどない。長年にわたり，この珍しい環境で独自の生態系が作られた。

貴重な自然環境で知られるもう1つの場所は，沖縄本島から400kmほど南西にある西表島だ。西表の島全体が自然公園である。やんばるの森のように，この地域は多くの雨が降る。西表を流れる浦内川は沖縄県内で最長で，巨大な水量を保つ。マングローブの森がその川の下流に広がり，①その島を訪れる観光客にカヌーツアーが人気である。

(Ⅱ) (全訳) 沖縄の環境問題

沖縄の海は多くの種類のサンゴがあることで知られているが，白化が最近の問題になってきている。様々な原因があると考えられているが，その1つは地球温暖化だ。【C】過去100年において，日本の周りの海水は約1.1℃温かくなり，それが海流を変化させ，天気に影響を与え始めた。サンゴは環境の変化に対してとても弱いので，温暖化がその生育条件を変えた可能性は否定できない。

温暖化より大きな原因と考えられているのが，赤土である。沖縄や奄美諸島で見られるこの赤茶の土壌は非常に細かい粒子を持つ。沖縄には大量の雨が降り，そのたびに土壌の一番上の層が川に流出し，川はその土を海に運ぶ。昔は，森が赤土の流出を防いでいたが，大規模な公共工事やリゾート開発が森の面積を減らすにつれ，②その問題が悪化している。赤土は実際のところ，害を起こすものは何も含んでいないが，細かい粒子は底に沈むのに長い時間がかかり，海を濁らせる。これが，サンゴが必要な日光を得るのを妨げ，栄養不足によって死ぬのを引き起こす。赤土を食い止めるために規則が1994年に設定されたが，その問題はいまだに完全には解決されていない。

重要 1 全訳下線部参照。空所【C】の直前に global warming「地球温暖化」とある。入れるべき英文は，地球温暖化の具体的内容を述べているので，ここに入れると文脈がつながる。

2 最終段落第1文の Iriomote Island を指す。

重要 3 最終段落第1～3文参照。また，下線部②の直前の red soil「赤土」 being washed away「流されること」という表現にも着目する。

4 (d)が空所【B】の直前の文の内容と一致する。

5 (a)が(Ⅰ)の第1段落の内容と一致する。

6 **(長文読解・物語文：語句解釈，内容吟味)**

(全訳) 僕の次の面会は，ハーバード大学法科大学院の学長が相手だった。

「僕は来年度，奨学金が必要になります」 僕は礼儀正しく言った。

「①奨学金？ どういうことかわかりません。②あなたのお父さんは…」

「僕の父はそれと何の関係もありません。僕たちには意見の相違があり，父はもう僕の援助をしません」 学長は眼鏡を外して，再びそれを身に着けた。僕は続けた。「そのため，僕はあなたに面会に来たのです。僕は来月結婚します。僕たちは2人とも夏の間，働くつもりです。その後，ジェニーは教職で私たちを支えてくれます。でも教職では僕が法科大学院に行くのに十分な費用を払えないでしょう。③僕は奨学金が必要なのです。僕は銀行にお金がありません」

「バレット君，我々の奨学金は貧しい人々のためのものだ。それに申し込むには遅すぎる。私は家族の仲たがいに立ち入りたくはないが，君はもう一度お父さんのところに話に行くべきだよ」

「いいえ，嫌です！」と僕は怒って言った。「僕は行かない，もう一度言いますが行かない，父親にお金を頼むなんて!」

その夏,ジェニーが大学を卒業する時,彼女の親戚全員がクランストンから見に来た。僕たちは彼らに結婚の計画について話さなかった,なぜなら僕たちは静かな結婚式を望んでいたし,彼らの気持ちを傷つけたくなかったからだ。僕はその翌日にハーバードを卒業した。大学の講堂にオリバー3世はいただろうか。僕は知らない。僕は人込みの中に「無表情の年寄り」を探さなかった。僕は④僕の両親のチケットをジェニーとフィルにあげたが,僕の父はハーバード卒業生として1926年度の卒業生たちと一緒に座ることができた。でも彼がそんなことをしたいはずはない。だってその日は銀行が開いていただろう?

結婚式は次の日曜日だった。とても静かで美しかった。フィルはもちろん出席した,そして僕の友人のレイ・ストラトンも。ジェニーと僕はお互いへの愛についてスピーチし,死ぬまで一緒にいることを約束した。レイが僕に指輪を渡し,その後すぐ,オリバー・バレット4世とジェニファー・キャビレリは夫と妻になった。

僕たちはその後,4人だけで小さなパーティをした。そしてレイとフィルが帰宅し,ジェニーと僕だけになった。

「ジェニー,僕たちは本当に結婚したんだね!」

「そうね。もう私は好きなだけ,あなたにひどいことをできるわよ!」

1 下線部③の2つ後の文を参照。our scholarships are for poor people「我々の奨学金は貧しい人々のためだ」とあるので(d)が適切。

やや難 2 下線部② Your father はオリバーの父親のこと。文章中の Oliver the Third「オリバー3世」,Old Stonyface「無表情の年寄り」,an old Harvard man「ハーバードの卒業生」はすべてオリバーの父親を表している。このうち,4語の an old Harvard man を解答すればよい。文章から,オリバーの父親はハーバードの卒業生で,裕福な人物であるとわかる。

3 下線部②の2つ後の文を参照。オリバーと父親は意見の相違があり,父親はもはやオリバーの援助をしないため,奨学金が必要になった。

4 下線部③の2つ前の文を参照。ジェニーは教えること(教職)によって生活を支えるつもりである。

5 オリバーのハーバード大学卒業式について述べている場面なので,④「私の両親のチケット」とはオリバーの両親が卒業式に出席するためのチケットである。オリバーは父親と仲たがいしているため,両親用のチケットを婚約者(ジェニー)とその父親(フィル)にあげてしまった。

重要 6 オリバーは,父親に頼んで学費を援助してもらうことを強く拒否している。また,卒業式の招待チケットを渡さなかったことからも,父親に対して嫌悪感を抱いているとわかる。

★ワンポイントアドバイス★

6の長文読解問題は物語文。主人公と父親との関係を文脈から読み取れるかがポイントである。

＜国語解答＞

一　問一　1　そうぐう　2　熟睡　3　きょまん　4　凡人　5　展覧会
問二　1　ウ　2　ア　3　イ　4　エ
問三　①　自分の情緒的未成熟　②　(始め)　自分はこの　(終わり)　省すること
問四　ウ　問五　自然が自分に与えてくれたもの　問六　ア　問七　イ
問八　(例)　失敗から得た学び　問九　(例)　他人と比較せずに自身の成長 [状況] (に幸福を感じること。)

二　問一　a　エ　b　ア　問二　エ　問三　エ　問四　仕事がなくて，ぶらぶらしている(ように見えるから。)　問五　⑧　問六　2　イ　3　ア　問七　(例)　半年ぶりで会う家族がどう反応してくれるのか，期待と不安で胸がいっぱいになっている(状態。)
問八　イ　問九　ウ　問十　エ　問十一　ア

三　問一　a　やわら　b　いて　問二　エ　問三　死人の髪をかなぐり抜き取る
問四　死んだ人の葬式　問五　ウ　問六　イ

○配点○
一　問一　各2点×5　問二　各1点×4　問八・問九　各4点×2　他　各3点×6(問三②完答)
二　問一・問二　各2点×3　問七・問九～問十一　各4点×4　他　各3点×6
三　問一・問六　各2点×3　問三・問四　各4点×2　他　各3点×2　計100点

＜国語解説＞

一　(論説文―大意・要旨，内容吟味，文脈把握，接続語の問題，漢字の読み書き，表現技法)

問一　1　思いがけなく出会うこと。「遭」の訓読みは「あう」。　2　ぐっすりとよく眠ること。「熟」の訓読みは「う(れる)」。　3　非常に多くの金額。　4　普通の人。「凡」の他の音読みは「ハン」で，「凡例」という熟語がある。　5　芸術作品などを陳列して公開する会。

問二　1「人生にはいろいろな失敗がある……悔しく思う」という前に対して，後で「それが人生である」と相反する内容を述べているので，逆接の意味を表す言葉が当てはまる。　2　前の「神経症者は欲張りである」例を，後で「明日重要な人に会うとする……信頼を失うまいと必死になるのは，自然が与えてくれたこと以上のことを望んでいる」と挙げているので，例示の意味を表す言葉が当てはまる。　3　前の「私の知っているお医者さん」の事例に，後で，カナダで会った日本人の事例を並べて述べているので，並列の意味を表す言葉が当てはまる。　4「失敗のない人生とは，生きていても意味のない人生であろう」という前に，後で「その失敗こそがその人を大きくする」と付け加えているので，添加の意味を表す言葉が当てはまる。

問三　①「人生」の「失敗」や「悲劇」，「不運」について，一つ後の段落で例を挙げ，その後の「そのときに」で始まる段落で「自分の情緒的未成熟が原因であることも多い」と理由を述べている。　②「次の悲劇を避ける」ことについて述べている部分を探すと，「人にだまされて」で始まる段落に「次の大きな悲劇を避けるために，自分はこの悲劇から何を学ばなければならないかを反省すること」とある。ここから適当な29字の部分を探す。

問四「神経症」について，一つ後の段落に「神経症になると，この無駄に耐えられないで，あせりに苦しめられる」とある。ここから，「神経症的なあせり」を感じている人と感じていない人の違いは，ウの「無駄」を受け入れられるかどうかの違いだと判断できる。他の選択肢は，「無駄」という内容を含んでいない。

問五　――線Cの前後の文脈から，「神経症的」な人は何から「離れてしまう」のかを考える。――線Cの「自然」という語をキーワードに探すと，「自然が自分に」で始まる段落に「神経症的なあせりを感じている人は……自然が与えてくれるもの以上のものを自分の人生に望んでいる」とある。この「自然が与えてくれるもの」と同じ内容を述べている14字の部分を抜き出す。

問六　直後の「興味を失えば失うほど結果が大切になる。良い結果を出さなければとあせる」から理由を読み取る。「結果にばかり意識が取られてしまうから」とあるアを選ぶ。

問七　――線E「私の知っているお医者さん」は真面目に働いたが投資に失敗し，――線F「ある怠け者の日本人」は怠け者だったが巨万の財産を得ている。「働き者が損をし，怠け者が得をする」で始まる段落の「予測しがたい変化は，一生にはいくらでもある」から，貧富の結果は状況次第であることを筆者は伝えたいのだとわかる。

やや難　問八　直後の文「失敗は根なのである。大きくなろうとすればきちんと根を張るより方法はない」に着目する。大きくなるために必要な「失敗」を，「根」に喩えている。「大きくなるために必要」というのであるから，「失敗」から得た学び，などと表現する。

重要　問九　「～に幸福を感じること。」につながることから，何に「幸福を感じる」べきかを考える。直後の段落以降で「イソップ物語」の「小がらすと鳩」の話を挙げ，その後の「ことに」で始まる段落で「他人の幸運をうらやんでいては，自分が惨めになるだけである。大切なのは，自分の中に……幸福を味わえる能力を開発すること」，「たとえば」で始まる段落で「自分の能力を向上させるということにおいては失敗はない」と説明している。この内容を，他人と比較せずに自身の向上に幸福を感じること，などと言い換えて簡潔に説明する。

二　**(小説―情景・心情，内容吟味，文脈把握，脱文・脱語補充，語句の意味)**

問一　a 「糠」は，精米時にできる外皮などが粉となったものであることから，「小糠雨」の意味を推察する。　b 「冴える」は，くっきりと澄んでいるという意味であることから考える。

基本　問二　直前の「自分が映画の中にいるよう」という描写にふさわしい気持ちを選ぶ。直後の文に「それなのに……憂鬱な気分になってしまう」とあるので，「憂鬱」と対照的なエが当てはまる。

問三　ヨイを「憂鬱な気分」にさせ，「胃袋の中に重くのしかかる」ように感じさせる原因を探る。④の段落の「ヨイがもう半年も父に会っていないのには理由がある。ヨイは勘当されたのだ。」に，アとウがふさわしい。④の段落に「父の言うところの『正体不明の男』」とあるが，「勇司の人間性を軽蔑され」とまでは言っていないので，エはふさわしくない。「雨が降るたびに」で始まる段落に「雨が降るたびにヨイの心を重くしていたのは一本の傘である……勇司が貸してくれて，そのままヨイが自分のものにしてしまったもの」から，イもふさわしいことを確認する。

問四　「～ように見えるから。」に続くことから，父が勇司をどのように見ているのかを読み取る。⑥の段落で「長いこと仕事がなくて，ぶらぶらしていることもある勇司だから……父にしてみれば『正体不明』と言いたくなる」に着目し，ここから，勇司の様子を述べている部分を抜き出す。

問五　「雨が降っている中で語られる現在の時間」が描かれている場面を探す。⑧の段落に「スーパーマーケットの袋をぶらさげて雨の中を急ぎ」という描写がある。

問六　2　直前の「二度と帰って来るなと言われ」た時のヨイの気持ちを想像する。後の「一歩踏み出した」を修飾していることから，苦痛に耐えてという意味の語句が当てはまる。　3　直後の「あっけなかった」には，緊張した気持ちの張りがなくなる，という意味の語句が当てはまる。

やや難　問七　ヨイの気持ちと状態について述べている部分を探す。「勇司とヨイのアパートから」で始まる段落に「半年ぶりで見る家族の顔を思い浮かべると，ヨイの心は期待と不安でごちゃまぜになる」とある。この内容を，「～状態。」に続くように40字以内でまとめる。

問八　前の「――ヨイは良い子だ。良い子になるように，ヨイと付けたんだぞ。」からは，父がヨイを甘やかし可愛がっている様子が伺える。アの「娘の長所を……理解」，ウ「将来性があると期待」，エの「名前に満足」しているわけではない。④の段落に「三人兄妹の末っ子のヨイは父が四十になってからの娘だったから，兄妹のなかでもいちばん可愛がられた」とあるのもヒントになる。

やや難 問九　ヨイが「危険なもの」としているのは，同じ文の「喉もとまでせりあがってくる懐かしい気持ち」である。直後の段落にあるように，ヨイの用件は実家に傘を取りに行くことであるが，「懐かしい気持ち」から，勇司といっしょにいたいという気持ちが揺らぐことを「危険」としている。この気持ちを理由としているウがふさわしい。アの「勇司との結婚生活を捨てて」や，イの「父から勘当を言い渡され……納得がいかない」，エの「父が自分を許してくれるに違いない」という気持ちは読み取れない。

問十　前の「——勘当した娘を，家に上げるわけにはいかん」や，後の「——お前，歩いて来たのか」という会話の間の「短い沈黙」なので，父がヨイに伝えたかったのはどのような言葉なのかを考える。勘当した手前，愛しい娘を思いやる言葉をかけられないと迷う気持ちを「逡巡している気持ち」と表現しているエがふさわしい。アの「拒絶」，イの「恥ずかしさ」はふさわしくない。「短い沈黙」に，ウの「自分の正当性を示し」はそぐわない。

重要 問十一　最終場面の「何を期待していたのだろうと思うと，たまらなく淋しくなった」とあるようにヨイは父との和解を期待していたが叶わず淋しく思ったが，その後に父からの結婚祝いに気づいている。一つ後の文「ヨイはそのまま路上にうずくまり，傘と祝儀袋を胸に抱いた」という描写から，ヨイは父が自分の結婚を祝ってくれたことを知り，感激していることがわかる。イの「反発し続けていた」，ウの「幼い行動を後悔」，エの「家計をやり繰りして」が読み取れる描写はない。

三 (古文—内容吟味，文脈把握，指示語の問題，語句の意味，仮名遣い，文学史)

基本 問一　a　語頭以外のハ行は，現代仮名遣いではワ行に直す。　b 「ゐ」は，「い」に直す。

問二　古語の「あやし」には，不思議だ，身分が低い，みすぼらしいという意味がある。

問三 「嫗」は何をしているのか。直前の段落の「年いみじく老いたる嫗の白髪白きが……死人の髪をかなぐり抜き取るなりけり」から，「嫗」の行動にあたる部分を抜き出す。

問四　多くの人が亡くなっていた当時の京都では，何ができなかったのか。門の上に死体を置いた理由について，(現代語訳)の「さてその上の」で始まる段落で「死んだ人の葬式などがとてもできないものを，この門の上に置いた」と述べている。

重要 問五 (現代語訳)の「盗人は」で始まる段落の「その髪の毛が背丈に余って(背丈より)長いので，(私は)それを抜き取って添え髪にしようと思って抜くのだ」という「嫗」の言葉に，ウは適当。アの「自分を追ってくる者がいる」，イの「自分は人間だとあわてて訴えた」は適当ではない。盗人は，抜き取ってある髪の毛も奪い取ったので，エも適当ではない。

基本 問六 『羅生門』の作者は，イの芥川龍之介。アは『吾輩は猫である』，ウは『銀河鉄道の夜』，エは『走れメロス』の作者。

★ワンポイントアドバイス★

現代文の読解問題では，キーワードやキーワードと同様の内容を述べている部分を探すことで，文脈をとらえよう。

オープン

2022年度

解　答　と　解　説

《2022年度の配点は解答欄に掲載してあります。》

＜数学解答＞

1　(1)　4　(2)　-4　(3)　$-\frac{13}{77}$　(4)　$-\frac{1}{3}a^4b$　(5)　$\frac{14x+8}{15}$　(6)　$\frac{7\sqrt{5}}{3}$
(7)　$7x+16$

2　(1)　$y(x+6)(x-6)$　(2)　$x=-5,\ 3$　(3)　$x=1,\ y=-2$　(4)　$a=2$
(5)　10cm

3　(1)　$a=\frac{1}{2}$　(2)　(8, 0)　(3)　$y=-3x+10$

4　(1)　$\frac{5}{6}$　(2)　$\frac{5}{9}$　(3)　$\frac{5}{12}$

5　(1)　64　(2)　11

6　(1)　$\frac{125}{3}\text{cm}^3$　(2)　$\frac{10}{3}$cm

7　(1)　解説参照　(2)　36cm^2

○配点○

1　各3点×7　2　各4点×5　3　各5点×3　4　各5点×3　5　各5点×2
6　各5点×2　7　(1)　5点　(2)　4点　計100点

＜数学解説＞

基本　1　(数・式の計算，平方根の計算)

(1)　$-5-(-9)=-5+9=4$

(2)　$(-4)^2\div(-2^2)=16\div(-4)=-4$

(3)　$\frac{2}{7}-\frac{5}{11}=\frac{22}{77}-\frac{35}{77}=-\frac{13}{77}$

(4)　$\frac{2}{3}a^3b\div6b^2\times(-3ab^2)=-\frac{2a^3b}{3}\times\frac{1}{6b^2}\times3ab^2=-\frac{a^4b}{3}=-\frac{1}{3}a^4b$

(5)　$\frac{4x+7}{3}-\frac{2x+9}{5}=\frac{5(4x+7)-3(2x+9)}{15}=\frac{20x+35-6x-27}{15}=\frac{14x+8}{15}$

(6)　$\sqrt{45}-\frac{2\sqrt{5}}{3}=3\sqrt{5}-\frac{2\sqrt{5}}{3}=\frac{9\sqrt{5}-2\sqrt{5}}{3}=\frac{7\sqrt{5}}{3}$

(7)　$(x+3)(x+4)-(x+2)(x-2)=x^2+7x+12-(x^2-4)=x^2+7x+12-x^2+4=7x+16$

2　(因数分解，二次方程式，連立方程式，関数の変域，平行線と線分の比の定理)

(1)　$x^2y-36y=y(x^2-36)=y(x+6)(x-6)$

(2)　$(x-2)(x+4)=7$　$x^2+2x-8-7=0$　$x^2+2x-15=0$　$(x+5)(x-3)=0$　$x=-5,\ 3$

(3)　$x+2y=-3$…①　$y=-x-1$…②　①に②を代入すると，$x+2(-x-1)=-3$　$x-2x-2=-3$　$-x=-1$　$x=1$　$x=1$を②に代入すると，$y=-1-1=-2$

(4)　$y=ax^2$…①　yの変域から，$a>0$　-3の方が2より絶対値が大きいので，①は，$x=-3$のとき最大値18をとる。①に$(-3,\ 18)$を代入すると，$18=a\times(-3)^2$　$9a=18$　$a=2$

重要　(5)　点Aを通り直線DCに平行な直線とEF，BCの交点をそれぞれG，Hとすると，GF＝HC＝AD＝8　平行線と線分の比の定理から，EG：BH＝AE：AB　EG：(13－8)＝6：(6＋9)　EG：5＝6：15　$\text{EG}=\frac{5\times6}{15}=2$　よって，EF＝2＋8＝10

3 （図形と関数・グラフの融合問題）

基本 (1)　$y=ax^2$に点Aの座標を代入すると，$8=a\times(-4)^2$　$16a=8$　$a=\frac{8}{16}=\frac{1}{2}$

(2)　点Bはy軸に関して点Aと対称な点だから，B(4, 8)　AB＝4－(－4)＝8　OC＝AB＝8　よって，C(8, 0)

重要 (3)　平行四辺形の2つの対角線の交点をQとすると，点Qを通る直線は，平行四辺形の面積を2等分する。点Qは線分BOの中点だから，4÷2＝2，8÷2＝4より，Q(2, 4)　求める直線の式を$y=px+10$として点Qの座標を代入すると，$4=2p+10$　$2p=-6$　$p=-3$　よって，$y=-3x+10$

4 （図形と確率の融合問題）

(1)　2回のさいころの目の出かたは全部で，6×6＝36(通り)　そのうち，図形が点となる場合は，(1, 1)，(2, 2)，(3, 3)，(4, 4)，(5, 5)，(6, 6)の6通り　よって，図形が線となる場合は，36－6＝30(通り)　したがって，求める確率は，$\frac{30}{36}=\frac{5}{6}$

(2)　3回のさいころの目の出かたは全部で，6×6×6＝216(通り)　できる図形が三角形になるのは，2回投げたときできる図形が線分で，3回目に投げたさいころの目が1回目と2回目と異なる場合だから，30×4＝120(通り)　よって，求める確率は，$\frac{120}{216}=\frac{5}{9}$

重要 (3)　さいころを3回投げたとき，できる図形が点となる場合は，6通り，三角形となる場合は，(2)より120通り　よって，できる図形が線分となる場合は，216－120－6＝90(通り)　したがって，求める確率は，$\frac{90}{216}=\frac{5}{12}$

5 （規則性）

基本 (1)　6段目に並ぶ数は，1，5，10，10，5，1　7段目に並ぶ数は，1，6，15，20，15，6，1　よって，7段目に並ぶ数の和は，1＋6＋15＋20＋15＋6＋1＝64

重要 (2)　1，2，4，8，16，32，64，…から，n段目に並ぶ数の和は，2^{n-1}　$1024=2^{10}$　よって，$n-1=10$から，$n=11$

6 （空間図形の計量問題－三平方の定理，体積）

基本 (1)　AM＝AN＝10÷2＝5　求める立体の体積は，底面が△AMNで高さが10cmの三角錐の体積だから，$\frac{1}{3}\times\frac{1}{2}\times5\times5\times10=\frac{125}{3}$(cm³)

重要 (2)　$MN=5\sqrt{2}$　$CM=CN=\sqrt{5^2+10^2}=\sqrt{125}=5\sqrt{5}$　点CからMNへ垂線CHを引くと，$MH=NH=\frac{5\sqrt{2}}{2}$　$CH=\sqrt{(5\sqrt{5})^2-\left(\frac{5\sqrt{2}}{2}\right)^2}=\sqrt{125-\frac{50}{4}}=\sqrt{\frac{450}{4}}=\frac{15\sqrt{2}}{2}$　$\triangle CMN=\frac{1}{2}\times5\sqrt{2}\times\frac{15\sqrt{2}}{2}=\frac{75}{2}$　求める立体の高さを$x$cmとすると，立体の体積の関係から，$\frac{1}{3}\times\frac{75}{2}\times x=\frac{125}{3}$　$x=\frac{125}{3}\times\frac{2}{25}=\frac{10}{3}$(cm)

7 （平面図形の証明，計量問題－三角形の合同の証明，面積）

(1)　（証明）　△PFDと△QGDにおいて，正方形の対角線は長さが等しく，それぞれの中点で垂直に交わるから，FD＝GD…①　∠FDG＝90°　∠PDF＝∠ADC－∠FDQ＝90°－∠FDQ…②　∠QDG＝∠FDG－∠FDQ＝90°－∠FDQ…③　②，③より，∠PDF＝∠QDG…④　△EFDと△FGDは直角二等辺三角形なので，∠PFD＝∠QGD＝45°…⑤　①，④，⑤より，1組の辺とその両端の角がそれぞれ等しいので，△PFD≡△QGD

重要 (2)　(四角形PFQD)＝△PFD＋△FDQ＝△QGD＋△FDQ＝△FDG＝$\frac{1}{4}$(正方形EFGH)＝$\frac{1}{4}\times12\times12=36$(cm²)

★ワンポイントアドバイス★

[3](3)では，平行四辺形の対角線の交点を通る直線は，平行四辺形の面積を2等分するという平行四辺形の性質を利用しよう。

＜英語解答＞

[1] (A) 1 (a) 2 (a) (B) 1 (a) 2 (b) 3 (d)

[2] 1 November 2 dolphin 3 supermarket 4 baker 5 cherry

[3] 1 (c) 2 mustn't 3 but 4 (a) 5 誤っている箇所 ① 正しい形 Being［To be］ 6 (c) 7 (a) 8 (c) 9 I would often go fishing at this river with my father. 10 has been, since

[4] 1 (b) 2 (a) 3 (c) 4 (d) 5 (c)

[5] 1 a marker pen that can write even if its cap has been off for 24 hours, 2 b → d → c → a 3 【B】 4 (d) 5 (b)

[6] 1 (c) 2 (例) ピニエ校長が本を読み終えると，ルイはその紙を裏返した。 3 (d) 4 (b) 5 (a) 6 (d)

○配点○

[1]・[2] 各2点×10 [3] 5 誤っている箇所 1点 正しい形 2点 他 各3点×9

[4]・[5] 各3点×10 [6] 2 5点 他 各3点×5 計100点

＜英語解説＞

[1] (アクセント・発音)

(A) 1 (a)は第2音節，他は第1音節を強く読む。 2 (a)は第2音節，他は第1音節。

(B) 1 (a)は[ʃ]，他は[tʃ]。 2 (b)は[ei]，他は[e]。 3 (d)は[æ]，他は[ʌ]。

基本 [2] (単語)

1 「これは1年の11番目の月で，10月と12月の間だ」→ November「11月」

2 「これは，長くて灰色の先のとがった鼻があり，魚のような，非常に知能の高い海洋動物だ」→ dolphin「イルカ」

3 「これはとても大きな店で，食べ物や飲み物，家で定期的に必要になる物品を売る」→ supermarket「スーパーマーケット」

4 「これは，特に店で売るために，パンやケーキを焼く人だ」→ baker「パン屋」

5 「これは小さくて丸い赤色か黒色の果物で，長くて細い茎を持ち，中に種がある」→ cherry「サクランボ」

重要 [3] (語句補充・選択：熟語，前置詞，言い換え・書き換え，助動詞，共通語，接続詞，正誤問題，仮定法，時制，動名詞，指示語，不定詞，対話文完成，語句整序，現在完了)

1 「この歌は私の学校の生徒の間でとても人気がある」 be popular among ～「～の間で人気がある」

2 「担任の先生は私たちに『図書館では大声で話すな』と言う」「担任の先生は私たちに図書館で大声で話してはいけないと言う」 must not ～「～してはいけない」は禁止を表す。

3 「私は野球をしたい，しかし十分な時間がない」「生徒たちだけでなく教師たちもその知らせに悲しくなった」 接続詞 but「しかし」 not only A but also B「AだけでなくBも」

4 (a)「もし私があなたなら，ゲームをするために新しいコンピュータを買うことができるのに」実現しないことを仮定する仮定法過去の文。助動詞は過去形になるため，can は could が正しい。

5 「他の人にやさしくすることは私が祖父から学んだことだ」 ① Be を動名詞 Being または不定詞 To be にする。Being [To be] gentle to others「他の人にやさしくすること」が文の主語となる。

6 (c)「あのパーティは素晴らしかったが，このパーティはもっと良くなるだろう」「あの」という意味の指示形容詞 that は省略できない。他は目的格の関係代名詞で，省略可能。

7 「彼は次の冬に富士山に登る計画がある」 下線部 to climb は直前の名詞の内容を説明する名詞的用法の不定詞。(a)「彼女はその質問に答えた最初の生徒だった」も形容詞的用法。

8 男性1：出席ありがとうございます。会議を始めましょうか。／男性2：もちろんです。この会議の目的は新しいプロジェクトについて議論することです。何か案がありますか？／男性1：顧客に対してオンラインのキャンペーンを始めるのはどうでしょう？／男性2：良さそうですね！それをしましょう。 How about ~ing?「~するのはどうですか」は提案する時の言い方。

9 would often ~「~したものだ」は過去の習慣を表す。go fishing at ~「~に釣りに行く」

10 「サラは昨年アメリカに行った。彼女は今でもそこで旅行している」→「サラは昨年からアメリカを旅行している」 継続を表す現在完了進行形 have been ~ing「ずっと~している」since ~「~以来」は現在完了の文でよく用いられる。

重要 **4** (資料読解問題：内容吟味)

1 「そのパークはふつう何曜日に閉まっているか」(b)「月曜日」 表より，月曜日に閉まっていることがわかる。

2 「第2週の何曜日にパークは最も来場者が多かったか」(a)「日曜日」 第2週は4日(日曜日)が最多。

3 「その月ではいつから来場者の数が増えだしたか」(c)「7月21日」 21日から来場者数が千人を超えている。

4 「どの週が来場者の平均数が最も高いか」(d)「第5週」 第5週は週平均が2,019人で最多。

5 「どの記述が正しいか」(c)「7月31日に最も多くの人がパークに来場した」

5 (長文読解・紹介文：語句整序，関係代名詞，接続詞，現在完了，内容吟味，脱文補充，語句解釈，内容一致)

(全訳) ①24時間以上キャップがなくても書くことができるマーカーペンの100と400が，2017年にパイロットコーポレーションから販売開始された。どんなことがあっても書ける100と400は，パイロットを100年以上もの間，筆記用具のトップメーカーにしてきた製品の象徴である。

> 1909年，機械技術者の並木良輔が自身初の万年筆の特許を取得した。9年後，和田正雄の手助けで彼は株式会社並木製作所を作った。この会社は，完全日本製の最初の万年筆を製造販売した。
>
> 1925年，並木は蒔絵を使って装飾された漆塗りの軸を持つ万年筆を開発した。それらはすぐにその素晴らしい職人技が賞賛され，1926年に並木は蒔絵のペンを海外で売り始めた。1年後シャープペンシルの製造販売も始めた。

並木製作所は1938年にパイロット万年筆株式会社になった。その後数十年にわたり，それは別の商品を扱う様々な会社，例えばインクを扱うパイロットインキ株式会社やシャープペンシルを扱うパイロット機工株式会社などを作った。

【B】パイロットは20世紀中盤，筆記用具にたくさんの革新を生み出した。ほんの数例を挙げると，これらには1963年の世界初のノック式万年筆，1965年の世界初の0.5ミリボールペン，1977年の世界初の3役ペン(同一の軸に黒ボールペン，赤ボールペン，シャープペンシルが入っている)が含まれる。日本市場向けにパイロットは，1971年，日本語の書体のために特別にデザインされた細いペン先を持つ，カスタムシリーズ万年筆を販売開始した。

パイロットは1970年代と1980年代に文房具以外にも進出し，ジュエリー，おもちゃ，ビジネス用品にも進出した。この新しくて幅広いイメージに合うように，会社は1989年に名前をパイロットコーポレーションに変更した。

パイロットは②独自製品の開発を続けている。過去数十年間において，これらには筋肉の負荷を削減するために設計されたドクターグリップ・ペンシリーズが含まれる。しかし，最近の最も有名な製品はフリクションボールペンで，消せるインクを含んでいて上部に消しゴムがある。フリクションボールペンは最初の消せるペンではなかったが，それは紙に大きなダメージを与えることなくインクが消せる点を高く評価された。

パイロットは今，日本最大のペン製造会社で，その商品は世界中で見つけることができる。ひょっとしたら今，あなたの机の上にもあるだろう。

やや難 1　初めに a marker pen「マーカーペン」を置き，その後ろに主格の関係代名詞 that を使って that can write「書くことができる」と続ける。「24時間以上キャップがなくても」は接続詞 even if「たとえ～でも」を用いて even if its cap has been off for 24 hours「たとえそのキャップが24時間外れていても」と表す。この off は「外れている」という意味。

重要 2　1909年，万年筆の特許取得 → 9年後(1918年)並木製造所設立 → 1926年，蒔絵の万年筆を海外で販売開始 → 1年後(1927年)シャープペンシルの販売開始

重要 3　全訳下線部参照。入れるべき英文の many innovations in stationary「筆記用具における多くの革新」に着目する。この具体例が【B】の後の文で述べられている。

4　下線部②の2つ後の文参照。「近年で最も有名な製品はフリクションボールペンだ」とある。

5　(b)が空所【C】の次の文の内容と一致する。

6　**(長文読解・紹介文：語句補充・選択，英文和訳，接続詞，現在完了，進行形，語句解釈，内容一致)**

(全訳)　ルイは自分のアルファベットを完成させた時，クヴレの自宅にいた。彼は学校に戻って他の少年たちにそれを見せるのが待ちきれなかった。彼らは何と言うだろう？　彼らはそれを気に入るだろうか？　きっと気に入るはずだ！

ルイは①がっかりせずに済んだ。少年たちは彼のアルファベットを初めて触った時からとても気に入った。

「すごく簡単だ！」

「触ってとてもわかりやすい」

「それにとても小さい。指先の下にぴったりと収まる」

「僕たちは書ける！　お互いに手紙を書けるぞ！」

「授業でノートを取れる…」

「日記も書ける！」

「そして後で読み返せる！」

「それに本も」とルイは静かに言った。「本を忘れてはいけない。すぐに僕たちはあらゆる種類が手に入るぞ。僕たちが読む専用の」

アルファベットのニュースはあっという間に学校に広まった。すぐにパリ王立盲学校の校長がル

イを呼び寄せた。

「教えてくれるかね」とピニエ校長が言った。「これは何だ？ …この点々のアルファベットについて，とてもよく話を聞いているのだが」

「お願いします，先生」とルイは熱心に言った。「もし先生が何かを音読してくださったら，僕がお見せします」

そこでピニエ先生は1冊の本を取り，読み始めた。ゆっくりと。

「もっと速く進んでいいですよ，先生」とルイが言った。まもなく，ルイの手は紙の上を飛ぶように動き，単語を打って点々にしていった。②ピニエ校長が読み終えると，ルイは紙を裏返した。彼は突起した点々の上を指で軽くこすった。そして素早く簡単に，1つの間違いもなく，彼はすべての単語を読み返した。

「素晴らしい」とピニエ校長はつぶやき続けた。「素晴らしい… 君は何歳かね？」

「15歳です」とルイは答えた。

「15歳！ 何百年間も大人たちがそのようなアルファベットを③探し続けて，まさかうちの生徒の1人が代わりにそれを発見するとは。15歳。素晴らしい！」

ルイは誇らしく顔を輝かせた。今こそ最も重要な質問をする時だった。「先生，いつ本を作り始めることができますか？」

④ピニエ校長は長い間黙っていた。どうしたのだろう？ とうとう彼が口を開いた。「ルイ，君は若い」と彼は言った。

ルイは顔をしかめた。これはどういう答えなのか。ピニエ校長が説明を試みた。王立盲学校は慈善学校だったので，自分たちの資金を持っていなかった。必要な資金は政府から来るか，裕福な支援者から来ていた。しかし本を作るための資金は残っていなかった。

「先生」とルイは言った。「お金を持っている方々に手紙を書いてくれませんか。僕のアルファベットがどう役立つか，彼らに説明してくれませんか。どんなに安く本にすることができるか，彼らに説明してくれませんか」

「そうするよ」とピニエ校長が言った。「でもルイ，望みを高くしすぎてはいけない。時間がかかることもある。非常にたくさんの時間が」

ピニエ校長は座り，手紙を次々に書いた。彼は裕福な人々に手紙を書いた。彼は有力者に手紙を書いた。彼は目の見えない人のために生涯を費やした人々に手紙を書いた。1通ずつ彼らの返信が届いた。

長いものもあった。短いものもあった。美辞麗句で書かれたものもあった。しかしそれらはすべて，最後に全く同じ言葉で締めくくられた。「ノー」

どんなものでも変えたがらない人がいるものだ。「⑤古いやり方の何が問題なのか」と彼らは書いた。「それらは長年，十分うまくいっている」

1 他の生徒たちがルイの考案した点字を気に入ったので，ルイは喜んだ。ここでは空所前に not があるので，disappointed「がっかりした」を入れて，「がっかりせずに済んだ」という意味にする。

重要 2 director は施設などの「長」を表し，ここでは「校長」のこと。校長の名前は Dr. Pignier である。stop ~ing「～するのをやめる」 turn ~ over「～を裏返す」

3 主語が複数形の men であり，for hundreds of years「数百年間も」とあることから，継続を表す現在完了進行形の have been searching を入れる。search for ~「～を探す」

4 (b)「ピニエ校長は慎重に言葉を探していた」 学校には資金がないため，点字の本を作ることは難しかった。それをルイにどのように説明するか，校長は黙って考えていた。

やや難 5 What's wrong with ～?「～はどうしたのか，何が問題なのか」 What's wrong with the old ways? は「従来の方法の何が問題なのか」だが，ここでは「従来の方法で何も問題はない」という意味を表している。

6 校長が資金援助を求める手紙を書いたが，すべて断られた。よって(d)は一致しない。

★ワンポイントアドバイス★

6の長文読解問題は点字アルファベットを発明したルイ・ブライユの伝記である。

＜国語解答＞

一 問一 1 扉 2 先輩 3 普通 4 基礎 問二 ア 問三 ウ
問四 私が最後にイギリスを見てからもう三十六年立った。 問五 エ
問六 イ→ア→エ→ウ 問七 3 問八 (例) 外国人の若者の小切手を疑わずに受け取る。[貨車へ行って勝手に手荷物を見つけて持ってくる] 問九 イ

二 問一 a エ b ア 問二 1 ア 2 ウ 問三 スオミとソ
問四 強国に隣接した小国の悲劇性 問五 二つの外国に支配されてきた(歴史)
問六 スオミの人々の表情 問七 (例) 純粋に音楽の芸術性にのみ集中することはできない。芸術的であることが深く人間的であると思われるので，どうしても音楽を生み出す背景にある風土，歴史などを考慮して聞かざるを得ない。

三 問一 a かいなし b ついに 問二 イ 問三 十二月
問四 ① (始め) 石作の (終わり) 麻呂足 ② エ 問五 竹取 問六 エ
問七 ウ

○配点○

一 問一 各2点×4 問二・問三・問五 各3点×3 問六 5点 問八 6点
他 各4点×3

二 問一 各2点×2 問二 各3点×2 問七 10点 他 各5点×4

三 問一・問四① 各1点×4 問三・問五 各2点×2 他 各3点×4 計100点

＜国語解説＞

一 (随筆―情景・心情，内容吟味，文脈把握，指示語の問題，接続語の問題，漢字の読み書き)

問一 1 音読みは「ヒ」で，「開扉」「門扉」などの熟語がある。 2 年齢や経験などで自分より上の人。「輩」を使った熟語には，他に「朋輩」「輩出」などがある。 3 ありふれていて当たり前であること。 4 物事を成り立たせるおおもとの部分。「礎」の訓読みは「いしずえ」。

問二 1 「東京の隅田川……ベルリンのスプレエ」という前に，後で「ロンドンのテムズ等々」と続いているが，添加の意味を表す「そうして」なのか，選択の意味を表す「あるいは」のどちらがあてはまるか判断できない。 2 「有名な河が流れている……ロンドンのテムズ等々。」という前に対して，後で「河の景色は……テムズの上流に如くものはない」と相反する内容を述べているので，逆接の意味を表す言葉があてはまる。 3 「ゆるやかに流れる」という前より，後の「往くといいたい」という文脈なので，前より後の方がいいという意味の言葉があてはまる。

問三　「水の満干を待つ間」，パントの乗客が持っていた蓄音機で音楽を鳴らしているという状況である。筆者はテムズ川の上流の景色をたたえているので，好ましい感情のものを選ぶ。――線部Aの直後の「笑語の声が賑か」という描写には，エの「すがすがしい」よりも，ウの「ほほえましい」がふさわしい。

問四　テムズ川沿いの「沿岸の名所」について，筆者の「記憶が怪しい」理由が読み取れる文を探す。「これは自然であるが」で始まる段落に「私が最後にイギリスを見てからもう三十六年立った。」という文がある。

問五　直前の「同行のセンパイは……少しばかり塩と胡椒とを取り，更にヴィネガア(酢)とサラダ・オイルとを注ぎ，フォオクで掻き廻したのを，野菜にかけて，食べた。」から，「こんな事」はイとウを指している。同じ段落の「生野菜が出て来て，かけるものがない。」からは，アを指しているとわかる。「かけるものがない」と「私」は既に「知っている」ので，エは指していない。

問六　直前の文「まだ第一次大戦の最中であった」に着目する。「戦争」の後なので，イの「それから平和が来」と続く。その後の第二次大戦を意味するアが続き，その第二次大戦が「七年(イギリスにとって)続き，」とあるエが続く。最後に「再び平和が来て」とあるウが続く。

問七　挿入文の内容から，筆者が驚いた出来事を述べている後へもどす。【3】の前の「名を知らず，処を知らず，銀行に幾許預金が残っているか知りようのない外国人の若者の小切手を，彼等はどうして疑わずに受取るのであろうか。」から，筆者の驚きが読み取れる。【3】へもどすのがふさわしい。

問八　「イギリスの社会」において，――線D「人が人を信用する」例を挙げている部分を探す。同じ段落のお店の人が外国人の若者の小切手を疑わずに受け取る例か，直後の段落の人々が貨車へ行って勝手に手荷物を見つけ持ってくる例のいずれかを挙げる。

やや難　問九　「人が人を信用する」行為において，「間違い」にあたるものは何か。人の信用を裏切るという意味を持つイの「盗難」を指している。アの「遺失」やウの「汚損」，エの「破損」は，意図せずに起こることもあり，人の信用を裏切ることにつながらない。

二　**(随筆―大意・要旨，文脈把握，段落・文章構成，脱文・脱語補充，語句の意味，表現技法)**

問一　a 「羞」を用いた熟語には，「羞恥」などがある。　b 「いんさん(な)」と読む。「陰」の訓読みは「かげ」「かげ(る)」，「惨」の訓読みは「みじ(め)」。

問二　1　直前の段落の「その街はひどく暗く，陰惨な感じ……渡り鳥旅行者たちが，ザックを抱えてふるえていたのを憶えている」という「北欧」の様子は，筆者の何と「ひどく違ったもの」だったのかを考える。前もって抱いていた固定的な考えという意味の語が入る。　2　筆者は，直前の段落の「音楽的なスタイルや，官能として受けとめるものの背後」にひそむ何かについて考えた感想を「〈霧のカレリア〉という作品の中に描いてみようと試みた」とある。筆者の「感想」というのであるから，筆者ひとりのものの見方や感じ方という意味を表す語が入る。

問三　本文の前半は「スオミ」の自然や歴史について述べており，後半は「スオミ」の中でも「カレリアと呼ばれる土地」について述べている。

重要　問四　同じ文の「スオミという国」の「第一印象」とは，「しかし，私が」で始まる段落の「その街はひどく暗く，陰惨な感じがあった」というものである。この「ひどく暗く，陰惨な感じ」は「スオミという国」のどのような一面を表しているのかを読み取る。「スオミは，つい五十年前まで」で始まる段落に「スオミは……帝政ロシアと，スウェーデン王国との二つの外国に支配されて来た国」とあり，さらに「シベリウスを聞くたびに」で始まる段落で「私は強国に隣接した小国の悲劇性といったようなものを感ぜずにはいられない」と筆者の感想を述べている。ここから，スオミの「本質的な一面」に相当する13字の部分を抜き出す。

問五　――線Bの「ローラーをかけるように」は，強国に支配され徹底的に国土を破壊された様子をたとえている。同じ段落で「帝政ロシアと，スウェーデン王国との二つの外国に支配されて来た」という具体的な「歴史」を述べている部分を抜き出す。

問六　――線Cを含む「その長い冬の季節を通じて，スオミの人々は，その暗く，どこか激しい沈黙をかたちづくっていったものらしい」を，直後の段落で「厳しい自然と，痩せた土地が，スオミの人々の表情に更に深い内省と克己のひだをきざみ込んだのだろう」と説明している。ここから，「その暗く，どこか激しい沈黙」が反映されているものを抜き出す。

やや難 問七　――線Dの「そう」は，同じ段落の，音楽は「純粋に芸術的な感興を音として楽しむべきだ」という友人の考えを指し示している。「必ずしもそうとは思わない」というのであるから，筆者は，友人に純粋にまず音楽の芸術性にのみ集中することはできないと答えると思われる。さらに最終段落の「芸術的であることが，深く人間的であるということならば，民族の運命と音楽は，必ずどこかで生の形でつながっていると思うから」から理由を読み取る。「民族の運命と音楽は，必ずどこかで生の形でつながっている」を，音楽を生み出す背景にある風土，歴史などを考慮して聞かなければならない，などの具体的な表現に言い換えてまとめる。

三 (古文一内容吟味，文脈把握，指示語の問題，語句の意味，仮名遣い)

問一　a　語頭以外のハ行は，現代仮名遣いではワ行に直す。　b 「ゐ」は，「い」に直す。

やや難 問二　「まほし」は，「～たい」という希望の意味を表す。古語の「見る」には，結婚する，妻にするという意味がある。

基本 問三　月の異名は，一月から順に「睦月」「如月」「弥生」「卯月」「皐月」「水無月」「文月」「葉月」「長月」「神無月」「霜月」「師走」となる。

重要 問四　①「竹取をよび出て」「娘を，吾に賜べ」と頼んでいるのは誰か。冒頭の段落に「なほ言ひけるは，色好みといはるるかぎり五人……その名ども，石作の御子・くらもちの皇子・右大臣阿倍のみむらじ・大納言大伴の御行・中納言石上の麻呂足，この人々なりけり」と具体的に挙げている。　②　後の「この人々，家にかへりて，物を思ひ，祈りをし，願を立つ」からア，直前の段落の「かの家に行きて，たたずみありきけれど」からイ，「わび歌など書きておこすれども」からウが適当。自分の思いの強さを食事をとらないことで訴えたわけではないので，エは適当でない。

問五　「翁」は，かぐや姫を育てている竹取の翁を指す。「この人々」で始まる段落の「竹取」を抜き出す。

問六　エの「女」を含む「女は男に婚ふ事をす」の「女」は，一般的な女を意味しており，かぐや姫を表していない。アの「娘」は求婚者たちが「竹取」に向かって言っているので，かぐや姫を表す。イの「我子の仏」は翁がかぐや姫に向かって言っているので，かぐや姫を表す。ウの「変化の者」はかぐや姫が自身のことを言っているので，かぐや姫を表す。

やや難 問七　この後の「翁」の言葉に着目する。「翁，年七十にあまりぬ。今日とも明日とも知らず。この世の人は，おとこは女に婚ふことをす，女は男に婚ふ事をす。そののちなむ，門ひろくもなり侍る。いかでか，さることなくておはせん」とあり，この中で「翁」がかぐや姫に言おうとしているのは「この世の人は，おとこは女に婚ふことをす，女は男に婚ふ事をす。」ということである。「翁」は，この世の男女のように「かぐや姫にも結婚してほしい」と願っていることがわかる。アとイはかぐや姫に結婚してほしいと言うための前置きなので適当ではない。エ「少しでも地位の高い貴公子と結婚してほしい」とは言っていない。

★ワンポイントアドバイス★

自分で言葉を補ったり言い換えたりして説明する記述力が問われている。ふだんから，難解な表現にであったら，筆者の考えや人物の心情を自分なりの言葉に置き換えながら読み進めることを意識しよう。

MEMO

大切なことはメモしておこうネ！

T.G

2021年度

★★★★★★★★★★★★★★★★★★★★★★★

入　試　問　題

2021年度

横浜富士見丘学園高等学校入試問題（一般）

【数　学】（50分）　＜満点：100点＞

【注意】(1)　答えに根号がふくまれるときは，根号の中は最も小さい自然数にしなさい。また，分母に根号がふくまれるときは，分母に根号をふくまない形にしなさい。

(2)　答えが分数になるとき，約分できる場合は約分しなさい。

1　次の計算をせよ。

(1)　$6-(-3)$

(2)　$2-3\times(4-7)$

(3)　$\frac{1}{3}+\left(-\frac{4}{5}\right)$

(4)　$a^4\times(-a)^3\div a^2$

(5)　$\frac{5x-1}{4}-\frac{3x-3}{8}$

(6)　$\sqrt{20}+\frac{10}{\sqrt{5}}$

(7)　$(x+6)^2+x(x-2)$

2　次の問いに答えよ。

(1)　$(x-2y)(3x+4)-x+2y$　を因数分解せよ。

(2)　二次方程式　$2x^2+6x+3=0$　を解け。

(3)　連立方程式 $\begin{cases}3x+2y=21\\7x-3y=3\end{cases}$ を解け。

(4)　xの値が1から3まで増加するとき，2つの関数$y=ax^2$と$y=2x$の変化の割合が等しくなるようなaの値を求めよ。

(5)　下の図で四角形ABCDは平行四辺形である。

辺CDの延長と∠ABCの二等分線との交点をEとし，線分BEが辺AD，対角線ACと交わる点をそれぞれF，Gとする。

AB＝6㎝，BC＝8㎝としたとき，△EFDと△AGFの面積の比を求めよ。

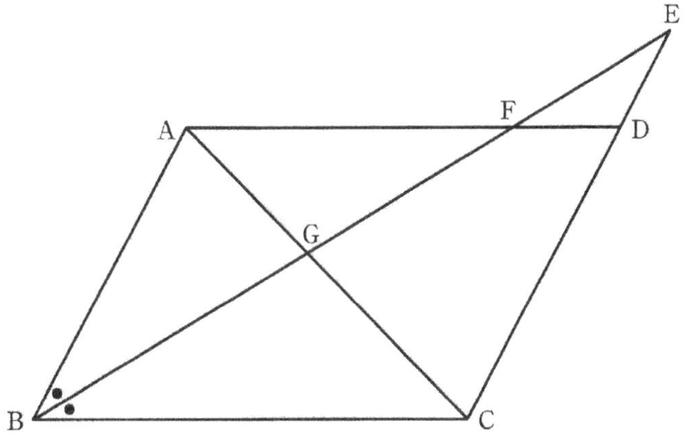

[3] 下の図において，直線①は関数 $y = x + 5$ のグラフであり，曲線②は関数 $y = ax^2$ のグラフである。点Aは直線①と y 軸との交点である。
点Bは直線①と曲線②との交点で，その x 座標は -2 である。
また，点Cは曲線②上の点で，線分BCは x 軸と平行である。
点Dは x 軸上にあり，線分CDは y 軸と平行である。
さらに，点Eは直線ADと線分BCとの交点である。
原点をOとするとき，以下の問いに答えよ。

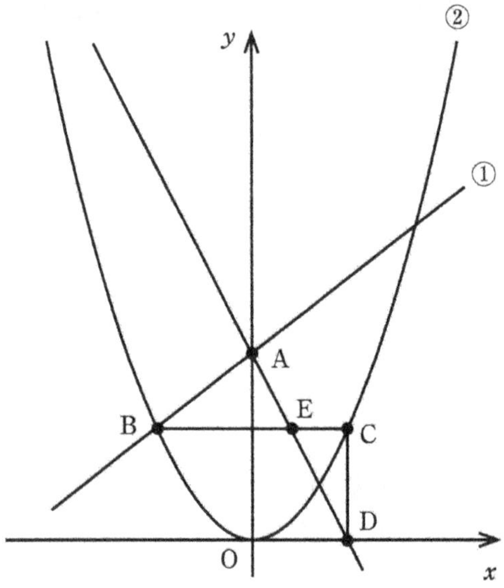

(1) 曲線②の式 $y = ax^2$ の a の値を求めよ。

(2) 直線ADの式を $y = mx + n$ とするとき，m，n の値を求めよ。

(3) △ABEと△CDEの面積の比を最も簡単な整数の比で表せ。

[4] 表に１から９までの数字が書かれ，裏は黒く塗られた９枚の正方形のカードがある。この９枚のカードを縦横３枚ずつの正方形の形に並べ，[7]，[8]，[9]のカードは最初から裏返しておき，残りのカードはすべて表にしておく。
大，小２つのサイコロを同時に１回投げ，出た目の数によって，表になっているカードを次の方法で裏返すことにする。

【カードを裏返す方法】

①２つのサイコロの出た目の数が異なるとき
出た目の数のうち，大きい数と同じ数字のカードを１枚裏返す。
（例）出た目の数が２と５のとき，[5]のカードを裏返す。

②２つのサイコロの出た目の数が同じとき
出た目の数と同じ数字のカードと，７から出た目の数を引いた数と同じ数字のカードの２枚を裏返す。
（例）出た目の数が両方とも３のとき，[3]のカードと[4]のカードを裏返す。

いま，カードが右の図のように並べられている状態で大，小２つのサイコロを同時に１回投げるとき，以下の問いに答えよ。

(1) 表になっている６枚のカードのうち，３のカードだけが裏返しになる確率を求めよ。

(2) 裏返しになったカードが，縦，横，斜めのいずれかに３枚並ぶ確率を求めよ。

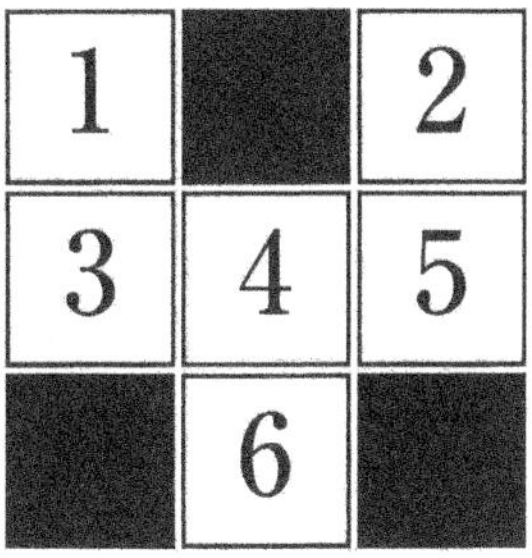

5　下の図で，四角形ABCDはAB＝16cm，AD＝24cmの長方形である。

２点P，Qは点Aを同時に出発し，Pは毎秒２cmの速さで辺AB上をBまで，Qは毎秒３cmの速さで辺AD上をDまで移動する。

Pを通る辺ADの平行線PSと，Qを通る辺ABの平行線QTの交点をRとする。ただし，点S，Tはそれぞれ辺CD，BC上の点とする。

このとき，以下の問いに答えよ。

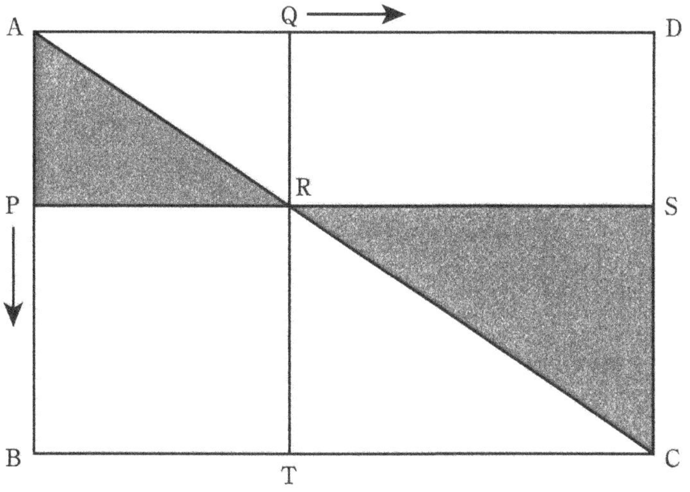

(1) P，Qが出発して３秒後の△APRと△RSCの面積の和を求めよ。

(2) △APRと△RSCの面積の和が120cm^2になるのは，P，Qが出発して何秒後と何秒後か求めよ。

(3) △APRと△RSCの面積の和が四角形PBTRの面積に等しくなるのは，P，Qが出発して何秒後か求めよ。

6 右の図は，AB＝5㎝，AD＝8㎝，AE＝6㎝の直方体である。2辺BC，CDの中点をそれぞれP，Qとするとき以下の問いに答えよ。

(1) 2点E，P間の距離を求めよ。

(2) 3点F，P，Qを通る平面で，この直方体を切り，2つの立体に分けるとき，頂点Cを含む方の立体の体積を求めよ。

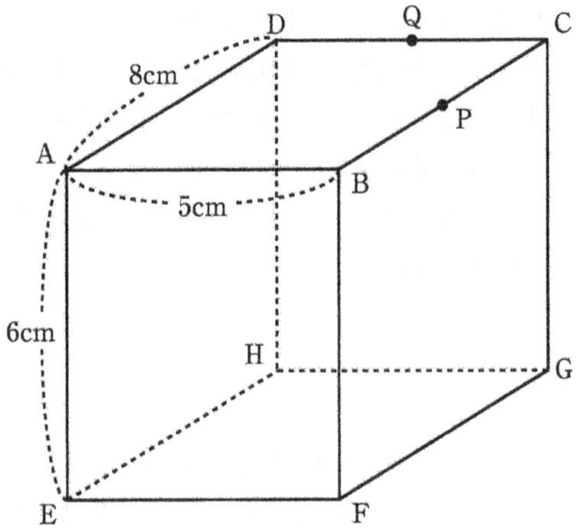

7 下の図のように，線分ABを直径とする半円Oの円周上に$\overset{\frown}{BC}=\overset{\frown}{CD}$となる点C，Dをとり，線分ADの延長と線分BCの延長との交点をP，線分ACと線分BDの交点をQとする。
このとき，以下の問いに答えよ。

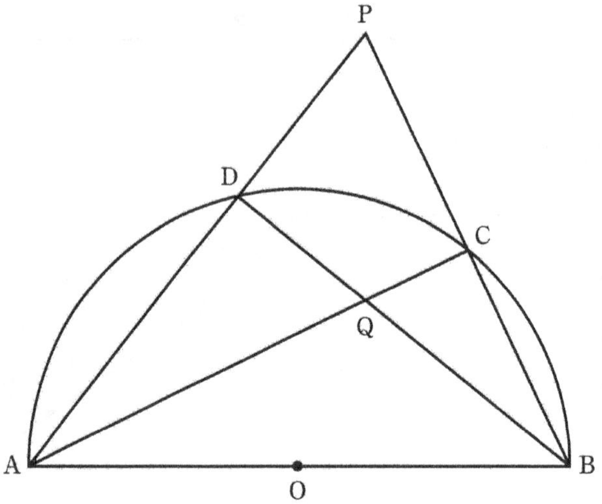

(1) BC＝6㎝，BQ＝8㎝，AD＝9㎝のとき，線分AQの長さを求めよ。

(2) △ABCと△APCが合同であることを証明せよ。

【英　語】（50分）　＜満点：100点＞

1　(A)・(B)それぞれの問いに答えなさい。

(A)　次の各語の中で，アクセントの位置が他と異なるものを(a)～(d)より１つ選んで，その記号を書きなさい。

１．(a) home-work　(b) class-room　(c) gui-tar　(d) din-ner

２．(a) daugh-ter　(b) thir-teen　(c) jun-ior　(d) teach-er

３．(a) beau-ti-ful　(b) an-y-thing　(c) fes-ti-val　(d) Oc-to-ber

(B)　次の各語の中で，下線部の発音が他と異なるものを(a)～(d)より１つ選んで，その記号を書きなさい。

１．(a) thousand　(b) think　(c) Thursday　(d) then

２．(a) open　(b) over　(c) road　(d) police

2　次の１～５が表している英語を書きなさい。なお，【例】のように＜　＞内の文字は最初のアルファベットを表し，数字は文字の数を表します。

【例】　問題：This is a large gray animal that has a long nose.　＜e，8＞

　　　解答：elephant

１．This is the day between Saturday and Monday.　＜S，6＞

２．This is the mother of your mother or father.　＜g，11＞

３．This is an animal that lives in or near water and has a soft body covered by a hard shell.　＜t，6＞

４．This is a place which people can get on or off the buses or trains at.　＜s，7＞

５．This is a room or area that you prepare food or cook in.　＜k，7＞

3　次の１～10のそれぞれの問いに答えなさい。

１．次の英文の（　）内に入る最も適切な語を(a)～(d)より１つ選び，記号で答えなさい。

Mike is an old friend of (　　　).

(a) I　(b) my　(c) me　(d) mine

２．次の英文の（　）内の語を適する形にかえなさい。

I'm good at (play) tennis.

３．次の２つの英文がほぼ同じ意味になるように，（　）に入る語を書きなさい。

She must walk her dog this afternoon.

She (　　　)(　　　) walk her dog this afternoon.

４．次の英文の中で文法的な誤りのあるものを(a)～(d)より１つ選び，記号で答えなさい。

(a) She looked happy then.

(b) It sounds interested.

(c) He was surprised at the news.

(d) I am having dinner now.

5．次の英文中に＜ that ＞を補う場所として最も適切なものを(a)～(d)より１つ選び，記号で答えなさい。

He said (a) basketball is (b) the most popular (c) sport (d) in his school.

6．次の英文の下線部には文法的に誤っている箇所が１つあります。その番号を指摘した上で，誤っている箇所を正しい形に直しなさい。

The students ① who ② is belonging ③ to the music club ④ are my sisters.

7．次の英文の下線部と同じ用法の＜不定詞＞を含む英文を(a)～(d)から１つ選び，記号で答えなさい。

To catch up with him, I ran all the way.

(a) We had nothing to do there.
(b) I went to the park to meet my friends.
(c) Don't forget to take an umbrella with you.
(d) To swim in this river is dangerous.

8．次の対話文の（　）内に入る英文として最も適切なものを(a)～(d)より１つ選び，記号で答えなさい。

Nurse　: How are you feeling?
Patient : (　　　　　　)
Nurse　: Do you have a fever?
Patient : Yes.

(a) I'm fine, thank you.
(b) I have a headache.
(c) That's very nice of you to ask that.
(d) That's my pleasure.

9．次の日本語に合うように［　］内の語を並べかえなさい。ただし，１語余分なものがあります。また，文頭に来るべき語も小文字になっています。

この国では何語が話されていますか。

［ in / language / speaking / spoken / is / country / what / this / ? ］

10．次の２文を＜現在完了形＞を使って１文にする時，（　）内に入る語を書きなさい。

My sister went to Paris.　She isn't here now.

→ My sister (　　　)(　　　)(　　　) Paris.

4　次のページのグラフを見て，１から５の英文の（　）内に入る語句として最も適切なものをそれぞれ(a)～(d)の中から１つ選び，記号で答えなさい。

1．This graph shows (　　　).

(a) the population of Fujimigaoka　(b) the tourism of Fujimigaoka
(c) the industries in Fujimigaoka　(d) the climate in Fujimigaoka

2．The hottest month of the year is (　　　).

(a) September　(b) June　(c) August　(d) January

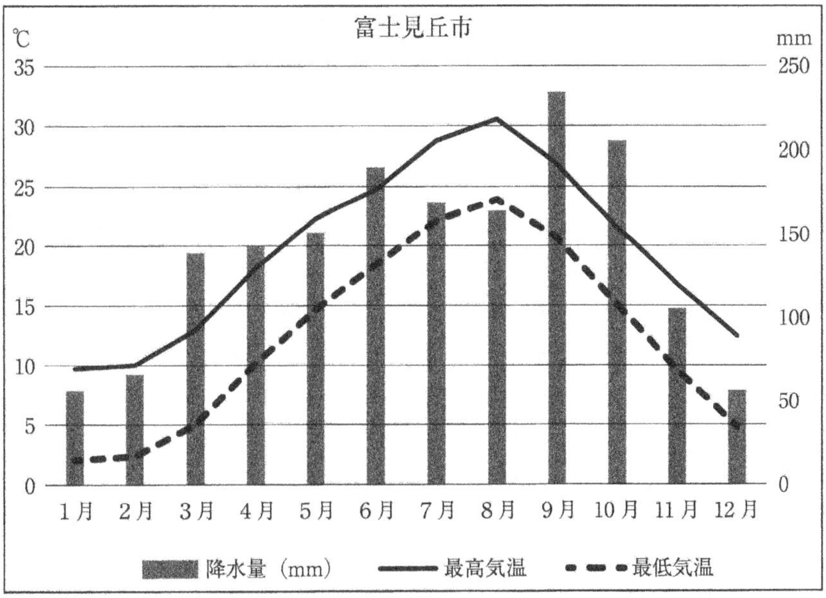

3．We have more rain in (　　　) than June.
(a) July　(b) August　(c) September　(d) November

4．The coldest months in Fujimigaoka are (　　　).
(a) January and February　(b) July and August
(c) October and November　(d) February and March

5．We don't have much rain in (　　　).
(a) spring　(b) summer　(c) autumn　(d) winter

5　次の英文を読み，後の問いに答えなさい。

Two thousand years ago, London was a small village by *1the River Thames. Then *2the Romans came and built a town, and thousands of people lived there. Now, in the twenty-first century, ①[seven million / with / city in Britain, / London / than / people / the biggest / is / more]. It is the capital city of the United Kingdom, the home of Queen Elizabeth the Second, and the home of the British government. Millions of visitors come to London every year.

The name 'London' comes (②) the Romans. People lived here before the Romans came, but we do not know very much about them. The Romans came to England in the year 43. Their ships came up the River Thames from the sea, and they built houses and other buildings next to the river. They built a bridge over the river, and ③they called the town *3Londinium. You can *4find out about London's early *5days, and about the Romans, at the Museum of London.

It was a rich town, and about 50,000 people lived in it. But soon after the year 400, the Romans left Londinium and went back to Rome, and for three hundred years (④). Then people began to live in the town, and it was soon rich and important. People called *[6]Angles, Saxons, and Jutes came to Britain from Germany, Holland, and Denmark. Then, in the ninth and tenth centuries, *[7]Danish ships came up the River Thames and destroyed many of Londinium's buildings.

In 1066, England had a new king — William the *[8]Conqueror from France. William came to live in London and built a castle there (today we know it as the Tower of London). London was now the biggest and most important city in England, and it got bigger and (⑤). In 1509, when Henry the Eighth was king, there were 50,000 people in London. In 1600, when Henry's daughter Elizabeth the first was queen, there were 200,000 people.

【A】The *[9]plague often came to London, but 1665 was the worst year of all. 【B】In the hot summer that year thousands of people were ill, and 100,000 of them died. 【C】1665 was called the Year of *[10]the Great Plague. 【D】Then a year later, in 1666, there was a big fire — *[11]the Great Fire of London. 【E】It began in a house in *[12]Pudding Lane, near London Bridge. 【F】The Great Fire of London went through street after street after street, and it did not stop for four days.

More than a quarter of a million people lost their homes in the fire. It destroyed *[13]St Paul's Cathedral and eighty-eight other churches. But it also destroyed most of the worst old buildings. A new St Paul's Cathedral was built between 1675 and 1711. ［出典：John Escott, "London"］

*[1] the River Thames 「テムズ川」　*[2]the Romans 「ローマ人」

*[3] Londinium 「ロンディニウム（先住民ケルト人の言葉で「沼地の砦」の意）」

*[4] find out about ～ 「～について理解する」　*[5]days 「時代」

*[6] Angles, Saxons, and Jutes 「アングル族，サクソン人，ジュート人」

*[7] Danish 「デンマークの」　*[8] Conqueror 「征服者」　*[9] plague 「疫病」

*[10]the Great Plague 「ペストの大流行」　*[11]the Great Fire of London 「ロンドン大火」

*[12]Pudding Lane 「プディング・レーン（地名）」　*[13]St Paul's Cathedral 「聖ポール大聖堂」

1．下線部①について，［　］内の語句を並べかえ，意味の通る英文を作りなさい。

2．空欄（②）と（⑤）に入る語の組み合わせを(a)～(d)から１つ選び，記号で答えなさい。

(a) ②：to　⑤：bigger　(b) ②：from　⑤：bigger

(c) ②：to　⑤：biggest　(d) ②：from　⑤：biggest

3．下線部③について，they の内容を明らかにして日本語に直しなさい。

4．空欄（④）に当てはまる英文として最も適切なものを(a)～(d)の中から１つ選び，記号で答えなさい。

(a) Londinium was a loud place.

(b) Britain was a narrow place.

(c) The United Kingdom was a crowded place.

(d) London was a quiet place.

5．次の英文が入る最も適切な箇所を【A】～【F】の中から１つ選び，記号で答えなさい。

【Most houses were built of wood at that time, and fires love wood.】

6．本文に書かれていないものを１つ選び，(a)～(d)の記号で答えなさい。

(a) The Great Fire of London destroyed a lot of buildings.

(b) William the Conqueror built a castle in France.

(c) Thousands of people died in the Great Plague.

(d) A new St Paul's Cathedral was built after the fire.

6 アン（Anne）はマリラ（Marilla）とグリーンゲイブルズ（Green Gables）を守るためにある決断を下します。次の物語を読み，後の問いに答えなさい。

One day Marilla said, 'I'll miss you when you go to *[1]Redmond College, Anne. What are the other *[2]Avonlea students going to do?'

'Some of them are going to teach, and some are going to stay at *[3]Queen's.'

'*[4]Gilbert's going to teach at Avonlea school, isn't he?' Anne didn't reply, so Marilla went on. 'He's very tall and good-looking now, don't you think? Like his father, ①John, when he was younger. You know, John and I were very good friends, years ago.'

Anne looked up, interested. 'What happened? Why didn't you...?'

'Well, we had a fight about something. He asked me to be friends again, but I couldn't forgive him. Later I was sorry, but he didn't speak to me again. *[5]Perhaps we... Oh well, it was a long time ago.'

②The next day Marilla went to see the doctor. When she came back, she looked very tired and ill.

'What did the doctor say?' asked Anne *[6]worriedly.

'He says I mustn't read or write, and I must wear glasses. Then my head won't hurt. But if I'm not very careful, I'll be *[7]blind in six months!'

For a minute Anne was silent. Then she said *[8]firmly, 'Then you must be careful, Marilla.'

'Think how terrible it is to be blind! But how lucky you've got a free place at Redmond College! I can't give you any money, you see. All our money's gone, and I can't work now. I think I'll have to sell the farm, and go and live with *[9]Rachel Lynde!' and poor Marilla *[10]sobbed wildly.

That night Anne sat alone in her bedroom. She thought and thought for some time, and then ③she smiled. When she went to bed, she knew what she was going to do.

The next day she explained it all to Marilla.

'You can't sell Green Gables, it's our home! Just listen, I've planned everything. I'm not going to Redmond College, it's too far away. I'm going to teach, in one of the village schools near here. Then I can live there (④) the week and come home at weekends to look after you. *[11]Diana's father will use our fields and pay us for them, and so ⑤we'll have some money. You see?'

'Oh Anne! I'll be all right if *you're* here. But you *must* go to Redmond, if you want to study...'

'Redmond College doesn't matter,' laughed Anne. 'I'm going to study at home in the evenings. And I'm going to be a really good teacher! That's better than anything!'

Marilla shook her head and tried not to cry. 'You're a good girl, Anne. Now we can keep Green Gables!'

A few days later Rachel Lynde came to the farm.

⑥'Do you know,' she said, 'that Gilbert isn't going to be the Avonlea teacher now?'

'Isn't he?' cried Anne. 'Why not?'

'When he heard that you wanted to be near Marilla, he decided to teach at a school in another village. So *you* can be the Avonlea teacher now.'

'Oh!' said Anne, surprised. 'That's...that's very kind of him.'

[出典：L. M. Montgomery, "Anne of Green Gables"]

*[1] Redmond College 「レドモンド大学」 *[2] Avonlea 「アボンリー（地名）」

*[3] Queen's 「クイーンズ（地名）」 *[4] Gilbert 「ギルバート（人名）」 *[5] Perhaps 「ひょっとすると」

*[6] worriedly 「心配そうに」 *[7] blind 「盲目である」 *[8] firmly 「しっかりと」

*[9] Rachel Lynde 「レイチェル・リンド（人名）」 *[10]sobbed 「すすり泣いた」

*[11]Diana 「ダイアナ（人名）」

1．下線部①のJohnとMarillaの関係性を(a)～(d)より１つ選び，記号で答えなさい。

(a) 二人は仲の良い友達である。 (b) 二人は話もしない仲である。

(c) JohnはMarillaの夫である。 (d) JohnはMarillaの父である。

2．下線部②について，Marillaが病院で診察を受けた理由を日本語で説明しなさい。

3．下線部③でAnneが微笑んだ理由を(a)～(d)より１つ選び，記号で答えなさい。

(a) 良い夢を見られると思ったから。 (b) 楽しかったことを思い出したから。

(c) 何をすべきか思い浮かんだから。 (d) 進学を辞められるから。

4．空欄（④）に入る適切な語を(a)～(d)より１つ選び，記号で答えなさい。

(a) while (b) before (c) when (d) during

5．下線部⑤について，お金を得る方法を(a)～(d)より２つ選び，記号で答えなさい。

(a) Marillaが農場で働く。 (b) Anneが教師として働く。

(c) Dianaの父に畑を貸す。 (d) Rachelの面倒を見る。

6．下線部⑥について，Gilbertがアボンリーでの仕事を辞退した理由を日本語で説明しなさい。

傍輩《ほうばい》たちは、「この男は意地っ張りな変わり者だから、［C］。さあ、先回りして、怖がるような作戦を考えよう」と思い、三人で打ち合わせて、さいぼう一本、讃岐わらざ一枚を持って急いで先回りをし、かの池の中島にある木の上に登って待っていると、この男が予想通り池を渡ってきて中島に来て、くいを打とうとする。その時、木の上から讃岐わらざを投げ落としたところ、この男は少し後ずさりして、三帰を唱えていたところに、さらにさいぼうを投げ落としたので、池に投げ入れられた大きな水音に驚きあわてて、転んで大騒ぎをして逃げていった。傍輩たちはうまくやり遂《と》げ、木から降りて何食わぬ顔で侍の詰め所に戻ったところに、この男が青ざめて出てきた。「どうだった」と聞くと、「一番に唐傘《からかさ》のようなものが落ちてきたので、命より大切なものはないと思って逃げてまいりました」と言った。そして、負けた罰《ばつ》としてごちそうをしたということだ。

問一　――線A「むかひ」――線F「まゐり」の読みを、現代仮名遣いで答えなさい。

問二　――線B「あらがひ」の内容について、次の空欄にふさわしい語を考えて入れなさい。

・［ア］と［イ］が、［ウ］ということを言い争った。

問三　――線Cの現代語訳としてふさわしいものを、次のア～エより一つ選び、記号で答えなさい。

ア　もし本当にやり遂げてしまったら困る。
イ　化け物にやられてしまっては大変だ。
ウ　行くふりをして逃げてしまってはいけない。
エ　道に迷ってたどり着くことができないと困る。

問四　――線D「しおほせて」について、何をやり遂げたのですか。古文中より探し、11字で抜き出しなさい。

問五　――線E「からかさばかりなる物」と同じ内容と思われる語を古文中より探し、抜き出しなさい。

問六　この作品と同じ鎌倉時代に成立した作品を、次のア～エより一つ選び、記号で答えなさい。

ア　枕草子　　イ　源氏物語　　ウ　徒然草　　エ　奥の細道

し、祖父の期待に応えるためにも自分の足で一歩を踏み出そうとしている様子。

イ　自分が抱くつらい気持ちに溺《おぼ》れて、自分中心にしか物事をとらえられていなかったことに気づき、少し冷静に周囲に目を向けられつつある様子。

ウ　自分のことで祖父に大きな心配を掛けてしまっていたことを認識し、他人を気遣いながら生きていこうという今後の指針が見えてきている様子。

エ　自分らしさを大事にすべきであることを祖父から教えてもらい、その温かさに触れることで前向きに生きていく覚悟が芽生えてきつつある様子。

三　次の文章を読んで後の問いに答えなさい。

雨降り、風おどろおどろしかりける夜、二条の中納言実綱卿《さねつなきょう》の家に侍《さぶらひ》どもあつまりて、すずろ物語りしけるに、「ただいまいづくへ行きなん。*東三条の池の辺へAむかひなんや」などいひけるを、ある侍、「かしこうまかるよ」といひたりければ、Bあらがひかためてけり。「そのしるしには、池の中島にくひを打つべし。その後、おのおの行きて見るべし」といへば、「さらなり」とて、この主《ぬし》たちぬ。

傍輩《はうばい》ども思ふやう、「このものは、しぶときをこのものにて、Cせらるる事もぞある。いざ、さきだちて、臆《おく》するやうなるはかり事めぐらさん」とて、両三人いひ合わせて、*さいぼう一、*讃岐《さぬき》わらざ一まいを持ちて、いそぎさきだちて、かの池の中島なる木のうへにのぼりて待つところに、この男、案のごとく池をわたりて中島にきて、くひをうたんとす。その時、木の上より讃岐わらざをなげおとしたりければ、この男すこし立ちしりぞきて、*三帰《さんき》をとなへてゐたる所に、かさねてさいぼうをなげおとしたりければ、池になげ入れられて水音たかかりけるに、おどろきまどひて、たふれふためきて逃げにけり。傍輩ども、Dしおほせて、木よりおりて、さりげなしにて、*侍にかへりゐたるところに、この男青ざめて出できたりけり。「いかに」と問ひければ、「一番にEからかさばかりなる物おちきつれば、命にまさる物なしとおもへば、にげてFまゐりたるぞ」といひけり。さて、負けわざの事し侍りけるとぞ。

（『古今著聞集』巻第十六）

＊東三条の池の辺……東三条殿の邸内の池と思われる。
＊さいぼう……材棒とも。堅い木で作った太く長い棒。武具として用いられた。
＊讃岐わらざ……讃岐産の円座。
＊三帰……三帰依《え》、三帰礼ともいう。仏・法・僧の三宝に帰依《きえ》すること。「帰依仏・帰依法・帰依僧」と唱える。
＊侍……侍所。侍たちの詰め所。

（現代語訳）

雨が降り、風がものすごく激しく吹いていた夜、二条の中納言実綱卿の家に侍たちが集まって世間話などしていた時に、（こんな恐ろしい夜に）今からどこへ行けるだろうか。東三条の邸内《ていない》の池のあたりへ向かおうか」などと言っていたのを、ある侍が「（私は）必ず行ってきますよ」と言ったので、言い争って、その侍に約束をさせた。「その証拠《しょうこ》として池の中島にくいを打ち込んでこい。その後でそれぞれが行ってそれを見ることとしよう」というと、「言うまでもないこと」といって、この人は出ていった。

問四　――線B「売っちゃっ、た」とありますが、「売っちゃった」と同じ内容で使われている言葉を、本文中より5字～10字で抜き出しなさい。

問五　――線C「酢を飲んだような痛み」の具体的内容としてふさわしいものを、次のア～エより一つ選び、記号で答えなさい。

ア　今回の出来事を仕方のないこととして、処理しようとしている自分をひたすら責める思い。

イ　やっと話をすることができる安堵《ど》とともに、友人を失う可能性があることを恐れている思い。

ウ　自分が犯した罪の重さを噛《か》みしめ、そのことを改めて強く認識している出口のない苦しい思い。

エ　今まで自分が受けてきた仕打ちを思い出し、よみがえってくる辛い経験を痛感している思い。

問六　――線D「その輪郭が、ぐにゃぐにゃにぼやけていく」とありますが、この一文はどのような様子を表現していますか。解答用紙に合うように、「聡美」を主語として25字以内で答えなさい。

問七　――線E「負の感情ばかり」とありますが、「聡美」が抱いている「負の感情」の中でも、「聡美」の心の多くを占めている「感情」としてふさわしいものを、次のア～エより一つ選び、記号で答えなさい。

ア　罪悪感　　イ　焦燥《しょうそう》感　　ウ　孤独感　　エ　劣等感

問八　――線F「なあ、聡美」と語り掛ける祖父は「聡美」にどのようなことを伝えたいという思いでいますか。ふさわしいものを、次のア～エより一つ選び、記号で答えなさい。

ア　自分を責めて苦しんでいる聡美に寄り添い、祖父として精一杯の愛情を伝え、一刻も早く明るく元気な聡美に戻ってほしいと思っている。

イ　生きていく上では何事にも苦労がつきまとうことを伝え、今回の件を人生の経験として聡美が成長していく糧にしてほしいと思っている。

ウ　自分を卑下する聡美に家族から支えられて日々を過ごせているということを伝え、家族の絆《きずな》の大切さに気づいてほしいと思っている。

エ　すっかり自信をなくしてしまっている聡美に大事な唯一無二の存在であることを優しく伝え、聡美の気持ちを回復させたいと思っている。

問九　――線G「聡美は思わず息をのんだ」とありますが、その理由としてふさわしいものを、次のア～エより一つ選び、記号で答えなさい。

ア　祖父の温かい言葉から、自分への愛情の深さに気づかされたから。

イ　いつもは優しい祖父の厳しい一面に、改めて気づかされたから。

ウ　友人を敵対視している自分の卑しい気持ちに気づかされたから。

エ　自分の甘さや謝罪することの意味に、改めて気づかされたから。

問十　負の感情にとらわれていた聡美が、自分の気持ちに一区切りをつけつつあることが分かる情景描写を、本文中から25字以内の一文で抜き出しなさい。

問十一　――線H「いつしか、自分のための涙は鎮まっていた」とありますが、その際の「聡美」の様子としてふさわしいものを、次のア～エより一つ選び、記号で答えなさい。

ア　自信が持てず、消極的な生き方しかしてこなかった自分を反省

「おお」不器用におどけた口調で、祖父は言った。「どうやら、こっちの雨も上がりそうかな」

聡美は、立っていって隣に並んだ。

鈴虫の声が近くなった。

西の空が、少しだけ明るくなりはじめている。大きく満ち引きする風の呼吸に合わせて、色づきかけた木々の葉から滴がしたたり落ちる。

体の中に溜《た》まった澱《おり》と入れ替えるように深く息を吸いこみ、小声で、

「……おじいちゃん」

ささやくと、祖父はこちらを見ずに、うん？　と返事をした。

（村上由佳『星々の舟』より）

＊身じろぎ……体をちょっと動かすこと。身動き。

問一　――線a「洗いざらい」、b「嗚咽」の意味としてふさわしいものを、それぞれ次のア～エより一つ選び、記号で答えなさい。

a「洗いざらい」

ア　できるだけ真心をこめて誠実に

イ　相手に伝わりやすいように細かく

ウ　何もかも余すところなくすべて

エ　過去までさかのぼって順序通りに

b「嗚咽」

ア　恐怖に端を発した涙を流すこと。

イ　胸に激しい後悔の念を抱くこと。

ウ　声をつまらせてむせび泣くこと。

エ　行き場のない悲しみを持つこと。

問二　――線A「しばらくの間、お互い何も言わなかった」とありますが、その際の①「聡美」と、②「祖父」の状況の説明としてふさわしいものを、それぞれ次のア～エより一つ選び、記号で答えなさい。

①「聡美」……

ア　祖父に何かを切り出されるのではないかと思い、警戒している。

イ　祖父に精神的な負担をかけさせたくはないと、気遣っている。

ウ　祖父には自分の状況を理解することは難しいと、諦《あきら》めている。

エ　祖父は自分を受け止めてくれるという、安心感を持っている。

②「祖父」……

ア　聡美がどのようなことで悩み傷ついているのか手に取るように分かるが、聡美にその状況を気づかれないよう冷静を装っている。

イ　聡美に何か大きなことが起こったということは十分感じ取れるが、黙っている聡美にどう切り出したら良いか、聡美を気遣っている。

ウ　聡美は黙っているが何かが起こったことは確実であり、その真相を家族として明らかにしなくてはいけないという使命感に燃えている。

エ　聡美が何も語らないので状況は不明であるが、聡美に遠慮しつつも、このままでは何も解決しないと焦る気持ちが先に立っている。

問三　□にあてはまる言葉としてふさわしいものを、次のア～エより一つ選び、記号で答えなさい。

ア　頭を抱えた　　イ　唇をかんだ

ウ　息を殺した　　エ　目を細めた

いやいやをするように身を揉《も》む聡美の頭を、祖父の手が撫《な》でる。ゆっくり、繰り返し撫でてくれる。

　縁側の鈴虫の声がふっとやんだ。

「Fなあ、聡美。お前――自分の生まれた時のことを知ってるか」

　洟をすすり、聡美は黙って首を振った。母親から聞かされたのはせいぜい、ひどい難産で、生まれる前から親に苦労させたという話くらいだ。

「医者は貢に……お前の親父に、残念だが赤ん坊はあきらめてくれと言いおった。だが、お前のおふくろさんは、どうでもお前を産むと言ってきかなかった。おれと、ばあさんと貢と、分娩《べん》室の前で待っている間、中から何べんも何べんもおふくろさんの悲鳴が聞こえてきてな。生きた心地もしなかった。それでもおふくろさんはあきらめんで、とうとうお前を無事に産みあげた。そうまでしても、お前が欲しかったんだな。おふくろさんだけじゃない。あの時ゃみんな、お前が出てくるのを……なんとか無事でこの世に生まれてきてくれるのを、ほんとうに祈るような思いで待っとった。早う出てこい、こっちはええぞ、早う出てこい――あれほど待たれて、望まれて生まれてきた子はないぞ、聡美。おれらはみんな、生まれる前からお前のことを、それは大事に思っとったんだ」

　聡美は、こぶしに歯を立てて嗚咽をこらえた。

　雨の音がさっきより少し遠のいたようだ。太い指が、こめかみにはりついた髪をそっとかきあげてくれる。祖父の手からは、伐りたての材木のような湿った匂《にお》いがした。

「よくは知らんが、ゆうべお前がしてしまったことは、なるほど大事な友だちへの裏切りだったかもしらん。だがな。謝ってもだめ、というのはどういう意味だ。お前は、何のためにその子に謝るんだ。許してもらって、お前が楽になるためか」

　咎《とが》める口調ではなかったが、G聡美は思わず息をのんだ。

「もしそうなら、やめとけ」と、祖父は言った。「謝ることで気が済んでしまって、自分のしたことを忘れるくらいなら、いっそ謝らんで後悔をかかえとったほうがまだましというものだ。だがな、聡美。もしもお前がほんとうにその友だちを失いたくないと、たとえ許してもらえなくても謝りたいのだと、そう思っているのなら、ぐずぐず迷っている暇はないんじゃないのか」

　泣くことも――息すらも忘れて、聡美は祖父の膝ごしに仏壇のお鈴《りん》を見つめていた。

「謝るべき相手が、そこにいてくれるお前は恵まれてる。おれなんか、見てみろ。謝りたいと思う相手はもう、みんなあの世だ。どんなに手をついて、這《は》いつくばって謝りたいことがあろうが、もう、永久に間に合わん。死んだばあさんや、前の女房だけじゃない、あの時おれが……」

　ふっと、黙り込んだ。たぐる糸が途中で切れたかのようだった。

　それきり話し出す気配がない。見上げると、祖父は口を結んで、どこかそのへんの畳を睨《にら》んでいた。

　――と、また鈴虫が鳴き始めた。

　身じろぎした祖父が、長いながいため息をつく。

　聡美はやがて、手をついてそろりと体を起こした。Hいつしか、自分のための涙は鎮まっていた。

　祖父がかすかに頭を振って、ぎくしゃくと立ちあがる。

　縁側に面した障子とガラス戸を開け放ち、外の空気を迎え入れると、思いがけないほど冷たい風が、水のようにするりと吹き込んできた。

そうだ。ちゃんと、言おう。

　そう決めて口をひらいたつもりだったのに、もれてきたのはへんな泣き声だった。慌てて飲み下す。泣いてなんかいる場合じゃない。ここまできたら、a洗いざらい話さないわけにはいかない。後にどんな仕打ちが待っていようと、もう逃げてちゃいけない、言わなくちゃ、いやむしろやっと言えるのだ、もっと早く言うべきだったのだ、こんなことになる前に。

「わ、たし……」

　祖父が黙って見ている。

「私、ね。うっちゃ、」あふれ出してくるものを必死にこらえて、聡美は言った。「B売っちゃっ、たの」

「何を」

「……友だちを」

　口に出したとたん、C酢を飲んだような痛みが胸を刺し、また涙が噴き出した。b嗚咽《おえつ》をこらえようとした拍子に激しくむせる。

「聡美」

　見ると、祖父はこちらに伸ばしそびれた手を宙に浮かせたまま、困ったような顔をしていた。

「そう我慢せんでもいい。泣くなら泣くで、ちゃんと泣かんか」

Dその輪郭が、ぐにゃぐにゃにぼやけていく。

　くずれおれるように、聡美は祖父の膝《ひざ》につっぷした。記憶にあるよりも細く骨張った祖父の膝に、額を押しつけて泣きじゃくり、すすり上げては泣きじゃくり、また泣きじゃくった。

　頭の後ろに祖父の手が載せられたのがわかった。その温かさで、なお涙がぶり返す。

「あや、っも……」

　のどに引っかかる声を無理に押し出した。

「あやま、っても、もう、だめかも」

　自分という人間のくだらなさに押しつぶされそうだった。何か、紙のようなぺらぺらなものになった気がした。痛みと恐怖にあっさり屈して友人を裏切ってしまった自分に比べ、可奈子はそんな体になってまでかばってくれているというのに、それをありがたいとか嬉《うれ》しいとか思うより先に、ねたましいのだ。彼女の持つ、自分には決して真似のできない強さの前に、どうしても卑屈になって気持ちがいじけてしまうのだ。可奈子のことは大好きなのに、彼女みたいな人と比べようとすること自体間違っているのに、この情けなさ、自信のなさ、母からぶつけられる言葉、理解してもらえない夢、進まない勉強、健介への恋情、うまくいかないこの世のすべて、それらが入り混じって渦巻けば渦巻くほど、ああ、可奈子のように生まれたかった、可奈子のように愛されたかった、可奈子のように、可奈子のように……どれほど望んでも叶《かな》えられないE負の感情ばかりが竜巻のようにすべてをなぎ倒して暴走していき、そうして、何よりもそういう自分がいじましくて、疎ましくて、くしゃくしゃに丸めてどこかに捨ててしまいたくなるのだ。

「私なんか……」聡美は、祖父の膝を両手で握りしめて呻《うめ》いた。「私、なんか」

　祖父が、*身じろぎする。

「そういうことを言うもんじゃない」乾いてしわがれた声で、祖父は言った。「お前にそんなことを言われたら、おれはどうすりゃいい」

子に助けられたが、その日の帰り、珠代とその仲間に待ち伏せされ、聡美はひどい暴行を受ける。必死に抵抗する聡美ではあったが、携帯電話まで勝手に操作されてしまい、可奈子を呼び出すのに使われてしまう。結果、可奈子も昼間の仕返しとして、金品を奪われると同時に、ひどい暴力を身に受けてしまう。
　可奈子に傷を負わせ傷つけてしまったことで、自分を責める聡美は、家族や周囲から何が起きたのかを問われても、気持ちの整理ができず、語ることができないでいる。

「聡美」
はっとなって、顔を上げた。
「聡美」
仏間から、祖父が呼んでいる。
小さく息を吐き、戻って覗《のぞ》いてみると、祖父はまださっきと同じ格好で座っていて、ゆっくり手招きした。
目を伏せたままそばへいく。祖父は、隅に重ねてあった座布団を一枚取って隣に敷いてくれた。
Aしばらくの間、お互い何も言わなかった。すでに丈の短くなった線香の束の先から、幾筋もの細い煙が立ちのぼっては、揺らぎ、漂いながらひろがっていく。
仏壇に飾られた写真の中の祖母は若く、どうして祖父が惹《ひ》かれたか、ひと目でわかるような笑みを浮かべている。うちの父親も、このひとの血を引いていればよかったのに、と聡美は思った。そうすれば、私だって今より少しくらいはきれいに生まれたかもしれない。
「——くふるな」
「え」
「よく降るな」
「……うん」
「さっきの、電話だが」ゆるりとした声と口調で、祖父は言った。「おふくろさん、お前に伝えてくれとさ。今朝、向こうの親御さんに電話して様子を訊《き》いてみたら、ゆうべよりだいぶ具合がいいようだと。朝は自分で起きて、お粥《かゆ》も食べたんだと。そのことを聡美に言って、とりあえず安心させてやってくれとさ」
うつむいて、髪が顔を隠すままにしていると、祖父がふっと微笑む気配がした。
「よかったな」
胸が、ふいにきゅっと絞られ、眉《まゆ》の間がつうんと痛んだ。鼻の奥が熱く、重く痺《しび》れていく。抑えようとしても唇の端がひくひく震え、口をあけて息を継ごうとしたとたん、どっと涙があふれた。
洟《はな》をすすり、声をたてずに涙をこぼしていると、祖父はそばの机に手をのばし、ティッシュの箱を取ってそっと置いてくれた。
「お前のことだから」と、低くつぶやく。「何かわけがあることはわかってる。そんなに苦しいのに、本当のことをなかなか言えんだけのわけがな」
聡美は［　　］。
「うん？　どうだ」
祖父の小さく窪《くぼ》んだ目が覗き込んでくる。
「思いきって、話してみないか」

生まれてきたから。

エ　科学者が科学を信じきっていないために、物事を断定的に言えなくなったから。

問四　[3]に入る文を次のア～エより一つ選び、記号で答えなさい。

ア　技術というのは実際的なもの、科学というのはもうちょっと実践的なもの

イ　技術というのは理論的なもの、科学というのはもうちょっと実践的なもの

ウ　技術というのは実際的なもの、科学というのはもうちょっと理論的なもの

エ　技術というのは理論的なもの、科学というのはもうちょっと理論的なもの

問五　⑨段落の五つの文を正しく並べかえたものを次のア～エより一つ選び、記号で答えなさい。

ア　D・A・E・C・B　　イ　A・C・E・B・D

ウ　B・D・E・A・C　　エ　C・D・A・E・B

問六　[4]に入る語を、次のア～エより一つ選び、記号で答えなさい。

ア　人情　　イ　意思　　ウ　度量　　エ　良心

問七　筆者がこの文章の結論を導くために、なぜ「地動説」を取り上げたのですか。次のア～エより一つ選び、記号で答えなさい。

ア　科学は「真実」を扱うが、それは時として「真実」ではないことがあるから。

イ　科学の「真実」は、往々にして政治的にコンセンサスを得にくいものだから。

ウ　科学者はパラダイムを入れ替える時に、都合のいい言い訳を編み出すから。

エ　科学者は観測結果と自分の理論との間に違いがあることをわかっているから。

問八　次のア～エのうち、本文の内容と合致するものに○を、しないものに×をつけなさい。

ア　科学とは観察や実験から実証された体系的知識なのだが、時にハンショウの積み重ねで異説に代わることもある。

イ　観察や実験から導かれた考え方も、人々の実感にそぐわなければハンショウされるのでトンデモ説は根深くなる。

ウ　経験に基づいた技術は時に科学的「真実」からほど遠いため、科学者は物事を断定的に言い切らないことが多い。

エ　合理的な考え方も人々に理解されるまでには多くの時間を要するので、パラダイムシフトは容易なことではない。

二　次の文章を読んで、後の問いに答えなさい。

高校三年生の聡《さと》美は、学年でも話題の美少女、可奈《な》子という親友がいる。中学時代から片思いをしていた幼なじみの健介と可奈子が付き合うことになり、聡美は複雑な思いを抱えつつも、可奈子の隣にいる誇らしさを胸に日々を過ごしている。

ある日、聡美は可奈子と健介と待ち合わせをしていたコンビニで、聡美を中学時代にいじめていた珠代に出会う。からまれそうになった聡美は、可奈

⑯　この考えは、地球が宇宙の中心であるという聖書の考えにあわないために、反発をくらい、なかなか受け入れられませんでした。ちなみに、コペルニクスは、この本を死ぬ前年に発表しています。教会からクレームがつくのがわかっていたので、出版をそこまで遅らせたのではないかとも言われています。

⑰　しかし、その考えの方が正しいのではないかという研究成果――すなわち天動説に対するハンショウですね――が4徐々に蓄積していきます。そんな時代の中に登場したのがガリレオです。ガリレオは、望遠鏡による観測で、木星の周りに四つの衛星があること、すなわち、木星もその周囲を回る星を持っている、ということを発見しました。これによって、地球が宇宙の中心であるという天動説に決定的なダメージを与えたのです。

⑱　最終的にはもちろん地動説が認められたわけですが、一発ですんなりいったわけではないのです。コペルニクスとガリレオでは90歳くらい歳が違いますから、コペルニクスの考えが出されてからパラダイムが入れ替わるまで、かなりの年数がかかったことがわかります。パラダイムというのは、非常に5キョウコなものなので、少々の反論があっても、都合のいい言い訳を編み出してパラダイムを守るため、その反論を跳ね返してしまいます。しかし、さらに反論がどんどん積み重なっていくと、いよいよもたなくなって、最終的にその説が破綻し、初めてみんなの考えが変わるのです。

⑲　科学哲学という分野があって、科学とは何か、とか、科学の方法とかを考える哲学です。その分野で有名なひとりにトーマス・クーンという人がいます。そのクーンが、ここで簡単に紹介したように、科学というのは、あるパラダイムが次のパラダイムへと転換する「パラダイムシフト」によって進歩するのだという考え方をとりいれました。この考えは『科学革命の構造』という本に書かれているのですが、学説が破綻して次の学説に進むというのは、確かに、社会における革命に少し似たところがありますね。

⑳　みんなが信じ込んでいるパラダイムであっても、間違えている可能性があるということはわかってもらえたでしょうか。ある意味では、科学は、みんなが当たり前に思っていることに対して疑いを持つということによって進歩してきた、という言い方もできるのです。だから、科学では、みんなが信じている考えだからといって鵜呑《うの》みにしない、ということが大事なのです。

（仲野徹『科学者の考え方――生命科学からの私見』より）

問一　〰〰線1～5のカタカナを漢字に直し、漢字には読みがなをつけなさい。

問二　[1]・[2]に入る語を、次のア～エより一つずつ選び、記号で答えなさい。

ア　経験的　　イ　一般的　　ウ　法則的　　エ　思索的

問三　――線A「歴史的に見るとあてはまらない」のはなぜですか。次のア～エより一つ選び、記号で答えなさい。

ア　技術が経験に基づいて成果を上げたのは、16世紀から17世紀になってからだから。

イ　技術が生まれたのは、近代ヨーロッパで科学が発達するはるか以前からだったから。

ウ　科学が進歩するにつれて、多くの「トンデモ説」に対する疑問が

政党があることからもわかるように、政治的なことについて完全に国民の合意を得られることなどほとんどありえません。

⑧　政治的なことについて、完全な合意がなされる、あるいは、なされたと政府によって解釈される、というのは、むしろ恐ろしい状況です。第二次世界大戦前の日本や、ナチスが2台頭した時代のドイツのことを考えてみればわかるように、言論弾圧や戦争などといった恐ろしいことの引き金になる可能性が十分にあるのです。

⑨〔A　それは、科学は、政治信条のような「好き嫌い」ではなくて、「真実」をあつかうからです。〕〔B　すなわち、本当の真実かどうかを完全に断定することは難しいということなのです。〕〔C　トンデモ説ほどひどくはなくとも、いま正しいとされていることであっても、ひょっとしたら、研究が進むにつれて、将来、正しくないと判定されることは十分にありえるのです。〕〔D　それに対して、科学というのは、コンセンサスを得やすい分野です。〕〔E「　」付きの真実という、少しあいまいな書き方をしたのには理由があります。〕

⑩　こういったことまで考えて、物事を完全に断定的に言い切らないことが多いのは、科学者のひとつの特徴です。科学者が真実を尊いと思うが故の行動パターンですから、科学者の[4]という言い方もできます。けれども、こういう言葉遣いは、慎重すぎてちょっとうっとうしいと思われるかもしれません。

⑪　一つの例として地動説を考えてみましょう。現在では、地動説というのはコンセンサスになっています。しかし、ガリレオやコペルニクスの時代以前は、地動説ではなくて天動説がコンセンサスだったのです。科学におけるコンセンサス――あるいは、この場合は常識と言ってもいいかもしれません――は、必ずしも正しいとは限らないということが、この例だけからもわかるでしょう。

⑫　このように多くの人が共有している科学的な知的枠組を、難しいけれどちょっとかっこいい言葉で「パラダイム」と言います。太陽が3ノボる、という観測事実は、はるか昔から皆が知っていたわけです。その事実は、昔は天動説のパラダイムで説明されていたのが、次に述べるように、科学的な観測が蓄積した結果として破綻し、地動説のパラダイムへと転換したという訳です。

⑬　天動説を信じていたなんて、昔の人は頭が悪かったんだなぁと思うかもしれませんが、それは違います。その時代の最高に知性的な人だって天動説を信じていたのです。パラダイムというのは、それほど強力に時代を覆い尽くしているものなのです。

⑭　では、どのようにして天動説から地動説へとパラダイムが転換していったのでしょう。まったく知識がなかったら、天動説と地動説だと、天動説の方が信じやすいと思いませんか？　だって、地面がすごいスピードで動いているなんて、普段生活していてもまったく感じないのですから。だから、昔は、なんとなく天動説が圧倒的に優勢だったのです。

⑮　しかし、技術が進み、いろいろなことが観測されるようになって、おかしいぞということが少しずつでてきました。たとえば、地球がじっとしていると考えると、惑星の動きを説明するのに、相当に複雑な考えを持ち出さないといけないことがわかってきました。16世紀になって、コペルニクスは、『天球の回転について』という本に、太陽が中心にあって、地球も惑星もその周りを回っていると考えた方が合理的だと書きました。

【国　語】（五〇分）〈満点：一〇〇点〉

【注意】字数制限のある場合、「」、句読点も字数に含みます。

一　次の文章を読んで、後の問いに答えなさい。

①　さて、科学って何でしょう？　わからないことがあれば辞書をひきなさい、といつも学生に言っているので、とりあえず岩波書店の広辞苑《えん》で調べてみました。「観察や実験など［ 1 ］手続きによって実証された［ 2 ］・体系的知識。また、個別の専門分野に分かれた学問の総称」とあります。いろいろな観察や実験をして、その個別的なことから、法則や体系的な知識、すなわち、正しい考え方や論理を導き出す、というのが科学ということになりそうです。

②　どの時代に科学が成立したかというのは難しい問題なのですが、それほど昔のことではありません。おおよそ16世紀から17世紀と考えるのが妥当とされています。地動説を唱えたガリレオ・ガリレイや、血液循環を発見したウィリアム・ハーヴェイといった名前を聞いたことがあるかもしれません。どちらも、自らが考えついた仮説に基づいて、簡単な実験をおこなって普遍的な法則を導いた人です。そういった人たちが活躍したのがその時代です。近代科学は、その頃のヨーロッパにおいて「発明」されたものなのです。

③　科学・技術、というように、技術は科学とよく対にされる言葉ですが、広辞苑によると、技術は「科学を実地に応用して自然の事物を改変・加工し、人間生活に役立てるわざ」となっています。広辞苑には失礼ですが、これは少しおかしな説明です。現代的な定義としては、この説明でいいのかもしれません。が、「科学を実地に応用して」というところが、A歴史的に見るとあてはまらないのです。

④　羅針盤、火薬、紙、印刷術、は中国の四大発明と呼ばれています。これらを作るには大いなる技術が必要ですが、科学的な法則ではなく、経験に基づいて作られたものなのです。このように、科学が発明されるはるか前から、いろいろな技術は存在していたのです。ごく簡単に言うと、［ 3 ］、といったところでしょうか。

⑤　科学的というと、正しくて確固たるもの、という印象があるかもしれません。現代の科学は相当に進歩していますから、そう考えるのも無理はありませんし、おおむねそれでかまいません。しかし、かつては、今となっては、とんでもないとしかいえない考え――「トンデモ説」ともいえる考え――が大まじめに信じられていた時代もあったのです。もちろん、そういったトンデモ説がいつまでも信じ続けられることはありませんでした。それは、いろいろな観察や実験がおこなわれて、次第にトンデモ説に対する1ハンショウが積み重ねられ、多くの人がどうもおかしいぞと思うようになっていったからです。

⑥　おかしいぞという人がどんどん増えてくると、トンデモ説は破綻《たん》をきたしてしまいます。そうなると、その説が捨てられて、新しい、そして、より正しそうな説へと移り変わっていきます。もちろん、すべての学説がそういうようにしてできあがってきたわけではないのですが、歴史的に、そういうような例がいくつもあるのです。

⑦　コンセンサスという言葉があります。日本語では、意見の一致、とか、合意、と訳されます。政治では、よく「国民の合意をとりつけた」とかいう言い方がされますが、いろいろな考えの人がいて、たくさんの

MEMO

大切なことはメモしておこうネ！

2021年度

横浜富士見丘学園高等学校入試問題（オープン）

【数　学】（50分）　＜満点：100点＞

【注意】(1) 答えに根号がふくまれるときは，根号の中は最も小さい自然数にしなさい。また，分母に根号がふくまれるときは，分母に根号をふくまない形にしなさい。

(2) 答えが分数になるとき，約分できる場合は約分しなさい。

1　次の計算をせよ。

(1) $-8-(-5)$

(2) $20+2\times(-12+10)$

(3) $-\frac{2}{3}-\frac{5}{4}$

(4) $5xy^2\div(-3y)\times 6x$

(5) $\frac{x+1}{3}-\frac{x-2}{4}$

(6) $\sqrt{12}+\frac{\sqrt{3}}{4}$

(7) $(x-2)^2+(x-3)(x+4)$

2　次の問いに答えよ。

(1) $x^2(x-3)-(x-3)$ を因数分解せよ。

(2) 二次方程式 $(x+4)^2-16=0$ を解け。

(3) 連立方程式 $\begin{cases} 3x-4y=7 \\ 4x+5y=30 \end{cases}$ を解け。

(4) 関数 $y=\frac{1}{2}x^2$ において，x の変域が $-4\leqq x\leqq 2$ のとき y の変域を求めよ。

(5) 下の図のような△ABCにおいて，BC//DE，DC//FE，AD＝18㎝，AB＝27㎝のとき，AFの長さを求めよ。

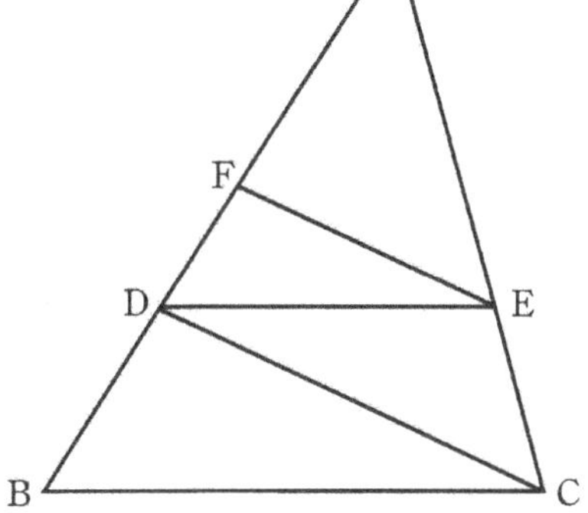

3　下の図のように，２つの放物線 $y=4x^2$，$y=-x^2$ がある。放物線 $y=-x^2$ 上の，x 座標が２である点をＰ，x 座標が１である点をＱとする。また，放物線 $y=4x^2$ 上の x 座標が１である点をＲとする。さらに，放物線 $y=ax^2$ を考え，この放物線上の点で x 座標が２である点をＳとするとき，次の問いに答えよ。
ただし，$a>0$ とする。

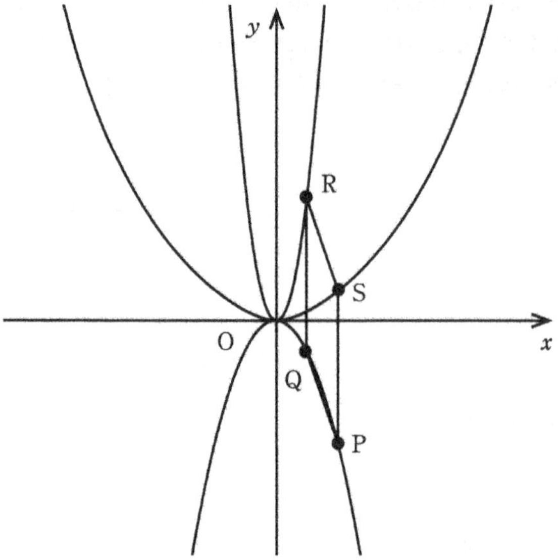

(1)　Ｓの y 座標を a を用いて表せ。
(2)　四角形PQRSが平行四辺形になるとき，定数 a の値を求めよ。
(3)　四角形PQRSの面積が６であるとき，定数 a の値を求めよ。

4　大，小２つのサイコロを同時に１回投げ，出た目を確認した後，赤玉１個，黒玉２個が入っている袋から玉を１個取り出す。
このとき，以下のルールに従って２桁の整数を作る。
①　大きいサイコロの出た目の数を十の位の数字とする。
②　小さいサイコロの出た目の数を一の位の数字とする。
③　赤玉１個，黒玉２個が入っている袋から，玉を１個取り出す。
このとき，
・赤玉が出たとき，①，②でできた２桁の整数をそのままにする。
・黒玉が出たとき，①，②でできた２桁の整数の，十の位と一の位を入れかえる。
【例】大きいサイコロの出た目の数が５，小さいサイコロの出た目の数が２のとき，
・③で赤玉が出たとき，整数は52となる。
・③で黒玉が出たとき，整数は25となる。
以下の問いに答えよ。
(1)　①～③で作られる整数が24となる確率を求めよ。
(2)　①～③で作られる整数の十の位と一の位が，ともに偶数となる確率を求めよ。
(3)　①～③で作られる整数が，２桁の偶数となる確率を求めよ。

5　下の図のように，ある規則に従って１番目，２番目，３番目，……と正方形のタイルを並べてゆく。

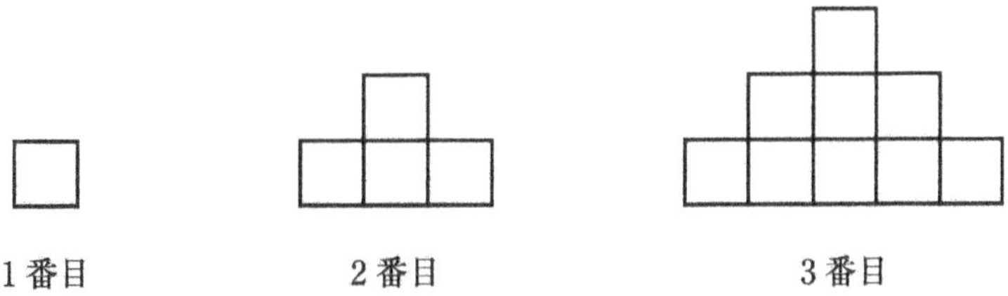

(1)　５番目の図形は，タイルが何枚使われているか求めよ。

(2)　タイルを225枚使ってできる図形は，何番目の図形か求めよ。

6　右の図は，底面の半径３㎝の円柱をある平面で切って作った立体である。
このとき以下の問いに答えよ。

(1)　この立体の体積を求めよ。

(2)　この立体の側面積を求めよ。

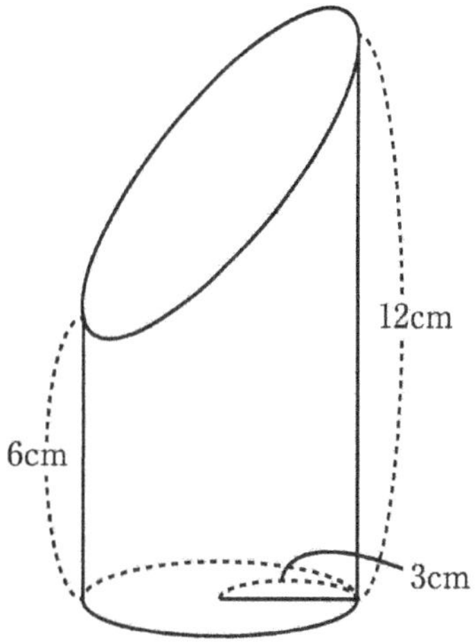

7　右の図のように，頂点がすべて同じ円の周上にある四角形ABCDがある。Pは対角線の交点で，∠ABD＝∠BCAであるとき，次の問いに答えよ。

(1)　△ACD∽△ADPを証明せよ。

(2)　AP＝８㎝，PC＝７㎝のとき，辺ADの長さを求めよ。

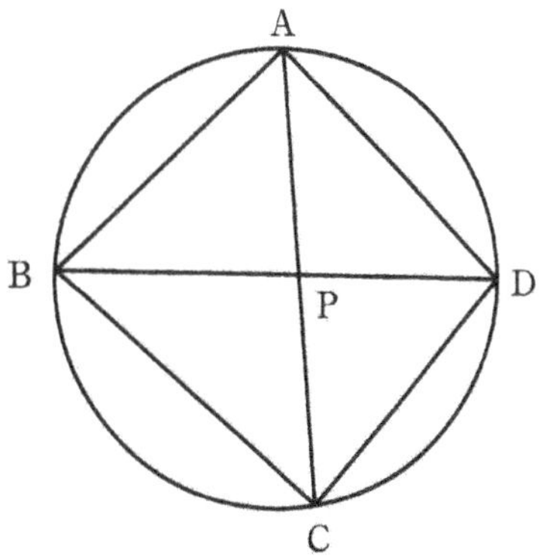

【英　語】（50分）　<満点：100点>

1　(A)・(B)それぞれの問いに答えなさい。

(A)　次の各語の中で，アクセントの位置が他と異なるものを(a)～(d)より１つ選んで，その記号を書きなさい。

1．(a) en-joy　(b) prac-tice　(c) hun-dred　(d) pic-ture

2．(a) va-ca-tion　(b) hos-pi-tal　(c) im-por-tant　(d) to-mor-row

(B)　次の各語の中で，下線部の発音が他と異なるものを(a)～(d)より１つ選んで，その記号を書きなさい。

1．(a) news　(b) sea　(c) delicious　(d) school

2．(a) like　(b) item　(c) pie　(d) singer

3．(a) cut　(b) cup　(c) cute　(d) culture

2　次の１～５が表している英語を書きなさい。なお，【例】のように<　>内の文字は最初のアルファベットを表し，数字は文字の数を表します。

【例】　問題：This is a book that you put photographs or stamps in.　<a, 5>

解答：album

1．This is the day between Tuesday and Thursday.　<W, 9>

2．This girl is someone's female child.　<d, 8>

3．This is one of many small round green or purple fruits.　<g, 5>

4．This is a meal eaten in the middle of the day.　<l, 5>

5．This is a person who dances as a job.　<d, 6>

3　次の１～10のそれぞれの問いに答えなさい。

1．次の英文の（　）内に入る最も適切な語を(a)～(d)より１つ選び，記号で答えなさい。

If it (　　　) raining tomorrow, we can go camping.

(a) stop　(b) stops　(c) will stop　(d) won't stop

2．次の２文の（　）に共通して入る語を書きなさい。ただし，最初の文字はｋから始まります。

I forgot to (k　　　) my watch in this box.

You must (k　　　) your room clean.

3．次の英文中に< living >を補う場所として最も適切なものを(a)～(d)より１つ選び，記号で答えなさい。

Ichiro Suzuki is (a) a baseball (b) player (c) in the U.S. with (d) his wife and a dog.

4．次の英文の下線部と同じ用法の< that >を含む文を(a)～(d)より１つ選び，記号で答えなさい。

Do you know that girl reading a book in the library?

(a) I'm so tired that I cannot do my homework.

(b) I know the man that is working as a doctor.

(c) I'm really interested in that shopping mall.

(d) I think that Keiko should say sorry to Mayumi.

5．次の２つの英文がほぼ同じ意味になるように，（　）に入る語を書きなさい。

The man is playing soccer over there. I can't remember his name.

The man (　　　)(　　　) I can't remember is playing soccer over there.

6．次の英文の下線部には文法的に誤っている箇所が１つあります。その番号を指摘した上で，誤っている箇所を正しい形に直しなさい。

I ①practiced ②to play the piano ③for more than two hours every day ④when I was a student.

7．次の英文の中で文法的な誤りのあるものを１つ選び，(a)~(d)の記号で答えなさい。

(a) I asked my son what he was looking for.

(b) Did you hear the baby crying?

(c) This song makes always me happy.

(d) To be a musician is my dream.

8．次の対話文の（　）内に入る最も適切な表現を(a)~(d)より１つ選び，記号で答えなさい。

Student : Can I ask you a question?

Teacher : Sure. Any question is OK!

Student : (　　　　　)

Teacher : They're Kenta's. Can you return them to him?

(a) What a nice guy you are!

(b) Do you know whose shoes these are?

(c) How many notebooks do you have?

(d) How kind the boy is!

9．次の日本語に合うように［　］内の語を並べかえなさい。ただし，１語余分なものがあります。また，文頭に来るべき語も小文字になっています。

あなたはいままでにどこの国へ行ったことがありますか。

[to / have / which / been / countries / you / never / ever / ?]

10．次の２文を＜受動態＞に書きかえる時，（　）内に入る語を書きなさい。

Racheal Carson wrote "Silent Spring" in 1962.

→ "Silent Spring" (　　　)(　　　)(　　　) Racheal Carson in 1962.

4　次のページの標語は，2015年の国連（the United Nations）サミットで採択された「持続可能な開発目標（SDGs）」です。各国の取り組みをまとめた表も参考にし，後の問いに対する答えとして最も適切なものを，(a)~(d)の中から１つずつ選びなさい。

1．What is the fourth goal that the United Nations decided in 2015?

(a) Zero Hunger　　(b) Quality Education

(c) Life Below Water　　(d) Partnerships for the Goals

2．How many countries are there in the table on the left page?

(a) 11　　(b) 13　　(c) 15　　(d) 17

3．Which country achieved the best SDGs in 2019?

(a) Denmark　　(b) Finland　　(c) France　　(d) Sweden

＜目標達成（achievement）データ＞

◎目標達成、○課題あり、△重大課題あり、▼主要課題あり

Country	達成率	Sustainable Development Goals (SDGs)																
	%	1	2	3	4	5	6	7	8	9	10	11	12	13	14	15	16	17
Australia	73.9	○	△	◎	○	△	○	▼	△	△	△	○	▼	▼	△	△	○	△
Canada	77.9	○	△	△	◎	△	△	◎	○	△	○	○	▼	▼	△	△	○	△
Denmark	85.2	◎	△	○	○	○	○	○	○	○	◎	△	▼	△	▼	○	◎	○
Finland	82.8	◎	△	○	◎	△	○	◎	○	△	◎	○	▼	▼	△	○	○	△
France	81.5	◎	△	○	△	○	○	○	△	○	○	○	▼	▼	△	○	△	△
Germany	81.1	○	△	○	○	△	○	○	○	△	○	○	▼	▼	▼	○	○	△
Italy	75.8	○	△	◎	△	△	○	○	△	▼	△	△	▼	▼	▼	○	○	△
Japan	78.9	○	△	○	◎	▼	○	△	○	◎	△	△	▼	▼	△	△	○	▼
Korea, Rep.	78.3	○	△	△	○	▼	△	△	○	○	△	○	△	▼	△	△	○	▼
New Zealand	79.5	○	▼	○	○	○	○	◎	○	△	△	○	△	▼	△	△	△	▼
Norway	80.7	◎	▼	◎	△	◎	○	◎	△	△	◎	○	▼	▼	○	△	△	○
Spain	77.8	○	▼	○	○	△	○	○	△	▼	△	△	△	▼	△	○	○	△
Sweden	85.0	◎	△	◎	△	○	○	◎	○	○	○	○	▼	▼	△	○	△	○
United Kingdom	79.4	○	△	○	○	△	○	△	○	○	△	○	▼	▼	△	△	○	▽
United States	74.5	△	▼	△	○	▼	○	△	○	△	▼	△	▼	▼	○	○	▼	▼

［参照：2019_sustainable_development_report.pdf］

4．Which goal did Italy achieve in 2019?

(a) Life on Land

(b) Clean Water and Sanitation

(c) Peace, Justice and Strong Institutions

(d) Good Health and Well-being

5．Which statement is true?

(a) The United Nations thinks they solved global warming.
(b) The United Nations made 18 goals to change the world.
(c) Only Norway succeeds in the goal, “Gender Equality”.
(d) Australia achieved SDGs better than the United Kingdom.

5 次の Dinosaur（恐竜）に関する英文を読み，後の問いに答えなさい。

Although dinosaur *[1]remains have been around for millions of years, people knew nothing about these *[2]extraordinary creatures until the last century. One of the first people to discover dinosaur bones was an English doctor named Gideon Mantell, who collected rocks and *[3]fossils as a hobby. In 1820 Dr. Mantell, with his wife, Mary Ann, found some large teeth *[4]embedded in stone. Mantell *[5]had never seen teeth quite like them before. And when he found some bones *[6]nearby, he began to do some serious research. After a lot of work, Dr. Mantell *[7]concluded that the teeth and bones had belonged to some kind of *[8]giant reptile which he named *Iguanodon*, meaning “Iguana tooth”. Two other giant reptiles were discovered in England soon *[9]afterward, named *Megalosaurus* and *Hylaeosaurus*. But *[10]it was not until 1841 that these creatures were given ① a group name. Sir Richard Owen, a well-known scientist of the time, *[11]declared that they should be called “dinosaurs,” meaning “*[12]terrible lizards.” And so began a time of great *[13]excitement in the scientific world. The great dinosaur hunt began all over the world.

[…中略…]

A lot of people think of dinosaurs as being *[14]massive creatures, big enough to reach the *[15]treetops. But there were also tiny dinosaurs, ones that would not even reach your knee. The biggest creatures ever to walk the Earth were the *[16]sauropod group of dinosaurs, which were all plant eaters. *Brachiosaurus* was the biggest sauropod that we know much about. It *[17]weighed about 70 tons, was 70 *[18]ft (22 m) long, and stood 39 ft (12m) high – about as tall as *[19]a four-story building or a big *[20]oak tree. Bones have recently been found belonging to dinosaurs that may have been even larger than *Brachiosaurus*. They were named *Supersaurus* and *Ultrasaurus* and they may have been a third larger than *Brachiosaurus*! When alive, *Ultrasaurus* would have weighed as much as 20 large elephants. *[21]In contrast with these peaceful giants, the tiny dinosaurs like *Compsognathus* were mostly *[22]agile, *[23]crafty meat eaters, some no heavier than a cat.

[出典：David Norman, ph.D., and Angela Milner, Ph.D.,
“EYEWITNESS BOOKS DINOSAUR”]

*1 remains「化石」　*2 extraordinary creatures「並外れた生き物」　*3 fossil「化石」
*4 embedded in stone「岩石に埋め込まれた」　*5 had never seen「一度も見たことがなかった」
*6 nearby「近くで」　*7 concluded that「～と結論付けた」　*8 giant reptile「巨大な爬虫類《はちゅうるい》」
*9 afterward「その後」　*10 it was not until ～ that…「～になってようやく…」
*11 declare that「～と断言する」　*12 terrible lizards「恐ろしいトカゲ」
*13 excitement「刺激的なもの」　*14 massive「巨大な」　*15 treetops「こずえ」
*16 sauropod「竜脚類」(長い首と尾，四肢をもった恐竜)　*17 weighed「～の重さがある」
*18 ft「フィート（長さの単位)」　*19 a four-story building「４階建ての建物」
*20 oak tree「かしの木」　*21 In contrast with ～「～と比べて」　*22 agile「すばしこい」
*23 crafty「ずる賢い」

1．下線部①の具体的な名称を，本文中より，英語１語で抜き出しなさい。

2．*Brachiosaurus* の説明として正しいものを１つ選び，(a)~(d)の記号で答えなさい。

(a) 竜脚類の中で最大で，肉食である。　(b) 竜脚類の中で最小で，草食である。
(c) 竜脚類で，体長は12メートルある。　(d) 竜脚類で，体高は12メートルある。

3．*Ultrasaurus* の体重の説明として正しいものを１つ選び，(a)~(d)の記号で答えなさい。

(a) 70トン　(b) *Brachiosaurus* の体重の３分の１
(c) 大きな象20頭分　(d) 猫１匹ほど

4．*Compsognathus* の説明として正しいものを１つ選び，(a)~(d)の記号で答えなさい。

(a) 小さな体で，すばしこく，肉食である。
(b) 小さな体で，そのすべてが猫よりも軽い。
(c) 大きな恐竜と同様に，ずる賢い。
(d) 大きな恐竜と比べて，おとなしい。

5．本文の内容と一致するものを１つ選び，(a)~(d)の記号で答えなさい。

(a) People have been studying about dinosaurs for millions of years.
(b) Dr. Mantell collected dinosaur bones as a hobby.
(c) Dr. Mantell named the giant creatures *Iguanodon*.
(d) Dinosaurs were all big enough to reach the treetops.

6　次の物語を読み，後の問いに答えなさい。

One day, the children were walking by the *1 fence along the top of the hill beside the railway line. The line here ran through a deep little valley and the hillside on both sides of the line was very rocky. But among the rocks, grass and flowers grew, and many small trees.

Phyllis stood by the fence and looked down to the lines at the bottom. 'It's like looking down the side of a mountain,' she said.

Suddenly, they heard ①a noise. It was soft, but very clear, and slowly began to get louder.

'Look at the tree over there!' cried Peter.

The girls looked and saw a tree moving slowly *2 downwards on the *3 opposite side of the railway line!

'It's magic!' said Phyllis. 'I knew the railway was magic. Look, some other trees are moving, too.'

They watched as the trees moved on and on, grass and stones moving with them. Then a big rock began to move *4as well, and suddenly half the hillside was moving. A second or two later, everything came crashing down in a big *5heap on the railway line *6below.

'It's right across the line!' said Phyllis, feeling a little (②) now.

'Yes,' said Peter, slowly. 'And the 11.29 hasn't gone by yet. We must let them know at the station, or there will be an *7awful accident.'

'There isn't time,' said Bobbie. 'It's past eleven now.'

They thought for a moment.

'③ We need something red. Then we could go down on the line and wave it,' said Peter. 'Everyone knows that red means danger, and the train would stop.'

'Our *8petticoats!' said Phyllis. 'They're red. Let's take them off.'

The girls did this, then the three of them ran along the line to a corner. When they were round the corner, it was impossible to see the heap of trees and rocks.

'We'll need some sticks as well,' said Peter, taking one of the petticoats. 'Now...' He took a knife from his pocket.

'You're not going to cut them, aren't you?' said Phyllis.

'Yes, cut them!' said Bobbie. '[④], there will be a real accident and people will be *killed*.'

They cut the petticoats into six pieces and put them on to sticks. Now they had six red flags. Next, they pushed two of the flags into heaps of stones between the lines, then Bobbie and Phyllis each took one, and Peter took the other two. They stood ready to wave them *9immediately the train appeared.

It *10seemed a long time before the railway lines began to shake, and they heard the train coming.

'Wave your flags!' *11ordered Peter. 'But don't stand (⑤) the line, Bobbie!'

The train came very, very fast. The lines began to shake and the two flags that were pushed into the heaps of stones soon fell over, but Bobbie ran across and picked up one of them.

'The train's not going to stop!' she shouted. 'They won't see us, it's no good!'

She ran on to the line, waving her two flags.

'Get back, Bobbie!' shouted Peter.

But Bobbie did not move from the line. She waved and waved her flags, shouting 'Stop, stop!' as the big black engine came towards her.

It did stop ... but only twenty meters from Bobbie.

Peter and Phyllis ran along the line to tell the driver about the trees and rocks around the corner. But Bobbie couldn't move because her legs were shaking too much. She had to sit down on the ground. But they had saved the train.

'You're brave and clever children,' the driver told them.

［出典：Edith Nesbit, "The Railway Children"］

*1 fence 「囲い，柵」 *2 downwards 「下向きに」 *3 opposite side 「反対側」
*4 ～ as well 「～と同様に」 *5 heap 「塊《かたまり》，積み重なり」 *6 below 「下に」
*7 awful 「恐ろしい」 *8 petticoats 「ペチコート，婦人服」 *9 immediately 「突然に」
*10 seemed 「～のように見えた」 *11 ordered 「～と命じた」

1．下線部①の説明として適切なものを(a)～(d)の中から１つ選び，記号で答えなさい。
(a) 子供たちが線路脇の丘の上にある柵に沿って歩いている音
(b) Phyllis が線路の底を見下ろすために柵をよじ登っている音
(c) 線路の反対側の一本の木がゆっくりと倒れかかっている音
(d) 機関車が子供たちのいる駅に加速しながら近づいている音

2．空欄（②）に入る語として適切なものを(a)～(d)の中から１つ選び，記号で答えなさい。
(a) happy　(b) excited　(c) disappointed　(d) frightened

3．下線部③について，なぜ「赤」なのですか。日本語で説明しなさい。

4．空欄［④］に入るものとして適切なものを(a)～(d)の中から１つ選び，記号で答えなさい。
(a) If we can stop the train　(b) If we can't stop the train
(c) though we can stop the train　(d) though we can't stop the train

5．空欄（⑤）に入る語として適切なものを(a)～(d)の中から１つ選び，記号で答えなさい。
(a) in　(b) behind　(c) on　(d) under

6．本文の内容と一致するものを１つ選び，(a)～(d)の記号で答えなさい。
(a) 列車が来るまで時間があったので，子供たちは駅に事故を知らせることができた。
(b) Phyllis のポケットの中にナイフがあったので，子供たちは布を切ることができた。
(c) Peter は３人の中で最も臆病だったので，線路上で旗を振ることができなかった。
(d) 子供たちの勇気ある行動により，列車は Bobbie の20メートル手前で停車した。

　このような時に、柵の向かい側にある棟の木に法師が登り、木の股《また》に座って見物をしている姿が見えた。枝につかまりながらぐっすり眠りこんでいて、[D]にはっと目を覚ます、ということを繰り返している。

　この姿を見ていたある人があきれてばかにして、「とんでもないおろか者だなあ。あんな危なっかしい枝の上でよくものんきに眠ることができるものだ」と言うので、（それに対して）心にふと浮かんだままに、「私たちに死が訪れるのは、今この瞬《しゅん》間かもしれない。それを忘れてのんきに祭り見物をして一日を過ごすことは、より愚かしいことであるのに」と言ったところ、前にいる人たちは、「本当にそうでした。確かに愚かです」と言って、皆が後ろを振り返って、「ここにお入りなさい」と言って、場所を空けて呼び入れてくれました。

　この程度の道理は、誰でも思いつくようなものだが、場合が場合だっただけに思いがけない気持ちがして、胸にひしひしと思い当たったのであろうか。人は木や石のようなものではないので、何らかの物事に触れて、心を動かさないわけではないのだ。

問一　――線A「五月」の旧暦での月の読みを答えなさい。

問二　――線B「やう」の意味として適当なものを、次のア～エより一つ選び、記号で答えなさい。

ア　手段　　イ　理由　　ウ　用事　　エ　事情

問三　――線C「いたう」の読みを、現代仮名遣いで答えなさい。

問四　――線D「落ちぬべき時」の現代語訳として適当なものを、次のア～エより一つ選び、記号で答えなさい。

ア　少し落ちてしまった時　　イ　今にも落ちそうな時
ウ　決して落ちてはいけない時　　エ　まだ落ちないはずの時

問五　――線E「思ひし」の主語は誰ですか。適当なものを次のア～エより一つ選び、記号で答えなさい。

ア　法師　　イ　前なる人共　　ウ　筆者　　エ　筆者の連れ

問六　――線F「さにこそ候けれ」中の「こそ」と「けれ」のように、特定の助詞に呼応して文末の活用形が変化する文法の決まりを何と呼びますか。適当なものを、次のア～エより一つ選び、記号で答えなさい。

ア　係り受け　　イ　呼応の副詞　　ウ　係り結び　　エ　縁語

問七　――線G「ことはり」の内容を表している部分はどこからどこまでですか。始めと終わりの3字を古文中より抜き出して答えなさい。ただし、句読点も字数に含みます。

問八　本文中から読み取れる内容として適当なものを、次のア～エより一つ選び、記号で答えなさい。

ア　筆者は「是を見る人」に共感し、木の上で眠って落ちそうになっている法師に対して、危機感のない浅はかな人間だと感じている。

イ　筆者は、木から落ちそうになっている「法師」と、のんきに祭り見物をしている自分たちとは、愚かという点では同じだと感じている。

ウ　筆者は「前なる人共」が自分たちも愚かだと悟り、その場を去っていった行動に対し、非常に思いがけないことだと驚いている。

エ　筆者は、誰でも思いつく程度の道理であっても、人は木や石のように無知な存在ではないので、心を動かすこともあるのだと感じている。

問八　――線F「サ」、――線G「サ」を漢字に直すと、どうなりますか。正しい組み合わせを次から一つ選びなさい。

ア　F　射　G　刺　　イ　F　差　G　挿　　ウ　F　刺　G　指　　エ　F　挿　G　差

問九　――線H「錯覚」とありますが、

(1)「錯覚」とはどんなことを指しますか。次の文の（　）を埋める形で説明しなさい。ただし、「東京」「田舎」の二語を必ず用いること。

・（　①　）のに、（　②　）と感じたこと。

(2)「私」の「錯覚」が終わった瞬間はどこですか。その部分を含む文を本文中から抜き出し、文末の9字を書きなさい。

問十　――線I「坂が終わらなければいいのにと思った」とありますが、「坂」は隠喩と読むことができます。「私」は何が「終わらなければいい」と感じていると考えられますか。15字程度で答えなさい。

問十一　この文章の表現の説明としてふさわしくないものを、次のア～エより一つ選び、記号で答えなさい。

ア　「私」の視点で、話すように物語が進行しており、「私」の揺れる心情が率直に描かれている。

イ　会話文中心に物語が展開し、セリフからそれぞれの相手に対する心の内が明らかになっていく。

ウ　擬音語や擬態語が多く用いられており、動きや様子が生き生きと効果的に表現されている。

エ　倒置法、体言止めや繰り返しを用いることで、「私」が目にした風景や「私」の感情を印象づけている。

三　次の文章を読んで後の問いに答えなさい。

A五月五日、*賀茂《かも》の競《くら》べ馬《うま》を見侍《はべり》しが、車の前に雑人《ざう》立ち隔《へだ》てて見えざりしかば、をのをの下《お》りて、埒《らち》の際《きは》に寄りたれど、ことに人多く立ち込《こ》みて、分け入《いる》べきBやうもなし。

かかるおりに、向ひなる*楝《あふち》の木に、法師の登りて、木の股《また》についゐて物見るあり。取り付きながらCいたう眠《ねぶ》りて、D落ちぬべき時に目を覚ますことたびたびなり。

是《これ》を見る人、あざけりあさみて、「世のしれ物かな。かくあやうき枝の上にて、安《やす》き心ありて眠るらんよ」と言ふに、我が心にふとE思ひしままに、「我等《われら》が生死《しやうじ》の到来、ただ今にもやあらん。それを忘《わすれ》て物見て日を暮《くら》す、愚《おろ》かなることは猶《なほ》まさりたる物を」と言ひたれば、前なる人共「まことにFさにこそ候《さうらひ》けれ。もとも愚かに候《さうらふ》」と言ひて、皆うしろを顧《かへり》みて、「ここへ入《い》らせ給《たま》へ」とて、所をさりて呼び入れ侍《はべり》にき。

かほどのGことはり、誰《たれ》かは思《おもひ》寄らざらむなれど、をりからの思ひかけぬ心《ここ》ちして、胸に当たりけるにや。人、木石《ぼくせき》にあらねば、時にとりて物を感ずることなきにあらず。

（『徒然草』第四一段）

※本文表記は一部現代仮名遣いに変更してある部分が有ります。

*賀茂の競べ馬……陰暦五月五日に京都の上賀茂神社の境内《だい》で行われる競馬。

*楝の木……梅檀《せんだん》の木の古名。

（現代語訳）

五月五日に賀茂の競べ馬を見にいきましたが、牛車《ぎっしゃ》の前に人々が立ちふさがって見えなかったので、めいめい車を下りて、馬場の周りの柵《さく》の方へ寄ろうとしたが、そのあたりはことに人が多く混雑していて、かき分けて入る［B］もない。

ままぼとりと横に落ちた。本当にサドルから落ちて、横の雪の中に突っ込んだ。私はひゃっと変な声を上げながらも、何とか荷台から飛び降りて自転車が倒れるのを止めた。

（豊島ミホ『檸檬のころ』所収「雪の降る町、春に散る花」より）

＊試験……佐々木くんは地元の大学を受けた。

問一　本文冒頭から37ページ11行目※印までの部分には、本来の文章の言葉ではなく、わざと異なった副詞にしたため、文意がわかりにくい箇所があります。その副詞を抜き出し、考えられる本来の副詞を答えなさい。

問二　――線A「準備」とありますが、何の「準備」と考えられますか。次の文の（　）を8～10字の言葉で埋めて説明しなさい。

・（　　　　　）の準備。

問三　――線B「さびれた」、――線C「もろもろの」の意味としてふさわしいものを、それぞれ次のア～エより一つ選び、記号で答えなさい。

B　ア　昔ながらの
　　イ　趣がある
　　ウ　おとろえた
　　エ　こじんまりとした

C　ア　決まった
　　イ　いくつかの
　　ウ　さまざまな
　　エ　面倒な

問四　――線㋐～㋔の「れ」「られ」のうち、同じ意味・用法のものを二つ選び、記号で答えなさい。さらにその意味を、次のア～エより一つ選び、記号で答えなさい。

ア　受け身　イ　尊敬　ウ　自発　エ　可能

問五　[1]に入る言葉を、次のア～エより一つ選び、記号で答えなさい。

ア　うれしくて　イ　情けなくて
ウ　ばかばかしくて　エ　恥ずかしくて

問六　――線D「一瞬ぼうっとした私」とありますが。この時の「私」を説明したものとしてふさわしいものを、次のア～エより一つ選び、記号で答えなさい。

ア　四月から離ればなれになる二人は携帯電話でしか繋がれないのに、佐々木くんは買おうともせず、このまま私と別れようとしていることを悟り、落胆している。

イ　携帯電話に強い興味を示しているように感じた佐々木くんが、携帯電話など無力だという自分が飲み込んだ言葉と同じ言葉を思いがけず発したことに動揺している。

ウ　固定電話を引くために携帯電話の購入を見合わせている私と違って、買うのだろうと思っていた佐々木くんが、急に投げやりな言い方をしたことに混乱している。

エ　せっかく携帯電話ショップに来たのに、否定的な発言をした私に気分を害した佐々木くんが、わざと同じような言葉を言ってみせたことにショックを受けている。

問七　――線E「『加代ちゃん』～『いっぺん、思いっきり漕いでみていい？』」とありますが、この時の「佐々木くん」の気持ちを書き出し、書き終わりに合わせて、50字以内で書きなさい。ただし、25字未満は採点対象外とします。

・受験が終わってから、今までの思い出をなぞるように自転車に乗って二人で遊んできたが、（　　　　　）という気持ち。

「何でぐるぐるしてんのー！」

「行くとこなんかねえもん！」

「じゃ、学校行こう学校」

　というわけで、坂道を上って学校に行ってみたりもした。学校の前の急な坂を上るにはさすがに二人乗りは無理で、私は自転車を降りて歩いた。そういえば佐々木くんと一緒にこの坂を上ったことはなかったな、と思った。

　坂を上りきると、学校には入らないですぐにUターンをした。別に学校に用事があるわけじゃない、私たちがしたかったのは、通学路をもう一度たどることだった。

　ママチャリの荷台に横向きに乗っかって、佐々木くんの背をつかむ。佐々木くんが地面を蹴ると、ペダルを漕《こ》がなくとも自転車は前に滑り出す。私の乗った金属の荷台が、キッチキッチと音を立てる。

E「加代ちゃん」

　前を向いたまま、佐々木くんが言った。

「いっぺん、思いっきり漕いでみていい？」

　学校に続く狭い道は、真昼はほとんど車が通らない。前にも後ろにも、タイヤの音はなかった。

「いいよー」

　返事をして、佐々木くんの背中に強くしがみついた。ぐん、とペダルを漕ぎ出す反動が、お尻の下から伝わってきた。

「行くぞお」

「おー」

　向かい風の中に飛び込む。あっと思う間に、髪は後ろにさらわれて、私たちは落ちるように坂道を下っていた。

　両脇に広がる田んぼは、雪に覆われて真っ白い野原になっている。雲の端から光がFサして、雪のところどころ、小さくまたたく。目の奥にちかちかGサさる星だ。

　白い息が飛ぶ。佐々木くんの息も後ろに飛んで、私のと混じる。佐々木くんは空回りしてもなお、ペダルを漕ぎ続ける。地面のわずかな凸凹で不安定に揺れる肩。私はそれを強く強くつかまえる。

　空を仰いだら、雲が薄くて、冬の間じゅう狭いと思っていた天が、ずっと広く感じ㋓られた。思わず口を開いたら、土のにおいがのどに飛び込んできた。

　広い空、厚い背中、季節のにおいの風。これが全部東京に行ったら失われてしまうんだと思うと、田舎には何でもある気がした。しょせんそんなのは気のせいで、私の欲しいものは東京にしかないって、頭ではちゃんとわかっていた。けれどもH錯覚したのだ、もう何もいらないって。これ以上の何が、世界にあるんだろうって。

I坂が終わらなければいいのにと思った。このままずっと白い雪野原の真ん中を、佐々木くんと二人で滑り落ち続け㋔られたら。

　私は目を閉じて、佐々木くんの背中に頬を押しつけた。荷台からぶらさげた足が、地面すれすれで宙に浮いて風を切り、その感覚はまさに、飛んでいる、というのと同じだった。

　ほどなく坂は上りになって、自転車は急に速度を失い、ふらふらと揺れながら止まってしまった。目を開けたら、短くゆるい上り坂の途中だった。

　佐々木くんはもうペダルを漕いでなくて、自転車が失速すると、その

「発表まだじゃない」

おばあちゃん達の視線を集めているのが［1］、私は冷たく突っ込んだ。けれども佐々木くんは浮かれ顔のまま首を振る。

「いや絶対受かった。手ごたえあったもん。祝って！　おごって！」

しょうがないなあ、と言って、私は横の自販機に百円玉を入れた。紙コップのジュースを、佐々木くんに渡す。「ジュースかよ！」と言う佐々木くん。私はもう一つ百円玉を入れて、自分のぶんのジュースを買った。

「佐々木くんの合格に、かんぱーい」

「かんぱい！」

紙コップの縁は、ぶつけるとカシュッと乾いた音がした。※

ジュースを飲んでから、私たちはぶらぶらと歩き出した。一階に下りて、商店街に近いほうの出口を抜けると、まん前に携帯電話ショップがあった。「あ、けいたーい」と、佐々木くんが電話のディスプレイのほうに寄っていった。一番目立つ、真っ赤な携帯を手に取って、佐々木くんが言う。

「加代ちゃん、携帯買った？」

「まだ。向こうで固定電話引くことにしたから、急いで買わなくてもいいんだ」

普通は、一人暮らしが決まれば携帯電話を買って、引っ越しに関するCもろもろの書類にはその番号を書くことになる。でも私は、どうせインターネットで電話回線を使うからと、固定電話を買うことに決めた。携帯は先延ばしでいいことになっている。

携帯は、怖い。どこからどこへでも簡単に繋《つな》がれる、みたいな変な錯覚を起こされそうで。某電話会社が、遠く離れた家族や恋人と携帯で繋がるCMばっかり作るからだ。

「携帯なんか持ったって……」

ふとつぶやいてしまう。佐々木くんが「え？」と振り返った。

「ん、何でもない」

私が首を振ると、佐々木くんは「そう」と言って元のほうへ向き直った。原色から淡い色、モノトーンカラー、さまざまな色が展示棚にあふ㋑れている。赤字でつけ㋒られた値札や、「オススメ！」「現品限り￥0」「最新機種」などのポップが、さらに目にうるさい。

買うのかな、と思ったのに、佐々木くんは赤い携帯を元の場所に戻して振り返った。

「携帯なんか持ったって、繋がんないよな」

私の目を見て、小さく笑う。佐々木くんのまなざしにも、あきらめの色。

D一瞬ぼうっとした私の手を、佐々木くんの手が引いた。また歩き出す。佐々木くんの指は自然に湿っている。

山のほうから風が吹く。その風には、つららが溶ける時の澄んだにおいが混じっていた。道の端には除けた雪が積もっているけれど、足元のアスファルトは乾いている。街中はもう、雪が消え始めているのだ。

春は来る。見えなくたって、もうそこまで来ている。

底から沸き立つようにぷつぷつと気温の上がる町で、私たちは毎日遊んだ。佐々木くんは小屋にしまっていた自転車を出して、また後ろに私を乗せてくれた。意味もなく川べりをぐるぐる走り回ったりした。

ア　1　つまり　2　そして　3　なぜなら
イ　1　つまり　2　したがって　3　しかし
ウ　1　それに　2　そして　3　しかし
エ　1　それに　2　したがって　3　なぜなら

問三　[4] にあてはまる言葉を、次のア～エより一つ選び、記号で答えなさい。
ア　素質や才能　イ　支援や協力
ウ　好機や幸運　エ　訓練や経験

問四　次の一文を本文に戻した時、ふさわしいのはどこですか。本文中の【ア】～【エ】より選び、記号で答えなさい。
・「考えること」も、それなりの環境の中で身につけ、いろんな経験を経て上達していく。

問五　[5] にあてはまる言葉を、次のア～エより一つ選び、記号で答えなさい。
ア　蒔《ま》かぬ種は生えぬ　イ　百聞は一見に如《し》かず
ウ　亀の甲より年の功　エ　習うより慣れろ

問六　——線A「考えないようにすること」とは、ここでは何をどのようにすることですか。本文中より40字で探し、始めと終わりの5字を抜き出しなさい。

問七　——線B「距離をとる」ことによって得られるものは何ですか。筆者の考えを、本文中より2字で抜き出しなさい。

問八　[6] にあてはまる言葉を、次のア～エより一つ選び、記号で答えなさい。
ア　難解な問題　イ　危険な問題
ウ　身近な問題　エ　奇妙な問題

問九　——線C「考えること」とは、ここでは何をどのようにすることですか。本文中より26字で抜き出しなさい。

[二]　次の文章を読んで、後の問いに答えなさい。

ほとんどのA準備が終わった頃、佐々木くんから電話があった。
「*試験終わった！　遊んでー！」
受話器の向こうの彼の声は、久しぶりに弾んでいた。私の上京は、あと十日までせまっていた。
雪はやむことが多くなってきていた。けれどももう、町を囲む山は真っ白だった。
待ち合わせたのは、駅前のBさびれたショッピングビルの二階だった。エレベーターの前が少し広くなって、ジュースの自販機と長椅子が置いてある。真昼にはお年寄りが、夕方には高校生がたまる場所だった。私たちもよくここで喋《しゃべ》ったりした。長椅子は既におばあちゃん三人組に占拠さ㋐れており、私は窓の外を眺めて佐々木くんを待っていた。ビルの中は静かで、通りを行く車の音が聞こえていた。雪を溶かすための放水はもう止まったのか、冬特有の、通りをびちゃびちゃ車が走る音はしなかった。
「加代ちゃん！」
呼ぶ声に振り向くと、佐々木くんが私に向かって突進してきていた。私の前で、跳ねそうな勢いで両手を上げて止まる。
「合格おめでとうって言って！」

たちには与えられていない。

学校のことを思い出してほしい。私たちが教わるのは、個々の場面で必要なルールを身につけ、その中で決められたことに適切な答えを出すことだけである。いろいろやってみるというより、決まったことを繰り返す。それは「考えること」とは違う。少なくともここで言う「問い、考え、語り、聞く」という、対話的な意味での「考えること」ではない。

そこに自己との対話はなく、まして他者との対話など望むべくもない。ただ出された指示に従うこと、教えられたことを教えられた通りに行うことが重視される。それに習熟することで、「よく考えなさい！」と言われた時に期待されている「正解」が出せるのだ。

それはむしろ「考えること」とは反対のこと、「A考えないようにすること」ですらある。「考えること」が「共に考えること」であり、「共に生きること」だとすれば、どう考えればいいかを学ばず、ただ考えないようにさせられているということは、この世で生きるうえで必要な、何かとても大切なものを犠牲にしているか、失っていることにならないだろうか。

その大切なものとは「自由」である。私たちは考えることによってはじめて自由になれる。考えることは、自分を縛りつけるさまざまな制約から自らを解き放つことである。

世の中のルール、家庭や学校、会社での人間関係、常識や慣習、自分自身の思い込み、さまざまな恐れや3イカり、こだわりから、ほんの少しであってもB距離をとることができる。それが私たちの生に自由の余地を与える。私たちが考えるのは、考えなければならないのは、私たちにとってもっとも大切な自由を得るためである。

考えるなんて、いつもやっている、自分はじゅうぶん自由だという人もいるだろう。牢《ろう》獄につながれていても、思考だけは自由だ。そんな考え方もある。あるいは哲学好きな人であれば、人間にはそもそも自由なんてないんだ、それは幻想なんだ、という人もいるだろう。しょせん理想にすぎないという人もいるだろう。

だが、私がここで言いたいのは、そういう当たり前のことでもなければ、幻想や理想に追いやってしまえるようなものでもない。きわめて具体的で 6 であって、まさしくすべての人に、子どもにも大人にも、人生の最初から人生の最後まで関わることである。

私が「考えること」を通して手に入れる自由を強調するのは、現実の生活の中では、そうした自由がほとんど許容されていないからであり、しかもそれは、まさに考えることを許さない、考えないように仕向ける力が世の中のいたるところに働いているからである。だから、自由になるためには、「C考えること」としての哲学が必要なのである。

そんなことができるのかと思うかもしれない。たしかにただやみくもに考えればいいわけではない。一人だけで頑張っても、途中で力4ツきるだけだろう。しかし、共に考える「対話」としての哲学には、それが可能なのである。しかもそこでは、一人で勝手に自由になるのではなく、他の人といっしょに自由になることができるのだ。

（梶谷真司『考えるとはどういうことか』より・一部改変）

問一 〜〜〜1〜4のカタカナを漢字に直しなさい。

問二 1 ・ 2 ・ 3 にあてはまる言葉の組み合わせとしてふさわしいものを、次のページのア〜エより一つ選び、記号で答えなさい。

【国　語】（五〇分）〈満点：一〇〇点〉

【注意】 字数制限のある場合、「」、句読点も字数に含みます。

［一］ 次の文章を読んで、後の問いに答えなさい。

「知識」ではない「体験」としての哲学とは、「考えること」そのものを指す。より厳密に言えば、「問い、考え、語ること」である。そして一人で考える時、私たちは自分に問いかけては答え、それを繰り返す。つまり思考とは自分自身との「対話」なのだ。そして対話であれば、語る相手、［1］「聞く」人がいる。一人で考えている時、この聞き手は自分自身であるが、それは潜在的には他者である。

［2］「考えること」は、他の人との対話、「共に問い、考え、語り、聞くこと」であると言える。哲学とは、このようにごくありふれた、きわめて人間的な営みである。それは簡潔に「共に生きること」と言い換えてもいいだろう。互いに「問い、考え、語り、聞く」こと——そのような共に考える営みとしての哲学は、人が生まれた直後から始まり、まさに人と人が共に生きていくことそのものなのである。

なあんだ、そんな当たり前のことか。だったら、わざわざ「哲学」なんて呼んで、もったいぶることなんてないじゃないか、と思う人もいるだろう。［3］、生きるうえで必要なことなら何についてでも言えることだが、何もしなくてもただ自然に任せておけばできるようになるわけではない。【ア】

言葉だって、まずは親や周囲の人とのやり取りを通して学ぶ。人前で堂々と話すとか、面白い話をするとか、分かりやすく話すとか、誰でもはじめからできるわけではなく、それなりの［4］が必要だ。そういう機会に恵まれなければ、大人になっても大してできなかったりする。「考えること」も同じである。

「哲学」というと、1フダンの生活から切り離された、多くの人には縁遠いものに思われるが、「考えること」そのものとしての哲学は、ごく当たり前の身近なところから始まっている。【イ】

ところが、この「考えること」は、一見当たり前のようでいて、実はそうではない。日常生活の中では、ほとんどできないと言っていいほど難しい。むしろそれができないこと、「考えないこと」が当たり前となっていて、そうだとは自覚されていないのだ。【ウ】

いやいや、「考える」なんていうことは、誰しもいろんなところで学び、身につけているのではないか。家庭で、学校で、会社で、私たちは「よく考えなさい！」と言われる。私たちはたえず考えているのではないか。【エ】

しかしいざ「考えて！」と言われても、何をどうやって考えればいいのか。しばしば「頭を使って考えろ！」と言われるが、頭をどうやって使えば考えられるのか、どのように考えたらいいのか、その方法をいったい誰がいつ、教えてくれるのか。

ところが2オドロくべきことに、私たちが「考える」ということを学ぶ機会は、人生においてほとんどない。家庭でも、学校でも、会社でも、「考える」という、人間にとってきわめて大切で、誰にでも必要なことを、私たちは学ばないのである。

何事であれ、学ぶためには、「やり方」を知らなければいけない。さらに、「［5］」と言われるように、とにかくたくさんやってみなければいけない。だが「考える」ことに関しては、いずれのチャンスも私

一般

2021年度

解　答　と　解　説

《2021年度の配点は解答欄に掲載してあります。》

＜数学解答＞

1　(1)　9　(2)　11　(3)　$-\frac{7}{15}$　(4)　$-a^5$　(5)　$\frac{7x+1}{8}$　(6)　$4\sqrt{5}$
　(7)　$2x^2+10x+36$

2　(1)　$3(x-2y)(x+1)$　(2)　$x=\frac{-3\pm\sqrt{3}}{2}$　(3)　$x=3$，$y=6$　(4)　$a=\frac{1}{2}$
　(5)　7：27

3　(1)　$a=\frac{3}{4}$　(2)　$m=-\frac{5}{2}$，$n=5$　(3)　14：9

4　(1)　$\frac{1}{9}$　(2)　$\frac{7}{18}$

5　(1)　102cm^2　(2)　2秒後，6秒後　(3)　4秒後

6　(1)　$\sqrt{77}$cm　(2)　70cm^3

7　(1)　12cm　(2)　解説参照

○推定配点○

1　各3点×7　2　各4点×5　3　各5点×3　4　各5点×2　5　各5点×3

6　各5点×2　7　(1)　4点　(2)　5点　計100点

＜数学解説＞

基本　1　(数・式の計算，平方根の計算)

(1)　$6-(-3)=6+3=9$

(2)　$2-3\times(4-7)=2-3\times(-3)=2+9=11$

(3)　$\frac{1}{3}+\left(-\frac{4}{5}\right)=\frac{5}{15}-\frac{12}{15}=-\frac{7}{15}$

(4)　$a^4\times(-a)^3\div a^2=\frac{a^4\times(-a^3)}{a^2}=-a^5$

(5)　$\frac{5x-1}{4}-\frac{3x-3}{8}=\frac{2(5x-1)-(3x-3)}{8}=\frac{10x-2-3x+3}{8}=\frac{7x+1}{8}$

(6)　$\sqrt{20}+\frac{10}{\sqrt{5}}=2\sqrt{5}+\frac{10\sqrt{5}}{5}=2\sqrt{5}+2\sqrt{5}=4\sqrt{5}$

(7)　$(x+6)^2+x(x-2)=x^2+12x+36+x^2-2x=2x^2+10x+36$

2　(因数分解，二次方程式，連立方程式，関数の変化の割合，面積比)

(1)　$(x-2y)(3x+4)-x+2y=(x-2y)(3x+4)-(x-2y)=(x-2y)(3x+4-1)=(x-2y)(3x+3)=$
$3(x-2y)(x+1)$

(2)　$2x^2+6x+3=0$　二次方程式の解の公式から，$x=\frac{-6\pm\sqrt{6^2-4\times2\times3}}{2\times2}=\frac{-6\pm\sqrt{12}}{4}=$
$\frac{-6\pm2\sqrt{3}}{4}=\frac{-3\pm\sqrt{3}}{2}$

(3)　$3x+2y=21$…①　$7x-3y=3$…②　①×3＋②×2から，$23x=69$　$x=3$　$x=3$を①に代入すると，$3\times3+2y=21$　$2y=12$　$y=6$

(4)　$\frac{a\times3^2-a\times1^2}{3-1}=2$から，$\frac{9a-a}{2}=2$　$8a=4$　$a=\frac{4}{8}=\frac{1}{2}$

重要　(5)　平行線の錯角から，∠AFB＝∠FBC　仮定から，∠ABF＝∠FBC　よって，∠AFB＝

∠ABF　△ABFは二等辺三角形になるから，AF＝AB＝6　DF＝8−6＝2　△BFA∽△EFDで相似比は，AF：DF＝6：2＝3：1　よって，面積比は，△BFA：△EFD＝$3^2:1^2$＝9：1　△EFD＝$\frac{1}{9}$△BFA…①　平行線と線分の比の定理から，FG：GB＝AF：BC＝6：8＝3：4　FG：FB＝3：(3＋4)＝3：7　よって，△AGF：△BFA＝FG：FB＝3：7　△AGF＝$\frac{3}{7}$△BFA…②　①と②から，△EFD：△AGF＝$\frac{1}{9}$△BFA：$\frac{3}{7}$△BFA＝$\frac{7}{63}:\frac{27}{63}$＝7：27

3 (図形と関数・グラフの融合問題)

基本 (1)　①の式に$x=-2$を代入すると，$y=-2+5=3$　B(−2, 3)　$y=ax^2$に点Bの座標を代入すると，$3=a\times(-2)^2$　$4a=3$　$a=\frac{3}{4}$

(2)　点Cはy軸に関して点Bと対称な点だから，C(2, 3)　よって，D(2, 0)　①の式から，A(0, 5)　$m=\frac{0-5}{2-0}=-\frac{5}{2}$　$n=5$

重要 (3)　直線ADの式は(2)より，$y=-\frac{5}{2}x+5$…③　点Eのy座標は3だから，③に$y=3$を代入して，$3=-\frac{5}{2}x+5$　$\frac{5}{2}x=2$　$x=2\times\frac{2}{5}=\frac{4}{5}$　$E\left(\frac{4}{5},\ 3\right)$　$\triangle ABE=\frac{1}{2}\times\left\{\frac{4}{5}-(-2)\right\}\times(5-3)=\frac{1}{2}\times\frac{14}{5}\times2=\frac{14}{5}$　$\triangle CDE=\frac{1}{2}\times\left(2-\frac{4}{5}\right)\times3=\frac{1}{2}\times\frac{6}{5}\times3=\frac{9}{5}$　よって，△ABE：△CDE＝$\frac{14}{5}:\frac{9}{5}$＝14：9

4 (確率)

(1)　2つのサイコロの目の出かたは全部で，6×6＝36(通り)　そのうち，表になっている6枚のカードのうち，3のカードだけが裏返しになる場合は，(1, 3)，(2, 3)，(3, 1)，(3, 2)の4通り　よって，求める確率は，$\frac{4}{36}=\frac{1}{9}$

重要 (2)　6が裏返しになる場合は，(1, 1)，(1, 6)，(2, 6)，(3, 6)，(4, 6)，(5, 6)，(6, 1)，(6, 2)，(6, 3)，(6, 4)，(6, 5)，(6, 6)の12通り　このとき，3段目の3枚のカードが裏返しになる。2と5が裏返しになる場合は，(2, 2)，(5, 5)の2通り　このとき，3列目の3枚のカードが裏返しになる。よって，求める確率は，$\frac{12+2}{36}=\frac{14}{36}=\frac{7}{18}$

5 (二次方程式の利用－動点，面積)

基本 (1)　AP＝2×3＝6，AQ＝3×3＝9，SC＝16−6＝10，RS＝24−9＝15　$\triangle APR+\triangle RSC=\frac{1}{2}\times9\times6+\frac{1}{2}\times15\times10=27+75=102(\text{cm}^2)$

(2)　$AP=2x$，$AQ=3x$，$SC=16-2x$，$RS=24-3x$　$\triangle APR+\triangle RSC=\frac{1}{2}\times3x\times2x+\frac{1}{2}\times(24-3x)(16-2x)=3x^2+\frac{1}{2}(384-96x+6x^2)=3x^2+192-48x+3x^2=6x^2-48x+192=6(x^2-8x+32)$　$6(x^2-8x+32)=120$から，$x^2-8x+32=20$　$x^2-8x+12=0$　$(x-2)(x-6)=0$　$x=2,\ 6$　よって，2秒後と6秒後

重要 (3)　(四角形PBTR)＝$3x(16-2x)=6(8x-x^2)$　$6(x^2-8x+32)=6(8x-x^2)$から，$x^2-8x+32=8x-x^2$　$2x^2-16x+32=0$　$x^2-8x+16=0$　$(x-4)^2=0$　$x=4$　よって，4秒後

6 (空間図形の計量問題－三平方の定理，切断，体積)

基本 (1)　点PからFGへ垂線PIを引くと，FI＝8÷2＝4　よって，三平方の定理から$EP=\sqrt{EI^2+PI^2}=\sqrt{EF^2+FI^2+PI^2}=\sqrt{5^2+4^2+6^2}=\sqrt{77}(\text{cm})$

重要 (2)　3点F, P, Qを通る平面は点Hを通る。直線GC, FPとHQの交点をOとすると，求める体積は，三角錐O－FGHの体積から，三角錐O－PCQの体積をひいたものになる。中点連結の定理から，OC＝CG＝6　OG＝6×2＝12　よって，$\frac{1}{3}\times\frac{1}{2}\times5\times8\times12-\frac{1}{3}\times\frac{1}{2}\times\frac{5}{2}\times4\times6=80-10=70(\text{cm}^3)$

7 (平面図形の計量問題，証明－円の性質，三角形の相似，三角形の合同の証明)

(1)　△DQAと△CQBにおいて，円周角の定理から，∠ADQ＝∠BCQ…①　対頂角だから，∠DQA＝∠CQB…②　①と②より，2組の角がそれぞれ等しいので，△DQA∽△CQB　よっ

て，DA：CB＝AQ：BQ　9：6＝AQ：8　AQ＝$\frac{9\times8}{6}$＝12(cm)

(2)（証明）△ABCと△APCにおいて，ACは共通…①　$\overset{\frown}{BC}=\overset{\frown}{CD}$より，∠BAC＝∠PAC…②　ABは半円Oの直径なので，∠ACB＝90°　よって，∠ACB＝∠ACP＝90°…③　①，②，③より，1辺とその両端の角がそれぞれ等しいので，△ABC≡△APC

★ワンポイントアドバイス★

6(2)は，(三角錐O－PCQ)∽(三角錐O－FGH)で相似比は1：2だから，体積比は$1^3:2^3$＝1：8より，求める体積は，三角錐O－FGQの$\frac{7}{8}$になることを利用して解くこともできる。

＜英語解答＞

1　(A)　1　(c)　2　(b)　3　(d)　(B)　1　(d)　2　(d)

2　1　Sunday　2　grandmother　3　turtle　4　station　5　kitchen

3　1　(d)　2　playing　3　has to　4　(b)　5　(a)　6　誤っている箇所　②　正しい形 belong　7　(b)　8　(b)　9　What language is spoken in this country?　10　has gone to

4　1　(d)　2　(c)　3　(c)　4　(a)　5　(d)

5　1　London is the biggest city in Britain, with more than seven million people.
2　(b)　3　(例)　ローマ人は，その町をロンディニウムと呼びました。
4　(d)　5　【F】　6　(b)

6　1　(b)　2　(例)　頭が痛かったため。　3　(c)　4　(d)　5　(b)，(c)
6　(例)　アンがマリラのそばにいられるようにするため。

○配点○

1・2　各2点×10　3　1・2・6　各2点×4　9　4点　他　各3点×6 (3, 10各完答)

4　各2点×5　5　1　前半　London ~ Britain　後半　with ~ people　各2点×2

3　ローマ人は　1点　その町を～　3点　他　各3点×4

6　1～4　各3点×4　5　各2点×2　6　4点　計100点

＜英語解説＞

1　(アクセント・発音)

(A)　1　(c)は第2音節，他は第1音節を強く読む。　2　(b)は第2音節，他は第1音節。　3　(d)は第2音節，他は第1音節。

(B)　1　(d)は [ð]，他は [θ]。　2　(d)は [ɔ]，他は [ou]。

基本　2　(単語)

1 「これは土曜日と月曜日の間の日だ」→ Sunday「日曜日」

2 「これはあなたの母か父の母親だ」→ grandmother「祖母」

3 「これは水中や水辺で生息し，硬い殻に覆われた柔らかい体を持つ」→ turtle「亀」

4 「これは人がバスや電車に乗ったり降りたりできる場所だ」→ station「駅」

5 「これは食事を用意したり調理したりする部屋や場所だ」→ kitchen「キッチン」

重要 3 (語句補充・選択：代名詞，動名詞，助動詞，正誤問題，接続詞，時制，不定詞，対話文完成，語句整序，疑問詞，受動態，言い換え・書き換え，現在完了)

1 「マイクは私の友人の1人だ」 a friend of mine「私の友人のうちの1人」

2 「私はテニスをするのが得意だ」 be good at ~ing「~するのが得意だ」

3 「彼女は今日の午後，犬を散歩させなくてはならない」 must ~「~しなくてはならない」，< have to ＋動詞の原形>「~しなくてはならない，~する必要がある」

4 (b)「それはおもしろそうだった」 interested は人を主語にして「興味を持っている，面白いと思っている」を表すので，interesting「(もの・事柄が)面白い，興味深い」に直す。

5 said の後ろに that を入れて，接続詞「~ということ」として用いる。この that は省略が可能である。「彼は，野球は学校で最も人気のあるスポーツの1つだと言った」

6 「音楽部に所属している生徒たちは私の姉妹だ」 ②を belong に直す。belong to ~「~に所属している」はふつう進行形にしない。また，関係代名詞 who の先行詞は複数形の the students なので，動詞は belongs ではなく belong とする。

7 「彼に追いつくために，私はずっと走った」 下線部 to catchは「~するために」という意味で目的を表す副詞的用法の不定詞。(b)「私は友達に会うために公園に行った」が同じ用法。(a)は直前の名詞を修飾する形容詞的用法，(c)(d)は「~すること」を表す名詞的用法。

8 看護師：気分はどうですか？／患者：頭痛がします。／看護師：熱はありますか？／患者：はい。

9 文頭に What language「何語」を置き，その後に受動態の動詞 is spoken「話されている」を続け，in this country「この国では」を最後に置く。speaking が不要。

10 「私の姉はパリに行った。彼女は今ここにいない」→「私の姉はパリに行ってしまった」 have gone to ~「~に行ってしまい，今はここにいない」 主語が3人称単数なので has gone to とする。

重要 4 (資料読解問題：内容吟味)

1 「このグラフは富士見丘の気候を示している」 降水量や気温を表しているので climate「気候」が適切。

2 「1年で最も暑い月は8月だ」 最高気温のグラフ参照。

3 「6月よりも9月のほうが雨が多い」 降水量のグラフ参照。9月の降水量の方が多い。

4 「富士見丘の最も寒い月は1月と2月だ」 1月と2月は最高気温，最低気温とも最も低い。

5 「冬にはあまり雨が多くない」 降水量のグラフ参照。12月，1月，2月(冬)は雨が少ない。

5 (長文読解・紹介文：語句整序，比較，前置詞，語句補充・選択，熟語，英文和訳，指示語，脱文補充，内容一致)

(全訳) 2000年前，ロンドンはテムズ川のほとりの小さな村だった。その後ローマ人が来て町を作り，数千人もの人々がそこに住んだ。21世紀の今，①ロンドンは700万人以上もいるブリテン島最大の都市である。英国の首都であり，エリザベス女王の自宅があり，英国政府の所在地である。毎年数百万の訪問者がロンドンにやってくる。

「ロンドン」という名前はローマ人に由来する。ローマ人が来る前にも人々がここに住んでいたが，彼らについてはあまりわかっていない。ローマ人は43年にイングランドにやってきた。彼らの船は海からテムズ川をさかのぼり，川の横に家や他の建物を建てた。彼らは川に橋を建設し，③その町をロンディニウムと呼んだ。ロンドン博物館でロンドンの初期の時代やローマ人について理解することができる。

そこは豊かな町でおよそ5万人が住んでいた。しかし400年になってすぐ，ローマ人はロンディニウムを出てローマにもどり，300年間④ロンドンは静かだった。その後，人々はその町に住み始め，すぐに豊かで重要な場所になった。アングル族，サクソン人，ジュート人と呼ばれる人々がドイツ，オランダ，デンマークからブリテン島にやってきた。そして9世紀，10世紀にデンマークの船がテムズ川を上り，ロンディニウムの多くの建物を破壊した。

1066年，イングランドはフランスから新しい王である征服王ウィリアムを得た。ウィリアムはロンドンに住むためにやってきて，そこで城(現在それはロンドン塔として知られている)を建設した。ロンドンは今やイングランドで最も大きく最も重要な都市であり，どんどん⑤大きくなっていった。1600年，ヘンリーの娘であるエリザベス1世が女王になった時には20万人がいた。

疫病がしばしばロンドンに流行したが，1665年は最悪の年だった。その年の暑い夏に，大勢の人が病気になり，そのうち10万人が死亡した。1665年はペスト大流行の年と呼ばれた。そして1年後の1666年，大きな火災があった。ロンドン大火災だ。それはロンドン橋の近くのプディング・レーンにある家で始まった。【F】当時，ほとんどの家が木造で，火は木材が大好きだ。ロンドン大火災は次々に通りに広がり，4日間消えなかった。

その火事で100万人の4分の1以上の人々が家を失った。それは聖ポール大聖堂やほかの88の教会を破壊した。それはまた古い建物の大部分を破壊した。新しい聖ポール大聖堂は1675年から1711年に建設された。

やや難 1　初めに London is the biggest city in Britain「ロンドンはブリテン島で最大の都市だ」とする。その後に with more than seven million people「700万人以上がいる」と続ける。with ～「～がある，いる」

2　(a)　come from ～「～に由来する」　(c)　< get ＋比較級＋ and ＋比較級>「ますます…になる」

3　they は空所②の直後の the Romans「ローマ人」を指す。call A B「AをBと呼ぶ」

4　ローマ人がロンドンを出てローマに戻ってしまったので，ロンドンは静かな場所になった。

重要 5　全訳下線部参照。入れるべき英文はロンドンで火災が広がった理由を説明するものである。

6　(b)「征服王ウィリアムはフランスで城を建設した」は本文に書かれていない。

6　(長文読解・物語文：内容吟味，語句解釈，語句補充・選択，前置詞)

(全訳)　ある日マリラは言った。「アン，お前がレドモンド大学に行ったら，私は寂しくなるね。他のアボンリーの生徒たちは何をするんだい？」

「教師になる人もいるし，クイーンズに残る人もいるわ」

「ギルバートはアボンリーの学校で教えるんだろう？」　アンが答えなかったのでマリラは続けた。「彼は今，すごく背が高くて格好いいね，そう思わないかい？　彼のお父さんの①ジョンの若い頃のように。ほら，ジョンと私は昔，とても仲が良かったんだよ」

アンは興味を示し，顔を上げた。「何が起きたの？　どうしてあなたたちは…？」

「うーん，私たちは何かでケンカをしてしまった。彼は私にもう一度友達になってほしいと頼んだけれども，私は彼を許せなかった。後になって私は残念に思ったけど，彼はもう私に話しかけてこなかったよ。ひょっとしたら私たちは…。まあ，ずっと昔のことだよ」

②その翌日，マリラは医者の診察に行った。彼女は帰ってきた時，とても疲れて具合が悪そうだった。

「お医者さんは何て言ったの？」とアンは心配そうに尋ねた。

「先生いわく，私は読み書きしてはいけないって。そしてメガネをかけなさいって。そうすれば頭は痛くならないらしい。でも用心しないと，6か月後には目が見えなくなるって！」

しばらくの間，アンは黙っていた。その後，彼女はしっかりと言った。「それなら用心しないといけないわ，マリラ」

「目が見えなくなるなんて，どんなに大変なことか考えてみなさい！　でもお前がレドモンド大学に無料で入学できるのはなんて幸運なんだろう！　見ての通り，私はお前にお金をあげられない。私たちのお金はすべてなくなってしまったし，私はもう働けない。私は農場を売ってレイチェル・リンドのところに行って住まなくてはならないだろうね！」　かわいそうにマリラは激しくすすり泣いた。

その夜，アンは自室に1人で座っていた。彼女はしばらくの間，考えて考えて，そして③微笑んだ。彼女は寝る時には，自分がこれからどうするのかわかっていた。

翌日，彼女はマリラにすべてを説明した。

「グリーン・ゲーブルズを売ってはだめよ，私たちの家だもの！　聞いて，私は何もかも計画したわ。私はレドモンド大学には行かない，遠すぎる。私はここの近くの村の学校で教えるわ。そうすれば私は平日④の間はそこに住んで，週末にはあなたの世話をするために家に帰ってくることができる。ダイアナのお父さんが私たちの畑を使って，その料金を私たちに支払う，そうすれば⑤私たちは少しお金が得られるわ。わかった？」

「ああ，アン！　もしお前がここにいたら，私は安心だよ。でもお前は勉強したいなら，レドモンドに行かなくてはならないよ」

「レドモンド大学が大切なわけじゃないわ」とアンが笑った。「私は晩に自宅で勉強するわ。そして本当に良い先生になるつもりよ！　それが何より良いことだもの！」

マリラは首を振って泣かないように努めた。「いい子だね，アン。私たちはグリーン・ゲーブルズを手放さずにいられるね！」

数日後レイチェル・リンドが農場にやってきた。

⑥彼女は「ギルバートがアボンリーの先生にならないって，知っている？」と言った。

「そうなの？」とアンは叫んだ。「どうして？」

「彼はあなたがマリラのそばにいたがっていることを聞いて，別の村の学校で教えることにしたのよ。だからあなたが今，アボンリーの先生になれるわ」

「えー！」とアンは驚いて言った。「それは…，彼はすごく親切ね」

1　ジョンはギルバートの父親で，昔はマリラと仲が良かった。しかしマリラとジョンはケンカをし，その後は話さなくなった。

やや難　2　下線部②の4つ後ろの文を参照。マリラが病院で診察を受けた理由は文章中に明記されていないが，医師が「読み書きをせず眼鏡をかければ，頭が痛くならないだろう」と言ったことから，頭痛のために診察を受けたと推測される。

3　マリラは具合が悪くて働けなくなったため，農場を売らなくてはならない，と言っている。アンはこの問題の解決策を考え，良い案を思いついたため微笑んだ。

4　during the week「平日の間に」

重要　5　空所④を含む段落を参照。アンの考えは，大学進学をやめて，近くの村の学校で教師として働き，自宅の農場をダイアナの父親に貸してその分を支払ってもらうことである。

やや難　6　ギルバートはアボンリーの学校で教師になる予定だった。しかしアンがマリラの世話をするためにアボンリーに留まることができるよう，その職をアンに譲った。

★ワンポイントアドバイス★

6の長文読解問題は『赤毛のアン』からの抜粋。主人公アンは孤児で，マシューとマリラという老兄妹に引き取られて育ち，教師を目指している。有名な作品なので知識が事前にあると読みやすいだろう。

＜国語解答＞

一　問一　1　反証　　2　たいとう　　3　昇(る)　　4　じょじょ　　5　強固
問二　1　ア　　2　ウ　　問三　イ　　問四　ウ　　問五　ア　　問六　エ　　問七　ア
問八　ア　○　　イ　×　　ウ　×　　エ　○

二　問一　a　ウ　　b　ウ　　問二　①　ア　　②　イ　　問三　イ　　問四　裏切ってしまった　　問五　ウ　　問六　(例)　(聡美が)泣き，祖父の顔が涙でかすんでしまっている様子。
問七　エ　　問八　エ　　問九　エ　　問十　西の空が，少しだけ明るくなりはじめている。
問十一　イ

三　問一　A　むかい　　F　まいり　　問二　ア　ある侍　　イ　他の三人の侍[傍輩たち]
ウ　(例)　ある侍が本当に一人で東三条の池に行けるかどうか　　問三　ア
問四　臆するやうなるはかり事　　問五　讃岐わらさ　　問六　ウ

○配点○

一　問一・問七・問八　各2点×10　　問五　5点　　他　各3点×5
二　問一・問二　各2点×4　　問五・問七～問九・問十一　各4点×5　　他　各3点×4
三　問二　ア・イ　各1点×2　　ウ　4点　　問三・問四　各3点×2　　他　各2点×4
計100点

＜国語解説＞

一　(論説文―大意・要旨，内容吟味，文脈把握，脱文・脱語補充，漢字の読み書き)

問一　1　相手の主張が嘘であるという証拠。「証」を使った熟語には，他に「証券」「確証」などがある。　2　勢いを増してくること。　3　音読みは「ショウ」で，「昇降」「昇華」などの熟語がある。　4　ゆるやかに。「徐」を使った熟語には，他に「徐行」「緩徐」などがある。　5　非常に強くてゆるがないこと。「固」を使った熟語には，他に「堅固」「固辞」などがある。

問二　1「観察や実験など［1］手続きによって」を，直後の文で「いろいろな観察や実験をして」と言い換えている。この「いろいろな……して」という意味合いの語が入る。　2「［2］・体系的知識」を，直後の文で「法則や体系的な知識」と言い換えている。ウの「法則的」が入る。

問三　同じ段落の「技術」は「科学を実地に応用し」たものという内容を，――線A「歴史的に見るとあてはまらない」としている。「技術」と「科学」の関係について述べている部分を探すと，④段落に「科学が発明される前から，いろいろな技術は存在していた」とある。この内容を理由としているイを選ぶ。

問四　同じ段落で，「技術」の例として挙げている「羅針盤，火薬，紙，印刷術」は実際に役立つもので，「科学」は「科学的法則」とあるように，筋道を立てて組み立てられた理論的な考えである。

問五　⑦⑧段落で「政治」では完全にコンセンサスを得ることはないと述べており，この「政治」に対して，「科学というのは，コンセンサスを得やすい」とあるDから始まる。Dの「科学」が「コンセンサスを得やすい」理由を説明するAが次に続く。Aの「『真実』」を受けて，「『　』付きの真実」とあるEが続く。Eの「少しあいまいな書き方をしたのには理由があります」とあり，Cで「理由」を説明している。Cの「将来，正しくないと判定されることは十分にありえる」を，「本当の真実かどうかを完全に断定することは難しい」と言い換えているBを最後に並べる。

問六　同じ段落の「科学者が真実を尊いと思うが故」に「物事を完全に断定的に言い切らないことが多い」のは，科学者の何によるのかを考える。正しい判断をしようとする心の働きという意味の語が入る。ウは広くおおらかな心という意味なので，適当ではない。

やや難　問七　「地動説」を取り上げている⑪段落に着目する。「ガリレオやコペルニクスの時代以前は，地動説ではなくて天動説がコンセンサスだった」とあり，「科学におけるコンセンサス……は，必ずしも正しいとは限らないということが，この例だけからもわかるでしょう」と続けている。したがって，「科学」が扱う「真実」は，「真実」ではないことがあるというアが適当。他の選択肢は，「地動説」の例を取り上げた理由として合わない。

重要　問八　ア　⑰⑱段落の内容と合致する。　イ　⑥段落の「おかしいぞという人がどんどん増えてくると，トンデモ説は破綻をきたしてしまいます」と合致しない。　ウ　「経験に基づいた技術は時に科学的『真実』からほど遠い」と読み取れる本文の叙述はない。　エ　⑱段落の内容と合致する。

二　（小説―情景・心情，内容吟味，文脈把握，脱文・脱語補充，語句の意味，ことわざ・慣用句）

問一　a 「さらう」は，底にたまったごみなどをきれいに取り除くという意味であることから判断する。　b 「涙が噴き出した」聡美に祖父が「そう我慢せんでもいい」と声を掛けているので，声を上げて泣くのを我慢している様子という意味がふさわしい。

問二　①　直前の「小さく息を吐き，戻って覗いてみると，祖父は……ゆっくり手招きした。目を伏せたままそばへいく。祖父は，隣に重ねてあった座布団を一枚とって隣に敷いてくれた」場面である。聡美の「目を伏せたままそばへいく」という様子からは，祖父に何を言われるのか警戒している状況が伺える。イにあるように，今の聡美には祖父を「気遣っている」余裕はない。ウの「諦め」や「安心感」は読み取れない。　②　後の「お前のことだから」「何かわけがあることはわかってる。そんなに苦しいのに，本当のことをなかなか言えんだけのわけがな」という祖父の言葉からは，イの聡美を気遣っている状況が読み取れる。祖父は「わけがある」とは察しているが，「本当のこと」はわからないので，アはふさわしくない。ウの「使命感」やエの「焦る気持ち」は，祖父の言動からは読み取れない。

問三　前の「そんなに苦しいのに，本当のことをなかなか言えんだけのわけがな」と祖父に声をかけられたときの聡美の心情を想像する。悔しさや辛い気持ちを我慢する，という意味の言葉があてはまる。アは悩む，ウはじっとしている，エは顔中にほほえみを浮かべるという意味。

問四　本文前の注釈「必死に抵抗する聡美ではあったが，携帯電話まで勝手に操作されてしまい，……結果，可奈子も昼間の仕返しとして，金品を奪われると同時に，ひどい暴力を身に受けてしまう」ことに対して，聡美は可奈子を「売っちゃっ，た」と言っている。同じ内容を述べている部分を探すと，少し後に「痛みと恐怖にあっさり屈して友人を裏切ってしまった」とあり，ここから「売っちゃっ，た」に相当する部分を抜き出す。

問五　――線C「酢を飲んだような」は，飲み込むことが辛い苦しい思いをたとえている。少し後に「痛みと恐怖にあっさり屈して友人を裏切ってしまった」とあるように，友人を裏切った罪の重さに聡美は苦しい思いをしている。アの「仕方のないこととして」や，イの「安堵」は読み取れない。エの「自分が受けてきた仕打ち」に対する苦しい思いではない。

問六　——線Dの「その」は，祖父の「困ったような顔」を指し示している。前の「また涙が噴き出した。嗚咽をこらえようとした拍子に激しくむせる」や，後の「祖父の膝に，額を押しつけて泣きじゃくり，すすり上げては泣きじゃくり，また泣きじゃくった」に着目する。聡美は泣いていて，そのために祖父の顔が涙でかすんでしまっている様子を表現している。

問七　——線Eの「負の感情」について，同じ段落で「自分という人間のくだらなさに押しつぶされそうだった……可奈子のように，可奈子のように，可奈子のように……どれほど望んでも叶えられない」と具体的に述べている。この「可奈子のように……どれほど望んでも叶えられない」という感情には，自分は可奈子より劣っているというエの「劣等感」がふさわしい。

問八　後の祖父の会話に注目する。祖父は，可奈子に「生まれた時」のことを話し「あれほど待たれて，望まれて生まれてきた子はないぞ，聡美。おれらはみんな，生まれる前からお前のことを，それは大事に思っとったんだ」と語りかけ，「たとえ許してもらえなくても謝りたいのだと，そう思っているのなら，ぐずぐず迷っている暇はないんじゃないかな」とうながしている。この会話の内容にふさわしいものはエ。祖父の会話は，アの「明るく元気な聡美に戻ってほしい」やイの「成長していく糧にしてほしい」，ウの「家族の大切さに気づいてほしい」と伝えるものではない。

やや難　問九　——線Gの「息をのんだ」は，驚きで一瞬息を止めた様子を表す。聡美が驚いたのは，祖父の「お前は，何のためにその子に謝るんだ。許してもらって，お前が楽になるためか」という言葉を聞いたためである。自分の甘さや謝罪の意味に気づいたから，とあるエがふさわしい。祖父の言葉は，アの「自分への愛情の深さ」やウの「卑しい気持ち」を伝えるものではない。聡美は，祖父の言葉の意味に気づいて驚いたのであって，祖父の厳しい一面に驚いたわけではない。

問十　「負の感情にとらわれていた聡美が，自分の気持ちに一区切りをつけつつある」というのであるから，暗い描写に明るさが感じられる情景描写を探す。「西の空が」で始まる段落の「西の空が，少しだけ明るくなりはじめている。」という一文に着目する。

重要　問十一　前の「謝ることで気が済んでしまって，自分のしたことを忘れるくらいなら，いっそ謝らんで後悔をかかえとったほうがまだましというものだ……たとえ許してもらえなくても謝りたいのだと，そう思っているのなら，ぐずぐず迷っている暇はない」「謝るべき相手が，そこにいてくれるお前は恵まれてる」という祖父の言葉を聞いて，聡美の「自分のための涙は鎮まっていた」のである。聡美が少し冷静になり周囲に目を向けられるようになったことが読み取れるイがふさわしい。アの「祖父の期待に応える」や，ウの「他人を気遣いながら生きていこう」，エの「自分らしさを大事にすべきである」と聡美は思ったわけではない。

三　(古文一文脈把握，指示語の問題，口語訳，仮名遣い，文学史)

基本　問一　A　語頭以外のハ行は，現代仮名遣いではワ行に直す。　F　「ゐ」は，「い」に直す。

やや難　問二　誰と誰が，どういうことを「言い争った」のか。前の「侍どもあつまりて，すずろ物語りしけるに，『ただいまいづくへ行きなん。東三条の池の辺へむかひなんや』などいひけるを，ある侍，『かしこうまかるよ』といひたりければ」から「あらがひ」の内容をとらえる。「ある侍」と他の侍たちが，「ある侍」が本当に一人で東三条の池に行けるかどうかを「言い争った」とわかる。他の侍たちを後の「傍輩ども」や，「両三人」から他の三人の侍などと具体的に述べる。

問三　「せ」はするという意味の動詞で，「らるる」はすることができるという意味の助動詞。「もぞ」には，ひょっとしたら～するかもしれない，～したら困るという意味がある。

問四　同じ段落の「傍輩ども思ふやう，『……いざ，さきだちで，臆するやうなるはかり事めぐらさん』とて」に着目する。ここから，「傍輩ども」がやり遂げたことを抜き出す。

重要 問五　——線Eの前後の内容から，「ある侍」に一番初めに落とされた「からかさ」のような物は何か。同じ段落に「その時，木の上より讃岐わらざをなげおとしたりければ」とある。

基本 問六　鎌倉時代に成立した作品は，ウの『徒然草』。アとイは平安時代，エは江戸時代の作品。

★ワンポイントアドバイス★

古文の仮名遣いや，重要語句の意味を確認しておくことで，確実に得点を重ねよう。

オープン

2021年度

解　答　と　解　説

《2021年度の配点は解答欄に掲載してあります。》

＜数学解答＞

1　(1)　-3　(2)　16　(3)　$-\frac{23}{12}$　(4)　$-10x^2y$　(5)　$\frac{x+10}{12}$　(6)　$\frac{9\sqrt{3}}{4}$
(7)　$2x^2-3x-8$

2　(1)　$(x+1)(x-1)(x-3)$　(2)　$x=0,\ -8$　(3)　$x=5,\ y=2$　(4)　$0 \leqq y \leqq 8$
(5)　12cm

3　(1)　$4a$　(2)　$a=\frac{1}{4}$　(3)　$a=\frac{3}{4}$

4　(1)　$\frac{1}{36}$　(2)　$\frac{1}{4}$　(3)　$\frac{1}{2}$

5　(1)　25枚　(2)　15番目

6　(1)　$81\pi \mathrm{cm}^3$　(2)　$54\pi \mathrm{cm}^2$

7　(1)　解説参照　(2)　$2\sqrt{30}$cm

○推定配点○

1　各3点×7　2　各4点×5　3　各5点×3　4　各5点×3　5　各5点×2
6　各5点×2　7　(1)　5点　(2)　4点　計100点

＜数学解説＞

基本　1　(数・式の計算，平方根の計算)

(1)　$-8-(-5)=-8+5=-3$

(2)　$20+2\times(-12+10)=20+2\times(-2)=20-4=16$

(3)　$-\frac{2}{3}-\frac{5}{4}=-\frac{8}{12}-\frac{15}{12}=-\frac{23}{12}$

(4)　$5xy^2\div(-3y)\times6x=-5xy^2\times\frac{1}{3y}\times6x=-10x^2y$

(5)　$\frac{x+1}{3}-\frac{x-2}{4}=\frac{4(x+1)-3(x-2)}{12}=\frac{4x+4-3x+6}{12}=\frac{x+10}{12}$

(6)　$\sqrt{12}+\frac{\sqrt{3}}{4}=2\sqrt{3}+\frac{\sqrt{3}}{4}=\frac{8\sqrt{3}+\sqrt{3}}{4}=\frac{9\sqrt{3}}{4}$

(7)　$(x-2)^2+(x-3)(x+4)=x^2-4x+4+x^2+x-12=2x^2-3x-8$

2　(因数分解，二次方程式，連立方程式，関数の変域，平行線と線分の比の定理)

(1)　$x^2(x-3)-(x-3)=(x^2-1)(x-3)=(x+1)(x-1)(x-3)$

(2)　$(x+4)^2-16=0$　$(x+4-4)(x+4+4)=0$　$x(x+8)=0$　$x=0,\ -8$

(3)　$3x-4y=7$…①　$4x+5y=30$…②　①×5＋②×4から，$31x=155$　$x=5$　$x=5$を②に代入すると，$4\times5+5y=30$　$5y=10$　$y=2$

(4)　$y=\frac{1}{2}x^2$…①　xの変域に0が入るので，①の最小値は$x=0$のとき，$y=0$　-4の方が2より絶対値が大きいので，①の最大値は$x=-4$のとき，$y=\frac{1}{2}\times(-4)^2=8$　よって，$0 \leqq y \leqq 8$

(5)　BC//DEより，AE：AC＝AD：AB＝18：27＝2：3　DC//FEより，AF：AD＝AE：AC　AF：18＝2：3　$\mathrm{AF}=\frac{18\times2}{3}=12(\mathrm{cm})$

3 （図形と関数・グラフの融合問題）

基本 (1)　$y=ax^2$に$x=2$を代入すると，$y=a\times2^2=4a$

(2)　$y=4x^2$に$x=1$を代入すると，$y=4\times1^2=4$　R(1, 4)　$y=-x^2$に$x=1$，2を代入すると，$y=-1^2=-1$，$y=-2^2=-4$　Q(1, −1)，P(2, −4)　SP＝RQとなるとき，四角形PQRSは平行四辺形になるから，$4a-(-4)=4-(-1)$　$4a+4=4+1$　$4a=1$　$a=\frac{1}{4}$

重要 (3)　(四角形PQRS)＝△SRQ＋△QSP＝$\frac{1}{2}\times5\times1+\frac{1}{2}\times(4a+4)=\frac{5}{2}+2a+2=2a+\frac{9}{2}$　$2a+\frac{9}{2}=6$から，$2a=6-\frac{9}{2}=\frac{3}{2}$　$a=\frac{3}{2}\times\frac{1}{2}=\frac{3}{4}$

4 （確率）

(1)　袋の中の2個の黒玉を黒1，黒2とすると，大，小2個のサイコロの目と玉の出かたは全部で，$6\times6\times3=108$(通り)　そのうち，作られる整数が24となる場合は，(大のサイコロ，小のサイコロ，玉)＝(2，4，赤)，(4，2，黒1)，(4，2，黒2)の3通り　よって，求める確率は，$\frac{3}{108}=\frac{1}{36}$

(2)　作られる整数の十の位と一の位が，ともに偶数となる場合は，大，小両方のサイコロの目が偶数になる場合だから，$3\times3\times3=27$(通り)　よって，求める確率は，$\frac{27}{108}=\frac{1}{4}$

(3)　作られる整数が，2桁の偶数となる場合は，小のサイコロの目が偶数で赤玉が出る場合と，大のサイコロの目が偶数で黒玉が出る場合だから，$6\times3\times1+3\times6\times2=54$(通り)　よって，求める確率は，$\frac{54}{108}=\frac{1}{2}$

5 （規則性）

基本 (1)　5番目の図形のタイルの枚数は，$1+3+5+7+9=25$(枚)

重要 (2)　1，4，9，16，25，…から，n番目の図形のタイルの枚数はn^2枚になる。
$n^2=225$から，$n=\sqrt{225}=15$　よって，15番目

6 （空間図形の計量問題－切断，体積，側面積）

(1)　この立体を2つ合わせて円柱にすると，高さは$12+6=18$より18cmになるから，求める立体の体積は，$\pi\times3^2\times18\div2=81\pi$ (cm^3)

(2)　この立体を2つ合わせて円柱にしたときの側面積の半分になるから，$18\times2\pi\times3\div2=54\pi$ (cm^2)

7 （平面図形の証明と計量問題－円の性質，三角形の相似）

(1)　(証明)　△ACDと△ADPにおいて，∠Aは共通…①　仮定より，∠ABD＝∠BCA…②　$\overset{\frown}{AD}$に対する円周角なので，∠ABD＝∠ACD…③　$\overset{\frown}{AB}$に対する円周角なので，∠BCA＝∠ADP…④　②，③，④より，∠ACD＝∠ADP…⑤　①，⑤より，2組の角がそれぞれ等しいので，△ACD∽△ADP

(2)　△ACD∽△ADPより，AD：AP＝AC：AD　AD：8＝(8＋7)：AD　$AD^2=120$
$AD=\sqrt{120}=2\sqrt{30}$ (cm)

★ワンポイントアドバイス★

5は，n番目の図形は，一辺がn個の正方形の形に変形できることから，n^2枚のタイルが使われることがわかる。

<英語解答>

[1] (A) 1 (a) 2 (b) (B) 1 (a) 2 (d) 3 (c)
[2] 1 Wednesday 2 daughter 3 grape 4 lunch 5 dancer
[3] 1 (b) 2 keep 3 (c) 4 (c) 5 whose name 6 誤っている箇所 ② 正しい形 playing 7 (c) 8 (b) 9 Which countries have you ever been to? 10 was written by
[4] 1 (b) 2 (c) 3 (a) 4 (d) 5 (c)
[5] 1 dinosaurs 2 (d) 3 (c) 4 (a) 5 (c)
[6] 1 (c) 2 (d) 3 (例) 誰でも赤は危険を意味することを知っており，列車が止まるだろうから。 4 (b) 5 (c) 6 (d)

○配点○
[1]・[2] 各2点×10 [3] 1・2・6 各2点×4 9 4点 他 各3点×6 (5, 10各完答)
[4]・[5] 各3点×10 [6] 3 誰でも～ 2点 列車が～ 2点 6 4点 他 各3点×4
計100点

<英語解説>

[1] (アクセント・発音)
(A) 1 (a)は第2音節，他は第1音節を強く読む。 2 (b)は第1音節，他は第2音節。
(B) 1 (a)は [z]，他は [s]。 2 (d)は [i]，他は [ai]。 3 (c)は [juː]，他は [ʌ]。

基本 [2] (単語)
1 「これは火曜日と木曜日の間の日だ」→ Wednesday「水曜日」
2 「この少女は誰かの女の子供だ」→ daughter「娘」
3 「これは多数の小さな丸い緑色か紫色の果物のうちの1粒だ」→ grape「ブドウ」
4 「これは，1日の真ん中に食べられる食事だ」→ lunch「昼食」
5 「これは仕事として踊る人だ」→ dancer「ダンサー」

重要 [3] (語句補充・選択：時制，共通語，分詞，言い換え・書き換え，関係代名詞，正誤問題，動名詞，対話文完成，語句整序，疑問詞，現在完了，受動態)
1 「もし明日雨がやんだら，私たちはキャンプに行くことができる」 時・条件を表す副詞節中では，未来のことでも現在形で表す。主語が単数の It なので動詞は stops となる。
2 「私は腕時計をこの箱にしまうのを忘れた」「あなたは自分の部屋をきれいに保たなくてはならない」 keep「～を(場所に)おいておく」 < keep ＋目的語＋形容詞>「～を…に保つ」
3 「イチローはアメリカに妻と犬と一緒に住んでいる野球選手だ」 形容詞的用法の現在分詞句 living in the U.S. with his wife and a dog が baseball player を後ろから修飾する。
4 「あなたは図書室で本を読んでいるあの少女を知っていますか」 下線部は「あの」を表す指示形容詞で(c)「私はあのショッピングモールに本当に興味がある」が同じ用法。
5 「その男性は向こうでサッカーをしている。私は彼の名前を思い出せない」「私が名前を思い出せない男性が向こうでサッカーをしている」 所有格の関係代名詞 whose を使って whose name I can't remember「私がその名前を思い出せない」が man を後ろから修飾する形にする。
6 「私は学生の頃，毎日2時間以上ピアノを弾く練習をした」 practice ～ing で「～するのを練習する」となる。よって②を playing に直す。

7 (c)は always の位置が誤り。always は一般動詞の前に置くので，This song always makes me happy.「この歌はいつも私を幸せにする」が正しい。

8 生徒：質問してもいいですか。／教師：もちろん。どんな質問でもいいよ。／生徒：これらは誰の靴か知っていますか。／教師：ケンタのものだよ。君が彼に返してくれないか？

9 疑問文なので Which countries「どこの国」を文頭に置き，経験を表す現在完了で have you ever been to?「あなたは今までに行ったことがありますか」とする。have been to ～「～に行ったことがある」 never が不要。

10 「レイチェル・カーソンは1962年に『沈黙の春』を書いた」→「『沈黙の春』は1962年にレイチェル・カーソンによって書かれた」 受動態＜ be 動詞＋過去分詞＞「～された」の文にする。時制が過去なので was written とし，by ～「～によって」を続ける。

やや難 **4** （資料読解問題：内容吟味）

1 「国連が2015年に採択した4番目の目標は何か」 SDGs の表を参照。4番目「質の高い教育をみんなに」は(b)Quality Education「高品質の教育」が該当する。

2 「左のページの表にはいくつの国があるか」 ＜目標達成データ＞参照。Australia から United States まで，15か国が載っている。

3 「どの国が2019年に最高の SDGs を達成したか」 ＜目標達成データ＞の「達成率」を見ると，デンマークの85.2％が最も高い数値だとわかる。

4 「2019年にイタリアはどの目標を達成したか」 ＜目標達成データ＞のイタリアの欄を参照する。◎(目標達成)が付いているのは3番目の目標で，これは SDGs の表より3「すべての人に健康と福祉を」である。よって(d)「健康と福祉」が適切。

5 「どの記述が正しいか」(c)「『ジェンダー平等』という目標に成功したのはノルウェーだけだった」 SDGs の表より Gender Equality「ジェンダー平等」は5番目の目標である。＜目標達成データ＞の5の欄を見ると，◎(目標達成)が付いているのはノルウェーだけである。

5 （長文読解・紹介文：語句解釈，内容吟味，内容一致）

（全訳） 恐竜の化石は数百万年以上も存在しているが，人々はこの並外れた生物について前世紀になるまで何も知らなかった。恐竜の骨を発見した最初の人物の1人は，ギデオン・マンテルという名のイングランドの医師で，趣味として石や化石を収集していた。1820年，マンテル医師は妻のメリー・アンとともに，岩石に埋め込まれた大きな歯をいくつか見つけた。マンテルは今までにそのような歯を見たことがなかった。そして近くにいくつかの骨を発見した時，彼は真剣な調査を開始した。多大な労力の末，マンテル医師はその歯と骨は，「イグアナの歯」を意味する，イグアノドンと彼が名付けた一種の巨大な爬虫類のものだったと結論づけた。その後すぐ，さらに2つの巨大な爬虫類がイングランドで発見され，メガロサウルスとヒレオサウルスと名付けられた。しかし1841年になってようやく，これらの生物に①グループ名が与えられた。当時のよく知られた科学者であるリチャード・オーウェン卿は，それらが「恐ろしいトカゲ」という意味の「恐竜」と呼ばれるべきだと断言した。そして科学界において大興奮の時代が始まった。世界中で大掛かりな恐竜探しが始まった。

多くの人は，恐竜がこずえに届くほど大きい，巨大な生物だと考えている。しかしあなたの膝にも届かないような，小さな恐竜もいた。地球を闊歩した過去最大の生物は竜脚類の恐竜で，すべて草食性だった。ブラキオサウルスは我々がよく知る，最大の竜脚類だ。それは体重およそ70トン，体長70フィート(22メートル)，体高39フィート(12メートル)で，4階建ての建物や大きな樫の木とほぼ同じ高さである。ブラキオサウルスよりもさらに大きかったかもしれない恐竜の骨が最近見つかった。それらはスーパーサウルスとウルトラサウルスと名付けられ，ブラキオサウルスの1と1/3倍だったかもしれない。生きていたら，ウルトラサウルスは大きな象20頭ほどの重さだったかもしれない。これらの穏やかな巨大恐竜と比べ，コンプソグナトゥスのような小さい恐竜は大抵すばしこく，ずる賢い肉食性で，ネコ1匹ほどの重さしかなった。

1　下線部①の直後の文中の dinosaurs「恐竜」を指す。

やや難　2　第2段落第3～5文参照。ブラキオサウルスは竜脚類の中で最大，草食，体重およそ70トン，体長22メートル，体高12メートル，と書かれている。

重要　3　本文最後から2番目の文参照。weigh「～の重さがある」 as much as ～「～と同程度の」

4　本文の最終文より，(a)が適切。no heavier than a cat「ネコ1匹の重さしかない」という意味なので(b)は誤り。

重要　5　(c)「マンテル医師はその巨大な生物をイグアノドンと名付けた」が第1段落第6文の内容と一致する。

6　**(長文読解・物語文：語句解釈，語句補充・選択，内容吟味，前置詞，内容一致)**

(全訳)　ある日，子供たちは線路脇の丘の上にある柵に沿って歩いていた。ここの線路は深い小さな谷を通っていて，線路の両側の丘の斜面は岩がゴツゴツしていた。しかし岩の間には草や花やたくさんの小さな木が育っていた。

フィリスは柵の横にたち，谷底の線路を見おろした。「山の斜面を見下ろしているみたい」と彼女は言った。

突然彼らは①物音を聞いた。それは柔らかい音だがとてもはっきりしていて，ゆっくりと大きくなっていった。

「向こうの木を見ろ！」とピーターが言った。

女の子たちは1本の木が線路の反対側でゆっくりと下に動いているのを見た！ 「魔法よ！」とフィリスが言った。「鉄道は魔法よね。見て，他の木も動いている」

彼らは木がどんどん動き，草や石も一緒に動くのを眺めた。すると大きな岩も同様に動き出し，突然丘の斜面の半分が動いていた。1，2秒後，すべてが崩れ落ち，下の線路の上で大きく積み重なった。

「ちょうど線路を横切っているわ！」とフィリスが言った。今は少し②怖く感じていた。

「うん」とピーターがゆっくりと言った。「まだ11時29分を過ぎていない。駅にいる人たちに知らせなくちゃ，さもないと恐ろしい事故になる」

「時間がないよ」とボビーが言った。「もう11時を過ぎている」

彼らは少しの間考えた。

「③何か赤いものが必要だ。そうすれば僕たちは線路を下って，それを振ることができる」とピーターが言った。「みんな赤が危険を意味すると知っているから，列車は止まるだろう」

「私たちのペチコート！」とフィリスが言った。「赤いわ。脱ぎましょう」

女の子たちはこのようにし，それから彼ら3人は角まで線路沿いを走った。角を曲がると，木や岩の塊を見るのは不可能だった。

「僕たちは棒も必要だ」 ピーターが1枚のペチコートを手に取って言った。「これから…」 彼はポケットからナイフを取り出した。

「それを切らないよね？」とフィリスが言った。

「いや，切るよ！」とボビーが言った。「④もし僕たちが列車を止められなかったら，本当の事故が起き，人が死んでしまう」

彼らはペチコートを6つに切って，それらを棒に取り付けた。彼らは今，6つの赤い旗を手にした。次に彼らは2本の旗を線路の間の石の塊に突っ込み，それからボビーとフィリスが1本ずつ手に取り，ピーターが残りの2本を手に取った。彼らは，列車が現れたらすぐにそれらを振るよう身構えて立っていた。

列車の線路が揺れ出すまで，長い時間に感じられた。そして列車が近づいて来るのが聞こえた。

「旗を振れ！」とピーターが命令した。「でも線路⑤の上に立つなよ，ボビー！」

列車は非常に速くやってきた。線路は揺れ出し，石の塊の間に突っ込まれた2本の旗はすぐに落下したが，ボビーが線路を横切って走ってそのうちの1つを拾った。

「列車は止まらない！」と彼女は叫んだ。「私たちのことが見えないのよ，だめだわ！」

彼女は2本の旗を振りながら，走って線路の上に乗った。

「戻れ，ボビー！」 ピーターが叫んだ。

しかしボビーは線路から動かなかった。黒い大きな機関車が彼女に向って近づいてくる間，彼女は「止まれ，止まれ！」と叫びながら何度も旗を振った。

それは止まった…ボビーからわずか20メートルのところで。

ピーターとフィリスは運転手に角の向こうの木や岩について知らせるため，線路沿いを走った。しかしボビーは脚が非常に震えていたため，動けなかった。彼女は地面に座り込むしかなかった。でも彼らが列車を救ったのだ。

「君たちは勇敢で賢い子供たちだ」と運転手が彼らに言った。

1　下線部①の3つ後の文参照。1本の木が倒れる音である。

2　frightened「怖がって，おびえて」

重要 3　下線部③の2つ後のピーターの言葉を参照し，ここを訳して答えればよい。

4　全訳下線部参照。丘の斜面が崩れて線路上に木や岩が積み重なっているため，列車を止めなければそこに列車が衝突し，大惨事になってしまう。

5　危険なので「線路の上に立つな」とする。on ～「～の上に」

重要 6　最後から3番目の段落より(d)が本文の内容と一致する。

★ワンポイントアドバイス★

4の資料読解問題はSDGsの表と各国の目標達成度を表した表を照らし合わせて解く必要があり，難度が高い。

＜国語解答＞

一　問一　1　普段　2　驚　3　怒　4　尽　問二　イ　問三　エ　問四　ア
問五　エ　問六　(始め)　個々の場面　(終わり)　を出すこと　問七　自由
問八　ウ　問九　自分を縛りつけるさまざまな制約から自らを解き放つこと

二　問一　誤　もう　正　まだ　問二　(例)　上京のための引っ越し[大学進学に伴う上京]
問三　B　ウ　C　ウ　問四　意味用法　ア・ウ　意味　ア(前問正解者のみ得点)
問五　エ　問六　イ　問七　(例)　別れの日を目前にして，寂しさやどうにもならないむなしさを発散させ，自分の気持ちにけりをつけたい　問八　ア　問九　(1)　①　自分が欲しいものは東京にしかない　②　田舎にこそ自分が欲しいものがある　(2)　止まってしまった。　問十　(例)　佐々木くんと地元で過ごす時間　問十一　イ

三　問一　さつき　　問二　ア　　問三　いとう　　問四　イ　　問五　ウ　　問六　ウ
問七　(始め)　我等が　　(終わり)　る物を　　問八　イ

○配点○

一　問一　各2点×4　　問二・問三・問五・問八　各3点×4　　他　各5点×4(問六完答)
二　問一・問三・問四意味用法・問八　各2点×5(問一，問四意味用法各完答)
問二・問五・問九(1)　各3点×3(問九(1)完答)　　問四意味　1点　　他　各4点×5
三　問四・問七　各3点×2(問七完答)　　問八　4点　　他　各2点×5　　計100点

＜国語解説＞

一　(論説文―大意・要旨，内容吟味，文脈把握，接続語の問題，脱文・脱語補充，漢字の読み書き，ことわざ・慣用句)

問一　1　日常のこと。　2　音読みは「キョウ」で，「驚嘆」「驚天動地」などの熟語がある。　3　他の訓読みは「おこ(る)」。音読みは「ド」で，「激怒」「憤怒」などの熟語がある。　4　音読みは「ジン」で，「尽力」「無尽」などの熟語がある。

問二　1　前の「語る相手」を後で「『聞く』人」と言い換えているので，説明の意味を表す言葉があてはまる。　2「一人で考えている時，この聞き手は……潜在的には他者である」から当然予想される内容が，後に「『考えること』は，他の人との対話……であると言える」と続いているので，順接の意味を表す言葉があてはまる。　3「なあんだ，そんな当たり前のことか……もったいぶることなんてないじゃないか，と思う人もいるだろう」という前に対して，後で「何もしなくてもただ自然に任せておけばできるようになるわけではない」と相反する内容を述べているので，逆接の意味を表す言葉があてはまる。

問三　直前の文の「言葉」を「学ぶ」には，何が「必要」なのかを考える。「何事であれ」で始まる段落の「学ぶためには，『やり方』を知らなければならない……とにかくたくさんやっていなければならない」に通じるのは，エの「訓練や経験」。

問四　挿入文の「『考えること』も」の「も」は同様の事柄を挙げる意味を表すので，「いろんな経験」が必要だと述べている後に戻す。【ア】の前に「何もしなくてもただ自然に任せておけばできるようになるわけではない」とあり，これが「いろんな経験」が必要だという内容に重なる。挿入文の「『考えること』」を受けて，【ア】の直後の「言葉だって」に続くことを確認し，【ア】に戻す。

基本　問五　同じ文の「とにかくたくさんやっていなければいけない」に通じるのは，人に教えられるよりも自分で経験を重ねた方が身につくという意味のエ。アは何もしなくては良い結果は得られない，イは人の話を何度も聞くより自分の目で確かめる方が理解できる，ウは長年の経験は貴重であるという意味。

問六　同じ文の「それ」は，直前の段落の「ただ出された指示に従うこと，教えられたことを教えられた通りに行うこと」を指し示しているが，指定字数に合わない。同様の内容を述べている部分を探すと，「学校のことを」で始まる段落に「個々の場面で必要なルールを身につけ，その中で決められたことに適切な答えを出すこと」とあり，指定字数に合うこの部分を抜き出す。

問七　直後の文以降の「それが私たちの生に自由の余地を与える。私たちが考えるのは……私たちにとってもっとも大切な自由を得るため」に着目する。ここから，――線B「距離をとる」ことによって得られる2字の言葉を抜き出す。

問八　直前の「きわめて具体的」や，後の「すべての人に，子どもにも大人にも，人生の最初から人生の最後まで関わること」にふさわしいのは，ウの「身近な問題。この前後の描写に，他の選択肢は合わない。

重要 問九　――線C「考えること」について，「その大切なものとは」で始まる段落に「考えることは，自分を縛りつけるさまざまな制約から自らを解き放つことである」と説明している。

二 (小説―情景・心情，内容理解，文脈把握，脱文・脱語補充，漢字の読み書き，語句の意味，表現技法，品詞・用法)

問一　冒頭の部分に「雪はやむことが多くなってきていた。」とあり，その後の「けれどももう，……山は真っ白だった」がわかりにくい箇所となっている。ある動作が終わっているという意味の「もう」を，その時点で実現していないという意味の「まだ」に直す。

問二　少し後の「私の上京は，あと十日まで迫っていた」に着目する。ここから，私の上京のための引っ越し「の準備」だとわかる。自分で言葉を補って簡潔にまとめる。

問三　B　漢字で書くと「寂れた」となる。　C　漢字で書くと「諸々の」となる。

問四　㋐と㋒は受け身の意味を表す助動詞，㋑は「あふれる」という動詞の一部，㋓は自発の意味を表す助動詞で，㋔は可能の意味を表す助動詞。

問五　前の「おばあちゃん達の視線を集めている」時に，どのように感じるのか。直後で，「私」が「冷たく突っ込んだ」のは，恥ずかしさの裏返しである。

問六　――線D「一瞬ぼうっとした」のは，「携帯なんか持ったって，繋がんないよな」という「佐々木くん」の言葉を聞いたためである。前で「携帯は，怖い。どこからどこへでも簡単に繋がれる，みたいな変な錯覚を起こされそうで。」と思った「私」が，「携帯なんか持ったって……」とつぶやいたという描写がある。携帯電話ショップに興味を示した「佐々木くん」が，「私」が思った内容と同じことを口にしたと説明しているイがふさわしい。「携帯なんか持ったって，繋がんないよな」という佐々木くんの言葉からは，アの「私と別れようとしていると」やエの「私に気分を害した」という佐々木くんの様子は読み取れない。ウにあるように，「佐々木くん」の投げやりな言い方に対して「私」は「ぼうっとした」わけではない。

やや難 問七　「私」はあと十日で上京するので，二人は別れの日を目前にしている。そのような状況での「佐々木くん」の気持ちを想像する。「私」を後ろに乗せた自転車を「思いっきり漕いでみ」ることで，寂しさやどうにもならないむなしさを発散させ，自分の気持ちにけりをつけたいという気持ちが読み取れる。

問八　F　光が反射するなどの表現から判断する。　G　先のとがった物が他の物に突き立つという意味から判断する。

問九　(1)「錯覚」は思い違いのこと。「東京」と「田舎」という語が含まれる一つ前と直前の文「田舎には何でもある気がした。しょせんそんなのは気のせいで，私の欲しいものは東京にしかないって，頭ではちゃんとわかっていた」から，「錯覚」が指す内容を読み取る。

(2)「私」の「錯覚」は，「佐々木くん」の自転車に乗って坂を下っている時に「田舎には何でもある」から「もう何もいらない」と思ったことである。直後の段落で「私」は「このままずっと……佐々木くんと二人で滑り落ち続けられたら」と思い，一つ後の段落で，「その感覚はまさに，飛んでいる，というのと同じ」と感じた後に着目する。「ほどなく坂は上りになって，自転車は……ふらふらと揺れながら止まってしまった」が，「私」の「錯覚」が終わったことを意味している。

重要 問十　直後の文に「このままずっと白い雪野原の真ん中を，佐々木くんと二人で滑り落ち続けられたら」とあることから，「坂」は「佐々木くん」と地元で過ごす時間をたとえているとわかる。

やや難 問十一　本文は二人の会話を中心に描かれているが，二人は相手に対する気持ちをはっきりと告げていない。したがって，「心の内が明らかになっていく」とあるイはふさわしくない。

三 (古文―主題・表題，文脈把握，漢字の読み書き，語句の意味，文と文節，口語訳，表現技法，仮名遣い)

基本 問一　月の異名は，一月から順に「むつき」「きさらぎ」「やよい」「うづき」「さつき」「みなづき」「ふみづき・ふづき」「はづき」「ながつき」「かんなづき」「しもつき」「しわす」と読む。

問二　前の「人多く立ち込みて」に着目する。「分け入べき」方法が「なし」と考える。

問三　歴史的仮名遣いの「たう」は，現代仮名遣いでは「とう」に直す。

問四　木に登った法師が「いたう眠りて，落ちぬべき時に目を覚ます」というのであるから，イの今にも落ちそうな時という現代語訳が適当。「ぬ」は強意，「べき」は推量の意味を表す。

問五　直前の「我が心にふと」に着目する。「我」は筆者自身のことを表している。

問六　「こそ」という助詞を受けて，「けり」が「けれ」と変化する決まりを係り結びという。

重要 問七　(現代語訳)から，「ことはり」が道理という意味であることを確認する。「誰でも思いつくようなものだが……胸にひしひしと思い当たった」道理を探す。(現代語訳)の「私たちに死が訪れるのは，今この瞬間かもしれない。それを忘れて……一日を過ごすことは，より愚かしいことであるのに」に相当する古文中の部分を抜き出す。

やや難 問八　筆者は，木から落ちそうになっている「法師」をばかにした人々に対して，「私たちに死が訪れるのは，今この瞬間かもしれない。それを忘れてのんきに祭り見物をして一日を過ごすことは，より愚かしいことであるのに」と言っている。ここから，イの内容が読み取れる。筆者は，「法師」を見てばかにする人に共感していないので，アは適当ではない。ウの「その場を去っていった」ことが読み取れる描写はない。筆者は情けがないものとして「木や石」を挙げており，エの「無知なもの」として挙げているわけではない。

★ワンポイントアドバイス★

国語の幅広い知識が問われている。文法や慣用表現，表現技法など教科書や便覧を利用して確実な知識を身につけておこう。

MEMO

大切なことはメモしておこうネ！

解答用紙集

○月×日　△曜日　天気（合格日和）

◆ご利用のみなさまへ
＊解答用紙の公表を行っていない学校につきましては、弊社の責任において、解答用紙を制作いたしました。
＊編集上の理由により一部縮小掲載した解答用紙がございます。
＊編集上の理由により一部実物と異なる形式の解答用紙がございます。

人間の最も偉大な力とは、その一番の弱点を克服したところから生まれてくるものである。——カール・ヒルティ——

東京学参株式会社

横浜富士見丘学園高等学校(一般)　2024年度

◇数学◇

※ 147%に拡大していただくと，解答欄は実物大になります。

問題		答え
1	(1)	
	(2)	
	(3)	
	(4)	
	(5)	
	(6)	
	(7)	
2	(1)	
	(2)	
	(3)	
	(4)	
	(5)	

問題		答え
3	(1)	
	(2)	
	(3)	
4	(1)	
	(2)	
5	(1)	
	(2)	
6	(1)	
	(2)	
	(3)	

問題		答　　　　え
7	(1)	（証明）
	(2)	

横浜富士見丘学園高等学校(一般)　2024年度

◇英語◇

※ 145%に拡大していただくと，解答欄は実物大になります。

1

1.______ 2.______ 3.______ 4.______

5.______ 6.______ 7.______ 8.______

9.______ 10.______ 11.______ 12.______

2

1.______ 2.______ 3.______ 4.______ 5.______ 6.______

3

1.______ 2.______ 3.______ 4.______ 5.______ 6.______

4

1. (番号)______ (正しい形)______ 2. (番号)______ (正しい形)______

3. (番号)______ (正しい形)______ 4. (番号)______ (正しい形)______

5. (番号)______ (正しい形)______

5

1.______ 2.______ 3.______ 4.______ 5.______ 6.______

6

A 1.______ 2.______ 3.______ 4.______ 5.______

B 1.______ 2.______ 3.______ 4.______ 5.______

7

2024年度

横浜富士見丘学園高等学校（一般）

◇国語◇

※143%に拡大していただくと、解答欄は実物大になります。

小計　得点

一

問一　a　b　c　d　e

問二

問三

問四

問五　(1)　(2)

問六　6　7

問七

問八　①　40　に対し、・・・

②　20　という皮肉な現実を・・・

二

問一　a　b

問二

問三

問四

問五

問六

問七

問八

問九

問十

問十一

三

問一　a　b

問二　記号　意味

問三

問四

問五

問六

問七

横浜富士見丘学園高等学校(オープン)　2024年度

◇数学◇

※ 145％に拡大していただくと，解答欄は実物大になります。

問題		答　　え
1	(1)	
	(2)	
	(3)	
	(4)	
	(5)	
	(6)	
	(7)	
2	(1)	
	(2)	
	(3)	
	(4)	
	(5)	

問題		答　　え
3	(1)	
	(2)	
	(3)	
4	(1)	
	(2)	
5	(1)	
	(2)	
	(3)	
6	(1)	
	(2)	

問題		答　　　え
7	(1)	(証明)
	(2)	

横浜富士見丘学園高等学校(オープン)　2024年度　◇英語◇

※ 147%に拡大していただくと，解答欄は実物大になります。

1

1.______ 2.______ 3.______ 4.______

5.______ 6.______ 7.______ 8.______

9.______ 10.______ 11.______ 12.______

2

1.______ 2.______ 3.______ 4.______ 5.______ 6.______

3

1.______ 2.______ 3.______ 4.______ 5.______ 6.______

4

1. (番号)______ (正しい形)______ 2. (番号)______ (正しい形)______

3. (番号)______ (正しい形)______ 4. (番号)______ (正しい形)______

5. (番号)______ (正しい形)______

5

1.______ 2.______ 3.______ 4.______ 5.______ 6.______

6

A 1.______ 2.______ 3.______ 4.______ 5.______

B 1.______ 2.______ 3.______ 4.______ 5.______

7

______

______

______

______

______

２０２４年度

横浜富士見丘学園高等学校（オープン）

◇国語◇

※１４７％に拡大していただくと、解答欄は実物大になります。

一

問一 a b c d e
問二
問三
問四
問五
問六
問七
問八
問九
問十
問十一

二

問一 a b
問二
問三
問四
問五
問六
問七 ↓ ↓ ↓
問八
問九 ① ② ③

三

問一 a b
問二
問三
問四
問五
問六

小計

得点

横浜富士見丘学園高等学校(一般)　2023年度

◇数学◇

※ 147%に拡大していただくと，解答欄は実物大になります。

問題		答え
1	(1)	
	(2)	
	(3)	
	(4)	
	(5)	
	(6)	
	(7)	
2	(1)	
	(2)	
	(3)	
	(4)	
	(5)	
3	(1)	
	(2)	
	(3)	
4	(1)	
	(2)	
5	(1)	
	(2)	
	(3)	
6	(1)	
	(2)	

問題		答　　　え
7	(1)	（証明）
	(2)	

横浜富士見丘学園高等学校(一般)　2023年度

◇英語◇

※ 147%に拡大していただくと，解答欄は実物大になります。

1

(A) 1.________ 2.________ 3.________

(B) 1.________ 2.________

2

1.________ 2.________ 3.________

4.________ 5.________

3

1.________ 2. Hurry up, (________) you'll miss the train. 3.________

4.________ 5. 位置________ 形________

6.________ 7.________ 8.________

9.________

10. I (________) I (________) enough money.

4

1.________ 2.________ 3.________ 4.________ 5.________

5

1.________

2. The other three became (________).

3.________

4. We [________

________] from us. 5.________

6

1.________

____

2.________

3.________

4.________ 5.________

6.________

____

◇国語◇

横浜富士見丘学園高等学校（一般）　２０２３年度

※１２７％に拡大していただくと、解答欄は実物大になります。

一

問一　a　b　c　d　e

問二

問三　B　C

問四

問五

問六

問七

問八　↓　↓　↓

問九

問十

二

問一　a　b

問二

問三

問四　1　3　4

問五　①　②

問六

問七

問八

問九

問十

三

問一　a　b

問二

問三

問四　①　②

問五

問六

横浜富士見丘学園高等学校(オープン)　2023年度　◇数学◇

※ 145%に拡大していただくと，解答欄は実物大になります。

問題		答　え
1	(1)	
	(2)	
	(3)	
	(4)	
	(5)	
	(6)	
	(7)	
2	(1)	
	(2)	
	(3)	
	(4)	
	(5)	

問題		答　え
3	(1)	
	(2)	
	(3)	
4	(1)	
	(2)	
5	(1)	
	(2)	
	(3)	
6	(1)	
	(2)	

<table>
<tr><th colspan="2">問 題</th><th>答　　え</th></tr>
<tr><td rowspan="2">7</td><td>(1)</td><td>（証明）</td></tr>
<tr><td>(2)</td><td></td></tr>
</table>

横浜富士見丘学園高等学校（オープン）　2023年度　◇英語◇

※ 145%に拡大していただくと，解答欄は実物大になります。

1

(A) 1.________ 2.________ 3.________

(B) 1.________ 2.________

2

1.________ 2.________ 3.________

4.________ 5.________

3

1.________ 2. Michael can play soccer (　　　　)(　　　　) George.

3.________ 4.________ 5. 誤っている箇所________ 正しい形________

6.________ 7.________ 8.________

9.________

10. The dictionary was (　　　　)(　　　　) for me (　　　　) buy.

4

1.________ 2.________ 3.________ 4.________ 5.________

5

1.________

____

2.________ 3.________

4.________

____

5.________

6

1.________

____

2.________

3.________

4.________

____

5.________

2023年度

横浜富士見丘学園高等学校（オープン）

◇国語◇

※123%に拡大していただくと、解答欄は実物大になります。

一

問一 1 2 3 4 5
問二
問三
問四
問五
問六
問七
問八
問九 ① ② ③

二

問一 a b
問二
問三
問四
問五 ↓ ↓ ウ ↓
問六
問七 30
問八
問九
問十

三

問一 a b
問二
問三
問四
問五
問六
問七

横浜富士見丘学園高等学校（一般）　2022年度

◇数学◇

※ 149％に拡大していただくと，解答欄は実物大になります。

問題		答え
1	(1)	
	(2)	
	(3)	
	(4)	
	(5)	
	(6)	
	(7)	
2	(1)	
	(2)	
	(3)	
	(4)	
	(5)	

問題			答え
3	(1)		
	(2)		
	(3)		
4	(1)		
	(2)		
5	(1)		
	(2)	①	
		②	
6	(1)		
	(2)		
7	(1)		

問題		答　　　え
7	(2)	(証明)

※ 154%に拡大していただくと，解答欄は実物大になります。

1
(A) 1.　2.　3.
(B) 1.　2.

2
1.　2.　3.
4.　5.

3
1.　2.　3.
4.　5. 誤っている箇所　正しい形
6.　7.　8.
9.
10. Yuka is (　) (　) (　) in this school.

4
1.　2.　3.　4.　5.

5
1.　2.
3.
4.　5.

6
1.
2.
3.
4.
5.
6.

2022年度 横浜富士見丘学園高等学校(一般)

◇国語◇

※145%に拡大していただくと、解答欄は実物大になります。

一

問一 1 2 3 4 5

問二 1 2 3 4

問三 ① ② 始め 終わり

問四

問五

問六

問七

問八

問九

に幸福を感じること。

二

問一 a b

問二

問三

問四

ように見えるから。

問五

問六 2 3

問七

状態。

問八

問九

問十

問十一

三

問一 a b

問二

問三

問四

問五

問六

横浜富士見丘学園高等学校(オープン)　2022年度　◇数学◇

※ 147%に拡大していただくと，解答欄は実物大になります。

問題		答　え
1	(1)	
	(2)	
	(3)	
	(4)	
	(5)	
	(6)	
	(7)	
2	(1)	
	(2)	
	(3)	
	(4)	
	(5)	

問題		答　え
3	(1)	
	(2)	
	(3)	
4	(1)	
	(2)	
	(3)	
5	(1)	
	(2)	
6	(1)	
	(2)	

問題		答　　　　　え
7	(1)	(証明)
	(2)	

横浜富士見丘学園高等学校（オープン）　2022年度　◇英語◇

※ 151％に拡大していただくと，解答欄は実物大になります。

1

(A) 1.　2.

(B) 1.　2.　3.

2

1.　2.　3.

4.　5.

3

1.　2.　3.　4.

5. 誤っている箇所　正しい形

6.　7.　8.

9.

10. Sarah (　) (　) traveling in America (　) last year.

4

1.　2.　3.　4.　5.

5

1.

2. (　) → (　) → (　) → (　)

3.　4.　5.

6

1.

2.

3.　4.　5.　6.

横浜富士見丘学園高等学校（オープン）　２０２２年度

◇国語◇

※１４０％に拡大していただくと、解答欄は実物大になります。

一	問一	1　2　3　4
	問二	
	問三	
	問四	
	問五	
	問六	→　→　→
	問七	
	問八	
	問九	
二	問一	a　b
	問二	1　2
	問三	
	問四	
	問五	歴史
	問六	
	問七	
三	問一	a　b
	問二	
	問三	
	問四	①　始め　終わり　②
	問五	
	問六	
	問七	

横浜富士見丘学園高等学校(一般)　2021年度　　◇数学◇

※ 127%に拡大していただくと，解答欄は実物大になります。

問題		答え
1	(1)	
	(2)	
	(3)	
	(4)	
	(5)	
	(6)	
	(7)	
2	(1)	
	(2)	
	(3)	
	(4)	
	(5)	

問題		答え
3	(1)	
	(2)	
	(3)	
4	(1)	
	(2)	
5	(1)	
	(2)	
	(3)	
6	(1)	
	(2)	
7	(1)	

問題		答　　え
7	(2)	（証　明）

横浜富士見丘学園高等学校(一般)　2021年度　◇英語◇

※ 149%に拡大していただくと，解答欄は実物大になります。

1
(A) 1. ______ 2. ______ 3. ______
(B) 1. ______ 2. ______

2
1. ______ 2. ______ 3. ______
4. ______ 5. ______

3
1. ______ 2. ______
3. ______ ______ 4. ______ 5. ______
6. 誤っている箇所 ______ 正しい形 ______
7. ______ 8. ______
9. ______
10. My sister ( ) ( ) ( ) Paris.

4
1. ______ 2. ______ 3. ______ 4. ______ 5. ______

5
1. ______
2. ______
3. ______
4. ______ 5. ______ 6. ______

6
1. ______ 2. ______
3. ______ 4. ______ 5. ______ , ______
6. ______

◇国語◇

横浜富士見丘学園高等学校(一般)　２０２１年度

※１４５％に拡大していただくと、解答欄は実物大になります。

一

問一　1　2　3　（る）　4　5

問二　1　2

問三

問四

問五

問六

問七

問八　ア　イ　ウ　エ

二

問一　a　b

問二　①　②

問三

問四

問五

問六　聡美が

問七

問八

問九

問十

問十一

三

問一　A　F

問二　ア　イ　ウ

問三

問四

問五

問六

横浜富士見丘学園高等学校（オープン）　2021年度　◇数学◇

※ 147%に拡大していただくと，解答欄は実物大になります。

問題		答え
1	(1)	
	(2)	
	(3)	
	(4)	
	(5)	
	(6)	
	(7)	
2	(1)	
	(2)	
	(3)	
	(4)	
	(5)	

問題		答え
3	(1)	
	(2)	
	(3)	
4	(1)	
	(2)	
	(3)	
5	(1)	
	(2)	
6	(1)	
	(2)	

問　題		答　　え
7	(1)	(証　明)
	(2)	

横浜富士見丘学園高等学校(オープン)　2021年度　◇英語◇

※ 151%に拡大していただくと，解答欄は実物大になります。

1 (A) 1. ＿＿＿　2. ＿＿＿

(B) 1. ＿＿＿　2. ＿＿＿　3. ＿＿＿

2 1. ＿＿＿　2. ＿＿＿　3. ＿＿＿

4. ＿＿＿　5. ＿＿＿

3 1. ＿＿＿　2. ＿＿＿　3. ＿＿＿　4. ＿＿＿

5. ＿＿＿　＿＿＿

誤っている箇所　正しい形

6. ＿＿＿　＿＿＿

7. ＿＿＿　8. ＿＿＿

9. ＿＿＿

10. "Silent Spring" (　　　) (　　　) (　　　) Racheal Carson in 1962.

4 1. ＿＿＿　2. ＿＿＿　3. ＿＿＿　4. ＿＿＿　5. ＿＿＿

5 1. ＿＿＿

2. ＿＿＿　3. ＿＿＿　4. ＿＿＿　5. ＿＿＿

6 1. ＿＿＿　2. ＿＿＿

3. ＿＿＿

4. ＿＿＿　5. ＿＿＿　6. ＿＿＿

◇国語◇

横浜富士見丘学園高等学校（オープン）　２０２１年度

※１４０％に拡大していただくと，解答欄は実物大になります。

一

問一　1　2　3　4

問二　問三　問四　問五

問六　始め　終わり　問七　問八

問九

二

問一　誤　正　問二

問三　B　C　問四　意味用法　意味　問五　問六

問七

問八

問九　(1)　①　②　(2)

問十

問十一

三

問一　問二　問三

問四　問五　問六

問七　始め　終わり　問八

東京学参の

高校別入試過去問題シリーズ

＊出版校は一部変更することがあります。一覧にない学校はお問い合わせください。

東京ラインナップ

- あ　愛国高校(A59)
- 青山学院高等部(A16)★
- 桜美林高校(A37)
- お茶の水女子大附属高校(A04)
- か　開成高校(A05)★
- 共立女子第二高校(A40)★
- 慶應義塾女子高校(A13)
- 啓明学園高校(A68)★
- 国学院高校(A30)
- 国学院大久我山高校(A31)
- 国際基督教大高校(A06)
- 小平錦城高校(A61)★
- 駒澤大高校(A32)
- さ　芝浦工業大附属高校(A35)
- 修徳高校(A52)
- 城北高校(A21)
- 専修大附属高校(A28)
- 創価高校(A66)★
- た　拓殖大第一高校(A53)
- 立川女子高校(A41)
- 玉川学園高等部(A56)
- 中央大高校(A19)
- 中央大杉並高校(A18)★
- 中央大附属高校(A17)
- 筑波大附属高校(A01)
- 筑波大附属駒場高校(A02)
- 帝京大高校(A60)
- 東海大菅生高校(A42)
- 東京学芸大附属高校(A03)
- 東京農業大第一高校(A39)
- 桐朋高校(A15)
- 都立青山高校(A73)★
- 都立国立高校(A76)★
- 都立国際高校(A80)★
- 都立国分寺高校(A78)★
- 都立新宿高校(A77)★
- 都立墨田川高校(A81)★
- 都立立川高校(A75)★
- 都立戸山高校(A72)★
- 都立西高校(A71)★
- 都立八王子東高校(A74)★
- 都立日比谷高校(A70)★
- な　日本大櫻丘高校(A25)
- 日本大第一高校(A50)
- 日本大第三高校(A48)
- 日本大第二高校(A27)
- 日本大鶴ヶ丘高校(A26)
- 日本大豊山高校(A23)
- は　八王子学園八王子高校(A64)
- 法政大高校(A29)
- ま　明治学院高校(A38)
- 明治学院東村山高校(A49)
- 明治大付属中野高校(A33)
- 明治大付属八王子高校(A67)
- 明治大付属明治高校(A34)★
- 明法高校(A63)
- わ　早稲田実業学校高等部(A09)
- 早稲田大高等学院(A07)

神奈川ラインナップ

- あ　麻布大附属高校(B04)
- アレセイア湘南高校(B24)
- か　慶應義塾高校(A11)
- 神奈川県公立高校特色検査(B00)
- さ　相洋高校(B18)
- た　立花学園高校(B23)
- 桐蔭学園高校(B01)
- 東海大付属相模高校(B03)★
- 桐光学園高校(B11)
- な　日本大高校(B06)
- 日本大藤沢高校(B07)
- は　平塚学園高校(B22)
- 藤沢翔陵高校(B08)
- 法政大国際高校(B17)
- 法政大第二高校(B02)★
- や　山手学院高校(B09)
- 横須賀学院高校(B20)
- 横浜商科大高校(B05)
- 横浜市立横浜サイエンスフロンティア高校(B70)
- 横浜翠陵高校(B14)
- 横浜清風高校(B10)
- 横浜創英高校(B21)
- 横浜隼人高校(B16)
- 横浜富士見丘学園高校(B25)

千葉ラインナップ

- あ　愛国学園大附属四街道高校(C26)
- 我孫子二階堂高校(C17)
- 市川高校(C01)★
- か　敬愛学園高校(C15)
- さ　芝浦工業大柏高校(C09)
- 渋谷教育学園幕張高校(C16)★
- 翔凜高校(C34)
- 昭和学院秀英高校(C23)
- 専修大松戸高校(C02)
- た　千葉英和高校(C18)
- 千葉敬愛高校(C05)
- 千葉経済大附属高校(C27)
- 千葉日本大第一高校(C06)★
- 千葉明徳高校(C20)
- 千葉黎明高校(C24)
- 東海大付属浦安高校(C03)
- 東京学館高校(C14)
- 東京学館浦安高校(C31)
- な　日本体育大柏高校(C30)
- 日本大習志野高校(C07)
- は　日出学園高校(C08)
- や　八千代松陰高校(C12)
- ら　流通経済大付属柏高校(C19)★

埼玉ラインナップ

- あ　浦和学院高校(D21)
- 大妻嵐山高校(D04)★
- か　開智高校(D08)
- 開智未来高校(D13)★
- 春日部共栄高校(D07)
- 川越東高校(D12)
- 慶應義塾志木高校(A12)
- さ　埼玉栄高校(D09)
- 栄東高校(D14)
- 狭山ヶ丘高校(D24)
- 昌平高校(D23)
- 西武学園文理高校(D10)
- 西武台高校(D06)
- た　東京農業大第三高校(D18)
- は　武南高校(D05)
- 本庄東高校(D20)
- や　山村国際高校(D19)
- ら　立教新座高校(A14)
- わ　早稲田大本庄高等学院(A10)

北関東・甲信越ラインナップ

- あ　愛国学園大附属龍ヶ崎高校(E07)
- 宇都宮短大附属高校(E24)
- か　鹿島学園高校(E08)
- 霞ヶ浦高校(E03)
- 共愛学園高校(E31)
- 甲陵高校(E43)
- 国立高等専門学校(A00)
- さ　作新学院高校
  - (トップ英進・英進部)(E21)
  - (情報科学・総合進学部)(E22)
- 常総学院高校(E04)
- た　中越高校(R03)＊
- 土浦日本大高校(E01)
- 東洋大附属牛久高校(E02)
- な　新潟青陵高校(R02)
- 新潟明訓高校(R04)
- 日本文理高校(R01)
- は　白鷗大足利高校(E25)
- ま　前橋育英高校(E32)
- や　山梨学院高校(E41)

中京圏ラインナップ

- あ　愛知高校(F02)
- 愛知啓成高校(F09)
- 愛知工業大名電高校(F06)
- 愛知みずほ大瑞穂高校(F25)
- 暁高校(３年制)(F50)
- 鶯谷高校(F60)
- 栄徳高校(F29)
- 桜花学園高校(F14)
- 岡崎城西高校(F34)
- か　岐阜聖徳学園高校(F62)
- 岐阜東高校(F61)
- 享栄高校(F18)
- さ　桜丘高校(F36)
- 至学館高校(F19)
- 椙山女学園高校(F10)
- 鈴鹿高校(F53)
- 星城高校(F27)★
- 誠信高校(F33)
- 清林館高校(F16)★
- た　大成高校(F28)
- 大同大大同高校(F30)
- 高田高校(F51)
- 滝高校(F03)★
- 中京高校(F63)
- 中京大附属中京高校(F11)★
- 中部大春日丘高校(F26)★
- 中部大第一高校(F32)
- 津田学園高校(F54)
- 東海高校(F04)★
- 東海学園高校(F20)
- 東邦高校(F12)
- 同朋高校(F22)
- 豊田大谷高校(F35)
- な　名古屋高校(F13)
- 名古屋大谷高校(F23)
- 名古屋経済大市邨高校(F08)
- 名古屋経済大高蔵高校(F05)
- 名古屋女子大高校(F24)
- 名古屋たちばな高校(F21)
- 日本福祉大付属高校(F17)
- 人間環境大附属岡崎高校(F37)
- は　光ヶ丘女子高校(F38)
- 誉高校(F31)
- ま　三重高校(F52)
- 名城大附属高校(F15)

宮城ラインナップ

- さ　尚絅学院高校(G02)
- 聖ウルスラ学院英智高校(G01)★
- 聖和学園高校(G05)
- 仙台育英学園高校(G04)
- 仙台城南高校(G06)
- 仙台白百合学園高校(G12)
- た　東北学院高校(G03)★
- 東北学院榴ヶ岡高校(G08)
- 東北高校(G11)
- 東北生活文化大高校(G10)
- 常盤木学園高校(G07)
- は　古川学園高校(G13)
- ま　宮城学院高校(G09)★

北海道ラインナップ

- さ　札幌光星高校(H06)
- 札幌静修高校(H09)
- 札幌第一高校(H01)
- 札幌北斗高校(H04)
- 札幌龍谷学園高校(H08)
- は　北海高校(H03)
- 北海学園札幌高校(H07)
- 北海道科学大高校(H05)
- ら　立命館慶祥高校(H02)

★はリスニング音声データのダウンロード付き。

都道府県別 公立高校入試過去問 シリーズ

- 全国47都道府県別に出版
- 最近数年間の検査問題収録
- リスニングテスト音声対応

公立高校入試対策問題集シリーズ

- 目標得点別・公立入試の数学(基礎編)
- 実戦問題演習・公立入試の数学(実力錬成編)
- 実戦問題演習・公立入試の英語(基礎編・実力錬成編)
- 形式別演習・公立入試の国語
- 実戦問題演習・公立入試の理科
- 実戦問題演習・公立入試の社会

高校入試特訓問題集 シリーズ

- 英語長文難関攻略33選(改訂版)
- 英語長文テーマ別難関攻略30選
- 英文法難関攻略20選
- 英語難関徹底攻略33選
- 古文完全攻略63選(改訂版)
- 国語融合問題完全攻略30選
- 国語長文難関徹底攻略30選
- 国語知識問題完全攻略13選
- 数学の図形と関数・グラフの融合問題完全攻略272選
- 数学難関徹底攻略700選
- 数学の難問80選
- 数学　思考力―規則性とデータの分析と活用―

〈ダウンロードコンテンツについて〉

本問題集のダウンロードコンテンツ、弊社ホームページで配信しております。現在ご利用いただけるのは「2025年度受験用」に対応したもので、**2025年3月末日**までダウンロード可能です。弊社ホームページにアクセスの上、ご利用ください。

※配信期間が終了いたしますと、ご利用いただけませんのでご了承ください。

高校別入試過去問題シリーズ

横浜富士見丘学園高等学校　2025年度

ISBN978-4-8141-2981-2

[発行所] 東京学参株式会社

〒153-0043　東京都目黒区東山2-6-4

書籍の内容についてのお問い合わせは右のQRコードから　⇒

※書籍の内容についてのお電話でのお問い合わせ、本書の内容を超えたご質問には対応できませんのでご了承ください。

2024年5月13日　初版